불의 전도

잃어버린 자를 향한 열정에 불을 붙여라

라인하르트 본케 지음 / 임신희 옮김

서로사랑

Reinhard Bonnke, Evangelism by Fire
Originally published in English by CfaN 1990
ISBN 0-8499-3254-8

Evangelism by Fire
Korean Translation copyright 2006 Seorosarang Publishing

E-R Productions Pte Ltd
All rights reserved. No part of this publication may be reproduced or transmitted in any form or by any means, electronic or mechanical including photo-copying, recording, or any information storage and retrieval system, without permission, in writing, from the marketing companies.

E-R Productions Pte Ltd
451 Joo Chiat Road #03-05,
Singapore 427664 : For further information of the world-wide ministry of Christ for All nations, or for details of other publications,
please contact E-R Productions Pte Ltd at sea@e-r-productions.com.

이 책을 아프리카와 전 세계가 복음의 그물로 덮이도록 도와준 'Christ for all Nations' 의 사역자들과 사람을 낚는 어부인 모든 전도자들에게 바칩니다.

불의 전도

1판 1쇄 발행 _ 2006년 12월 27일
1판 8쇄 발행 _ 2011년 7월 7일

지은이 _ 라인하르트 본케
옮긴이 _ 임신희

펴낸이 _ 이상준
펴낸곳 _ 서로사랑(알파코리아 출판 사역기관)

편집 _ 이소연, 박미선
영업 _ 장완철
이메일 _ publication@alphakorea.org

사역/행정 _ 이정자, 윤종화, 주민순, 엄지일
이메일 _ sarang@alphakorea.org

등록번호 _ 제21-657-1
등록일자 _ 1994년 10월 31일

주소 _ 서울시 서초구 방배1동 918-3 완원빌딩 1층
전화 _ (02)586-9211~4
팩스 _ (02)586-9215
홈페이지 _ www.alphakorea.org

ⓒ서로사랑 2009

* 이 책은 서로사랑이 저작권자와의 계약에 따라 발행한 것이므로
  본사의 허락 없이는 어떠한 형태나 수단으로도 이 책의 내용을 이용하지 못합니다.
* 잘못된 책은 바꿔 드립니다.
* 가격은 뒤표지에 있습니다.

차례

추천사(가나다순) _ 6
　나겸일 목사 · 류영모 목사 · 안금남 목사 · 유정기 목사
　전용복 목사 · 조의환 목사 · 최성욱 목사

서문 _ 15

1부 필요 _ 27
　1장 방화가 범죄가 아닐 때! _ 29
　2장 기름부음에 반대하는 자! _ 50
　3장 유한한 생명을 위한 무한한 사명 _ 63
　4장 복음을 찾아 헐떡거리다! _ 81

2부 불붙이는 복음 _ 95
　5장 하나님의 새로운 엘리사들 _ 97
　6장 일치하지 않는 메시지 _ 115
　7장 예수 – 침탈당한 자? _ 127
　8장 기적이 멈추었을 때 _ 142

3부 개인의 추진력 _ 163
　9장 에스겔에서 배우는 수영 강의 _ 165
　10장 열정의 힘 _ 178
　11장 기름부음받은 비전문가 _ 193
　12장 전쟁의 무기 _ 210

4부 성공 _ 227
　13장 무능한 자가 될 것인가, 중요한 자가 될 것인가? _ 229
　14장 성공으로 가는 7단계 _ 232
　15장 긍정적인 주도권 _ 250
　16장 마귀와 흥정하지 말라 _ 262

5부 실천 _ 279
　17장 함정 _ 281
　18장 밧줄에 얽힌 역사 _ 297
　19장 성실 : 사탄의 목표 _ 308
　20장 중보기도 – 기폭제 _ 323

추천사 (가다다순)

나겸일 목사 (주안장로교회 담임)

30년간 아프리카의 선교사로, 복음 전도자로 살아온 라인하르트 본케...

저는 이 책을 통해 한 사람의 평범한 헌신자가 하나님께 붙들린 바 되었을 때 얼마나 놀라운 사역과 영적인 돌파들을 경험하게 되는지 보게 되었습니다.

3년 동안 순회 집회에서 3,400만 명 이상이 주님을 영접하게 될 만큼, 하나님께서는 그를 강력한 성령의 도구로 사용하고 계십니다. 하지만 그는 이 책에서 그의 수많은 경이로운 사역과 화려한 기적들을 말하기보다는 잃어버린 영혼을 향한 하나님의 애끓는 마음을 전하고자 했으며, 하나님의 말씀에 대한 깊은 연구와 묵상, 불의 능력으로 임하는 성령의 임재하심과 그 은혜와 능력을 사모하는 전도자의 삶의 자세에 대해 다루고 있습니다. 부디 위대한 전도자 라인하르트 본케 선교사의 글이 한국과 세계의 복음 전도자들을 깨우며 그 불의 능력을 전해 주는 기회가 되길 기도합니다.

류영모 목사 (한소망교회 담임)

기적을 상식처럼 일으키시는 성령님

뜨겁고 무서운 책이다.

검은 대륙 아프리카를 삼키는 성령의 화염이 무섭다. 40명이 모이는 교회에서 만 명 좌석을 가진 경기장을 예약했다. 무모한 비전인가? 물밀듯이 밀려왔다. 단 한 번의 집회에서 100만 명의 영혼이 회심했다. 집회를 방해할 비구름을 향해 꾸짖었다. 먹구름 떼가 흩어졌다. 어떻게 이런 일이 벌어질 수 있는가? 보이지 않는 손이 작용하지 않고서는 도무지 불가능한 일이다. 보이지 않는 손의 힘, 성령의 힘이다. 그 힘에 놀라 온몸이 앙당그러진다. 아프리카라는 거대한 가마솥을 달구기 위해 자신들을 마른 가지 불쏘시개로 거침없이 던져 넣는 사람들. 'Christ for all Nations'(CfaN) 사역자들! 그 중심에 라인하르트 본케 목사가 있다. 이들을 붙들고 기적을 상식처럼 일으키시는 성령님의 기세가 무섭고 한편 부럽다.

성령님은 불이다. 비전을 품고 기도하며 공세적 전도를 하려는 사람은 불쏘시개다. 불과 불쏘시개가 만나면 '부흥'의 불꽃이 피어오른다. 이것이 「불의 전도」의 핵심이다.

이 책은 성령의 존재와 임재와 내재와 편재를 확신하게 한다. 성령께서는 그분의 임재를 경험한 사람 안에만 머물기 위해 임하시지 않는다. 그분은 무한히 뻗어나가길 원하신다. 마른 불쏘시개가 쌓인 곳이면 언제 어디서건 성령님은 기름을 붓고 불을 놓으신다.

성령님은 기다리신다. 이젠 우리 차례다. 때도 찼다. 불바다로 변해가는 아프리카 대륙의 역사가 이 땅에도 무성히 일어나기를 고대한다. 그래서 '뜨겁고 무서운' 성령의 역사를 우리 입으로 간증하고 우리 손으로 기록하는 기쁨이 우리 민족의 가슴에 출렁이길 기도한다. 우리도 '뜨겁고 무서운' 책을 쓰고 싶다.

안금남 목사 (순천 동부교회 담임)

전도하기 시작하면 복음의 진정한 매력에 빠질 수밖에 없다

전도는 예수님께서 거듭난 성도들에게 명하신 마지막 명령입니다. 그래서 교회가 이 마지막 명령을 순종하지 않으면 다른 명령도 순종하지 않은 것과 마찬가지입니다. 교회의 기능이 여러 가지가 있지만 그 모든 기능에 전도로 열매 맺지 않으면 그것은 교회라고 말할 수 없을 것입니다.

라인하르트 본케의 「불의 전도」라는 책을 읽으면서 한없이 부끄러워지는 이유가 여기에 있습니다. 전도는 모두가 해야 하는 것이고, 전도할 때 불의 역사가 일어나는 것이고, 복음에 담겨 있는 불의 능력과 권세를 모르는 것이 얼마나 부끄러운 일인가를 알게 될 때 두 주먹을 불끈 쥐고 일어설 수 있었습니다. 나도 전도부터 하자는 거룩한 결단이 마음에서 일어나기 시작했습니다.

한국 교회의 모든 성도들이 이 책을 읽고 전도자로 일어서기를 바라는 간절한 마음이 있습니다. 전도하기 시작하면 복음의 진정한 매력에 빠질 수밖에 없다는 사실을 확신하면서 인본주의가 교회 안에 연기처럼 스며들어오는 이 시대를 이 책으로 싸워 이기어 복음으로 승리하는 한국 교회와 성도가 되기를 소망합니다.

이 책이 한국 교회의 베스트셀러가 되어 한국 교회에 변화가 일어나기를 간절히 기도하면서 이 책을 추천합니다.

유정기 목사 (동백 사랑의교회 담임)

모든 그리스도인들을 전도 현장으로 달려가게 할 책

하나님은 불의 하나님이십니다. 이 땅에는 하나님의 불이 필요합니다. 복음의 불이 필요합니다. 능력의 불이 필요합니다. 권능의 불이 필요합니다. 치유의 불이 필요합니다. 사랑의 불이 필요합니다. 이 조국 한반도와 한국 교회 위에 하나님의 불이 임하기를 사모하는 이 때에 21세기에 하나님이 강력한 성령님의 기름부으심을 통하여 사용하시는 라인하르트 본케의 「불의 전도」라는 책이 나오게 된 것을 하나님의 역사하심이라고 믿습니다.

본케는 20세기 후반과 지금 21세기에 전 세계적으로 가장 영향력 있는 복음 전도자로, 또한 가장 능력 있는 성령의 기름부으심이 있는 사역자로 쓰임받는 하나님의 사람입니다. 당신은 그의 가슴과 영혼의 깊은 곳에 생생하게 살아 있는 주님에 대한 사랑과 잃은 영혼에 대한 복음 전도의 열정을 이 책 속에서 읽을 수 있을 것입니다.

나는 이 책을 읽으면서 내 마음에 영혼에 대한 사랑의 불이 타오르는 것을 강력하게 느꼈습니다. 이 책을 읽으면서 "주님 저에게도 성령의 불이 새롭게 필요합니다. 권능의 불이 필요합니다"라고 기도하지 않을 수 없었습니다.

당신도 이 책을 읽는 순간 성령의 불에 데게 될 것입니다. 하나님의 권능의 불에 접촉하게 될 것입니다. 주님의 심장을 가지고 마지막 때에 잃은 영혼을 향한 대추수의 자리로 나아가지 않고는 견딜 수 없을 것입니다. 지옥의 유황불을 향해서 멸망해 가는 영혼들을 살려내려고 성령의 불을 가지고 달려가는 사람으로 바뀌게 될 것입니다. 복음 전도자로서 마음이 메말라 가고 있습니까? 잃은 영혼을 향해 그토록 고동치던 심장이 겨우 유지만 하고 있습니까? 당신의 교회가 복음 전도의 열정을 회복하기를 원하십니까? 바로 이 책은 모든 그리스도인들을 전도 현장으로 달려가게 할 것입니다. 전도 현장으로 달려가는 자들에게 성령의 불이 임하도록 도와줄 것입니다.

지금 한국 교회는 1907년 평양 장대현 교회의 부흥이 다시 재현되기를 기다리고 있습니다. 초대 교회 오순절날 임하신 성령의 불을 기다리고 있습니다. 이 책이 이러한 일을 위하여 징검다리 역할을 해 주기를 간절히 기대합니다.

_____ **전용복 목사** (분당 한소망교회 담임)

주님이 주신 열정과
타협하지 않는 복음으로 세상을 변화시키는 전도

아프리카 대륙을 변화시키는 복음 전도와 체험으로 가득 찬 이 책을 통해 한국 교회 목회자와 성도들에게 전도의 열정이 더욱 뜨겁게 타오르게 될 것을 기대합니다.

그의 메시지는 세상을 구원하기 위한 주님의 마음과 열정으로 가득 차 있습니다.

주님이 주신 열정과 타협하지 않는 복음으로 세상을 변화시키는 전도 집회에서 지금까지 듣지 못했던 초자연적인 성령의 역사와 치유와 회복 그리고 변화를 통해 아름다운 열매들이 맺혀지고 있습니다. 기사와 이적과 표적이 따르는 복음의 능력이 그와 함께하는 모든 사람들에게 복음 전도의 열정을 더하게 합니다.

복음 전도자 라인하르트 본케와 그의 사역기관인 CfaN 팀의 사역을 통해 도시와 나라를 변화시키는 복음의 역사가 21세기에 더 강력하게 일어나고 있다는 소식을 들을 때마다 항상 주님께 감사를 드립니다.

행함이 없는 믿음은 죽은 믿음입니다. 행함으로 믿음을 확증시켜 주는 믿음의 사역자를 통해 복음의 열정이 있는 사람들에게는 불의 역사가 임할 것이며 복음의 열정이 식어진 사람들에게는 복음의 열정이 회복되는 놀라운 은혜가 부어지게 될 것입니다.

21세기 부흥을 꿈꾸는 모든 사역자들과 성도들이 이 책을 통해 전도의 열정이 다시 회복되어 이 나라가 세계를 변화시키는 한국 교회로 세워지는 주님의 도구가 될 것을 기대합니다.

조의환 목사 (김해교회 담임)

영혼 구원과 성령의 임재를 향한 불꽃

이 책은 거룩한 불의 임파테이션을 일으키는 책입니다. 저는 이 책을 읽는 자는 반드시 부흥을 향한 불꽃이 피어오를 것임을 확신합니다. 왜냐하면 이 책을 읽기 시작하자마자 저의 심령에 영혼 구원과 성령의 임재를 향한 불꽃이 더욱더 타올랐기 때문입니다. 저자 역시 말하기를 '나는 하나님의 기름부음을 나누기 위해 쓰고 있다. 이 책의 열기는 뜨겁다'라고 말하고 있습니다. 저자는 성경적 사역의 특징이 불 같은 것임을 역설하고 있습니다. 확실히 그렇습니다. 불 같은 열정과 에너지야말로 성령의 사람의 특징임에 틀림이 없습니다. 모든 교회의 위대한 사역자들이 다 불 같았음을 우리는 압니다. 예배와 복음 증거에 열정이 식어버리게 만드는 것은 절대로 성령의 역사가 아니며, 하나님께서 기뻐하시는 것도 아닙니다. 그렇기에 이 책은 우리를 불 같은 사역자로 이끌어 주는 책입니다.

저는 이 책을 읽으며, 구약의 선지자들에게 임했던 영적 기름부음이 사도들과 교회의 위대한 위인들로 이어져 오늘까지 이어져 내려오고 있음을 배웠습니다. 그리고 기름부음으로 오늘도 하나님 나라의 부흥의 파도를 일으키고 있는 사역자들이 있음을 보게 됩니다. 그 기름부음의 현장에 저도 있기를 원하게 되었고, 그 기름부음이 저에게도 이어지기를 소망하는 기도를 하게 됩니다. 기름부음이 있는 비전문가가 기름부음이 없는 전문가보다 훨씬 더 위대한 일을 한다고 말하며 저자는 기름부음이 얼마나 사역자에게 중요한 것인가 하는 것을 가르쳐 주었습니다.

　세상을 보면 소망이 없습니다. 하지만 우리는 소망 없는 세상을 정복하기 위한 정복자로 부름받았음을 기억할 필요가 있습니다. 교회는 유람선이 아니라, 구원선이요 또 전투함입니다. 정복해야 할 소망 없는 세상이 우리 앞에 있기 때문입니다.

　저자는 저에게 소리쳤습니다. '당신 속에 있는 은사를 불 일듯 하라.' 그래서 저는 다시 한번 제 속에 있는 은사를 불같이 일으키기를 소망합니다. 그리고 이 책을 읽는 모든 이들의 은사도 불같이 일어나길 소망합니다. 하나님께서는 오늘의 엘리야, 오늘의 베드로와 바울을 찾고 계시는데, 저와 당신이 바로 그 사람이기를 원합니다.

최성욱 목사 (예인교회 담임)

교회는 생명선이지 유람선이 아니다

　최전방 사수의 눈에는 적병의 동태만 보인다. 한순간의 방심은 곧바로 죽음으로 이어지며 오직 정복, 정복만이 승리로 나아가는 길이다.

본케는 이 시대 영적 전쟁과 구원 사역의 최전방에 선 사수다.

그는 영혼 구원의 불이 타오르고 있지 않는 이 시대 설교자들의 메시지는 그저 시신위생처리 강의에 불과하다고 말한다. 예수님이나 베드로, 바울 같은 사역자는 절대로 회중이 박물관의 대리석상처럼 굳어 앉아 있게 하지 않았다는 것이다

그렇다. 본케의 말대로 교회는 생명선이지 유람선이 아니다. 그러므로 생명선의 선원은 선장에서부터 요리사까지 모두 다 영혼 구원을 위해 갑판으로 나와야 한다.

잃어버린 자를 찾지 않는 교회는 그 자체가 '주님으로부터 잃어버린 바 된 교회'가 된다고 경고한다.

특히 복음은 영원하지만 우리에게는 그 복음을 언제나 전할 수 있는 영원한 시간이 주어진 것이 아니다. 우리의 생애 동안에만 전할 수 있다면 또 내가 건져야 할 사람들이 살아 있는 동안만 복음을 전할 수 있다면 우리와 함께 이 시대를 살고 있는 60억 인구는 자신의 마지막 시대를 살고 있는 것이며 우리 역시 구원의 임박성을 가지고 저들을 향해서 다가서야만 한다. 이것이 이 시대가 지금 마지막 대추수의 시대라는 것을 알리는 본케의 경종이다.

「불의 전도」는 본케 스스로 자신의 가슴속에서 지금도 계속해서 타오르고 있는 구원의 불을 모든 성도들에게 붙이기 위해서 썼다고 말한다.

나는 이 책을 읽는 것만으로도 내 속에 불이 임하는 것을 경험했다. 냉랭한 가슴에서 벗어나기를 원하는 사역자들은 반드시 읽어야 할 필독서로 강력히 추천합니다.

서문

부흥은 우연의 일치가 아니다

30년도 더 된 오래전, 아프리카의 젊은 선교사였던 나는 때로는 다섯 명의 사람들을 앞에 놓고도 설교를 한 적이 있었다. 나에게는 영광된 복음의 영향력을 외국 선교의 '증명된' 전통으로 제시할 좋은 기회였다. 하지만 겨우 다섯 명이라니? 우리의 사명 너머 아프리카에는 4억 5천만의 인구 중 대부분이 예수 그리스도를 통한 구원에는 무지한 상태였다. 그렇다. 그들은 모두 우리가 어떻게 하느냐에 따라 전도될 수 있었다. 단지 앞으로 5,000년 동안 살아 있어만 준다면 말이다!

하지만 수의 많고 적음이 우리를 시험에 빠뜨리지는 못했다. 우리는 부흥하였고 많은 고난을 피해 갈 수 있었다. 하나님 당신이 직접 싸우기 위해 일어서실 것이란 소망으로 우리는 인내하며 꿈을 간직할 수 있었다. 우리의 위대한 영적 조상들도 흔들리지 않는 믿음으로 그 소망에 의지하지 않았던가?

전파되지 않는 복음은 무용지물이다

복음은 그것을 듣지 못한 사람에게는 복된 소식이 아니며, 전파되지 않은 복음은 복음이 아니다. 또 다른 작은 한줄기 빛이 내 가슴을 뚫고 들어왔다. 신약에서는 하나님께서 직접 전면에 나서신 장면을 찾을 수 없다. "제자들이 나가 두루 전파할쌔 주께서 함께 역사하사"(막 16:20). 하나님께서는 제자들이 행동할 때에 행동하셨다. 스미스 위글스워스(Smith Wigglesworth)는 이렇게 말했다. "사도행전은 사도들의 행함이 있었기에 존재한다!"

> "하나님의 지혜에 있어서는 이 세상이 자기 지혜로 하나님을 알지 못하는고로 하나님께서 전도의 미련한 것으로 믿는 자들을 구원하시기를 기뻐하셨도다"(고전 1:21).

그렇다. 하나님은 우리를 기다리고 계셨다. 그리고 나도 그 속에 포함되어 있었고, 그 속에서 나는 벗어날 수 없었다.

우편 성경공부 코스를 세우자 5만 명의 사람들이 등록하였다. 무려 5만 명이었다! 잠수함에서 잠망경으로 물 밖을 보듯 구원에 목마른 인간의 바다에서 잠수하고 있다는 것이 분명해졌다. 게다가 비전이 따라왔다. 매일 밤 나는 아프리카 대륙 전체가 한 나라 한 나라씩 예수님의 보혈로 씻겨 가는 것을 보았다.

부흥을 기다렸냐고? 물론 그렇다! 완전한 인내로, 기다림은 이미 백 년이 넘도록 오랜 세월의 간절한 기도자들을 통해 이루어졌었다. 이제는 분명 하나님이 응답하시지 않겠는가?

하지만 한 가지 사실이 더 있었다. 적극적인 전도가 없이는 부흥도 없다는 것이었다. 그래서 겉보기에는 충동적으로 보였지만 결국에는 하나님이 일하셨다는 사실이 드러났듯이, 나는 40명의 교인이 있는 교회에서 집회를 위해 1만 명의 좌석을 가진 경기장을 예약했다. 그리고 1만 명이 왔고 첫 열매가 익어갔다. 난생 처음으로 나는 수천 명의 사람들이 구원의 부름에 응답하기 위해 앞으로 달려 나오는 모습을 목격했다. 하나님은 내 눈을 열어 주셨고 나는 눈에 보이지는 않지만 성령의 힘이 놀라운 물결로 그 경기장에 임한 것을 실제로 보았다. 단체로 성령 세례를 받자 많은 사람들에게 치유의 기적이 뒤따랐다. 나는 소년처럼 눈물을 흘리고 하나님께 순종하여 그 비전을 전하기 위해 아프리카의 전역을 돌겠다고 주님께 서원했다. 만약 하나님께서 1만 명의 사람에게 이 일을 하실 수 있으셨다면 4억 5천만에게는 못하시겠냐고 생각했다.

우리는 아프리카에서 오늘날 벌어지는 일들을 목격하고 숨이 멎는 듯했다. 위대한 선배 전도자들의 발자국을 좇을 뿐인 우리는 그들이 눈물로 뿌린 곳에서 기쁨의 단을 거두고 있다. C. T. 스터드(C. T. Studd)가 처음 선교사로 방문했던 부카부(Bukavu)에 갔을 때 그곳은 여전히 자이레에서도 벽촌인 열대우림 지역이었다. 그런데 그곳에서 우리는 7만 명의 사람들이 하나님의 사랑의 부르심에 응답하는 것을 보았다. 데이비드 리빙스턴(David Livingstone)은 자신은 거의 한 사람의 회심자도 보지 못했지만 이후에는 수천 명이 될 것이라고 예언했었고, 실제로 그런 일이 벌어졌다. 말라위의 블랜타이어(Blantyre, 말라위 수도)는 리빙스턴이 태어난 스코틀랜드의 고장 이름을 따서 지어졌는데, 그곳에서는 수십만 명의 사람들이 구원의 부르심에 응답하였다.

부흥의 방아쇠를 당겨라

마법과 신비론과 악이 판치는 현대는 뱀의 우리에서 총이 필요한 것만큼이나 복음이 절실하다. 예수님께서 그 사로잡힌 자들을 자유케 하시자 사탄이 더욱 기승을 부리고 있다. 멋지고 부담 없는 기독교는 아무 일도 하지 않을 것이다. 우리는 휴가를 보내듯이 쉬고 있을 것이 아니라, 지금 그 나라들에게 십자가의 불타는 메시지를 황급히 전해야 한다.

아프리카 전역의 대통령들과 지도자들은 복음으로 인해 그들의 국민들에게 일어난 기적적인 효과를 목격하고는 우리를 개인적으로 환영해 주었다. 우리가 북으로 밀고 올라가 물신숭배로 알려진 부르키나파소(Burkina Faso, 구 Upper Volta)의 수도인 와가두구(Ouagadougou)에 있는 사하라 사막의 변방에 이르자, 그 나라의 대통령은 우리를 자신의 집으로 두 번이나 초청하였다. 여섯 번에 걸친 집회에는 합쳐서 80만 명이라는 수가 모였고, 최고 많이 모인 예배에는 거의 25만 명이라고 하는 수가 모여들었다. 회교도와 정령숭배자들이 많이 섞여 있던 그들 대부분이 예수 그리스도를 구주로 고백했다. 케냐와 베냉, 감비아, 토고, 차드와 같은 다른 국가들에서도 마찬가지의 상황이 벌어졌다. 나이지리아에서는 신임 대통령의 취임식에 참석한 이후 나는 다른 집회들도 열어달라는 초청을 받았다. 라고스에서는 단 한 번의 집회에서만 160만 명의 사람들이 모여들었고, 단 6일간의 집회에서 총 600만이 모였다.

일단 우리 사역이 예언에서 예언으로 닻을 올리자 이제는 그 예언의 성취에서 성취로 항해를 하고 있다. 나는 단 한 번의 집회에서 백만 명의 영혼이 회심할 것을 보게 될 것이라는 하나님의 약속을 20년 넘도록 내 마음에 담고 있었다. 그리고 2000년 11월 12일 주일, 이 일은 나이지리아의 라고스에서 현실이 되었다. 동역자들이 그리스도를 위해 결심한 이들의 인원을 1,093,745명으로 기록했던 것이다. 아마 이 지상에서 그렇게 많은 군중을 위한 음향 시설을 한 곳은 우리가 처음이었을 것이다. 오만하다고 생각하는가? 십자가에 달리신 그분이 "자기 영혼의 수고한 것을 보고 만족히 여길 것이라"라고 이사야 53장 11절에서의 기록을 응하게 하셨다면, 우리가 감히 그 말씀을 낮출 수 있겠는가? 예수님께서 그보다 적은 것으로 '만족해' 하실 것인가? 하나님의 종이 왜 작고 초라한 발상을 해야만 하는가?

돌발 홍수

하나님께서는 "대저 물이 바다를 덮음 같이 여호와의 영광을 인정하는 것이 세상에 가득하리라"(합 2:14)라고 하신다. 물이 어떻게 바다를 덮는가? 바다 밑바닥처럼 단 한 점의 마른 땅도 없이 온전히 덮여야 하는 것이 아닌가! 이것이 하나님의 계획을 분명히 예시하고 있다. 그분의 영광, 능력 그리고 구원의 지식이 돌발 홍수와 같이 세상에 널리 퍼질 것이다. 단 한 점의 마른 땅도, 복음에 무지한 국가, 도시, 마을, 가족, 개인도 없을 것이다. "그의 영광이 온 땅에 충만하도다"(사 6:3)라고 스랍들은 소리 높였다.

주님께서 재림하시기 전인 이 마지막 때는 전 지구적인 전도와 부흥이 최고점에 달하는 시기가 되어야 하며, 하나님께서 기름부으셨던 그 이전 세대들의 눈물과 땀이 성취되는 시기여야 한다. 교회는 생명선이지 유람선이 아니다. 흥을 돋우는 이들은 필요하지도 요청되지도 않는다. 선장에서부터 요리사에 이르기까지 영혼 구원을 위해 모든 일손이 갑판으로 나와야 한다. 잃어버린 자를 찾지 않는 교회는 그 자체가 '잃어버린' 바 되었다. 어떤 이들은 자신들을 위한 변명으로 오늘날과 같은 다원화된 사회에서 그리스도인들은 나머지 절반으로 파고들 수가 없다고 말한다. 그렇다면 하나님께서는 우리의 그런 상황을 예상치 못하셨단 말인가?

사람들은 묻는다. "오늘날 교회를 향하여 하나님께서 무슨 말씀을 하고 계시는가?" 그것이 왜 문제가 되는가? 하나님께서는 알아들을 수 없게 말씀하고 계시는가? 그분은 이전에 하지 않으셨던 말들을 오늘날 하고 계신 것이 아니다. 나는 하나님이 말씀하고 계심을 안다. 만약 우리 선지자들이 옳다면 그들은 예수 그리스도와 마찬가지의 다급한 목소리로 동일한 대명령을 외칠 것이다. "너희는 온 천하에 다니며 만민에게 복음을 전파하라"(막 16:15).

복음 전도자들이 구하는 것

복음 전도자는 누구인가? 수천 명의 사람들이 하나님이 부르지도 않은 곳에서 교회를 직장으로 삼고 있다. 예수님의 몸이 복음 전도자들의 사무실임을 다시 한번 담대하게 선포할 때가 왔다! 어떤 목사님들은 하나님께서 왜 전도자를 주셨냐는 질문을 받으면 화를 낸다. 하나님의 관심은 골고다에서와 마찬가지로 영혼의 구원이라는 사실은 영원히 동일하다. 그리고 예수 그리스도는 천국으로 들려 올라갈 때에 이 위대한 사역을 성취하는 데 교회 안의 복음 전도자들이 돕도록 하셨다(엡 4:8-16).

과거는 비극적이었다. 문이 열리자 어떤 기독교 사역자들은 마치 금광업자들이 자신의 권리를 주장하듯 자신의 독점력을 지키려고 질투심을 보이고 있었다. 때로는 경쟁자들이 부흥을 방해하기도 했다. 추수하는 자들이 겨우 '자신의' 몫을 지키는 데 안간힘을 쓰느라고 추수를 하지 않고 놔둘 수는 없다. 예수님은 잃어버린 자를 위해 죽으셨지, 사람들에게 직장을 주기 위해 죽으신 것은 아니다.

나는 이 책에서 수단이나 방법론이 아니라, 영적 원칙에 관해 말하고자 한다. 하나님은 당신에게 풍부한 자원을 주실 것이다. 그분이 지시하는 방법은 여러 가지가 있다. 우리는 다른 사람들이 이미 하고 있는 '검증된' 방식보다는, 내가 시도해서 성공한 것을 포함하여, 좀 더 상상력이 풍부한 접근이 필요하다. 과거에도 거의 효과가 없었던 방식이 이제 와서 효과를 내진 않을 것이다. 기계적인 성실은 신실하다고 불릴지는 모르지만, 전도에 있어서 우리의 주된 관심은 복잡하게 꼬인 신실이 아니라 결과이다.

전도자요 선교사로서의 기간 동안 나는 복음을 방해하는 제한 요인들을 여러 가지 알아내었다. 비록 그것들을 이 책에서는 직접적으로 다루지 않겠지만, 나는 많은 전도의 '전통적이고 인정된' 방식들이 여러 세대를 거치면서도 바뀌지 않고 있다는 것을 경험으로 알게 되었다. 어떤 것들은 '모든 것을 하나님께 맡겨라'라고 우리에게 말하는 교리와 정서들도 있다. 어떤 이들은 하나님의 방식은 부흥이라고 주장하지만 그들은 대명령을 수행하는 데 실패하고 있다. 어떤 이들은 구원받기로 예정되어 있는 사람들은 어떤 식으로든 구원받게 될 것이라고 생각한다.

그러나 나는 그런 교리들이 틀렸다고 생각한다! 영혼의 영원한 운명을 성경에 대한 말 많은 해석에 두거나 헬라어 단어의 해석에 둔다면 얼마나 위험한 일인가. 우리는 감히 전도의 사명을 무시하지 않는다. 나는 인간의 인정을 받지만 아무런 결실이 없는 것보다는, 인간의 경멸을 받아도 하나님께서는 인정하실 방식을 사용할 것이다.

이런 이유로 인해 나는 어떤 변명도 하지 않는다. 나는 인간에게 인정받기 위해 쓰고 있지 않다. 나는 믿음으로 앞으로 나아올 준비가 된 사람들에게 하나님의 기름부음을 나누기 위해 쓰고 있다. 이 책의 열기는 뜨겁다. 그것도 불이 날 만큼. 그 화염은 무서울 것이다. 그리고 나는 이 책을 통해 많은 전통적 개념들에 불이 붙게 될 것을 장담한다.

나의 메시지는 어느 한쪽에 치우친 것이 아니라 마음을 한 곳에 집중한 것이다. 나는 대명령이 아무리 강조하여도 결코 지나침이 없다는 것을 알기에 거듭 강조한다. 나는 주님을 위해 드릴 우리 세대의 더 큰 승리를 위해 밤낮으로 하나님께 부르짖는다. 그리고 적극적인 전도만이 그 승리를 가능하게 한다.

나는 성령으로 하나님의 말씀에 도전받고 기름부음받은 남녀 복음 전도자들을 끊임없이 눈여겨보고 있다. 나는 최선의 때는 아직 오직 않았다고 믿는다. 그 때는 세상이 우리 하나님과 구주에 대한 찬양으로 메아리칠 때 곧 올 것이다. 모든 나라에서 모든 언어로, 모든 입이 "예수 그리스도를 주라 시인하여 하나님 아버지께 영광을 돌리게"(빌 2:11) 될 날이 거의 가까이 왔다.

이 책은 하나님이 내게 가르쳐 주신 것들과 지난해 동안 경험하게 하신 일들로 가득하다. 나는 오로지 한 가지 이유로 이 글을 쓴다. "전도인의 일"(딤후 4:5)을 하도록 다른 사람들을 고무시키기 위해서다. 나는 성령 사역을 위해 필요한 원칙들을 이곳에 펼쳐 두었다. 이 책을 읽되 내가 전도운동을 운영한 방식을 배우려 할 것이 아니라, 하나님께서 그분의 계획을 따르려는 마음을 가진 사람을 통해 어떻게 운행하셨는지를 발견하도록 하라.

막대한 특권

사도행전 10장의 고넬료에게 나타난 천사는 예수님의 이름을 말하거나 인간에게 구원에 관해 말하도록 허락받지 못했다. 그 고귀하고 성스러운 특혜는 인간, 당신과 나와 같은 사람들에게 주어졌다. 모든 천사들은, "지금 사람들을 욥바에 보내어 베드로라 하는 시몬을 청하라"(행 10:5)라고 말하도록만 허락되었다. 높은 하늘에서 온 스랍 천사조차도 베드로의 높은 특권에 절해야만 했다. 하나님은 기쁘게도 당신과 나 같은 사람을 불러 보내신다.

항상 이런 식이었다. 하나님은 예수 그리스도의 복음 이야기를 써 내려가기 위해 네 명의 전도자들인 마태, 마가, 누가와 요한을 사용하셨다. 내 생각에 그런 형태는 언약궤를 메고 가던 구약 시대의 네 명과 연결된다. 복음 전도자들은 세대를 이어가며 바뀌었지만 복음은 그대로이다. 이제 우리가 여기 있고, 오늘 우리의 차례가 왔다. 하나님은 당신과 나를 부르셨다. 복음은 지구 끝까지 전해져야 한다. 이것이 주님께서 우리에게 주신 대명령이다. 그리고 왕의 일은 긴급히 해결되어야 한다.

지옥은 얼마나 큰가?

내가 본 장을 쓴 이유는 하나님의 계획이 천국보다 지옥이 더 크도록 하셨다는 것을 믿지 않기 때문이다. 비록 성경은 영원한 파멸로 가는 많은 이들에 관해 말하고 있지만(마 7:13), 바로 이 사람들이 복음을 전파하는 전도자들에 의해 구원받아야 한다. "많은 아들을 이끌어 영광에 들어가게"(히 2:10) 하시기로 예정되어졌다. 요한계시록 7장 9절에서 성공적인 결론을 말씀하신 하나님을 찬양하라.

예수님은 "모든 족속으로 제자를"(마 28:19) 삼으라고 지시하셨다. 복음이 실패할 경우를 대비한 대안은 없다. 왜냐하면 결코 그럴 일이 없기 때문이다! 오늘날 인간의 역사에서 그 어느 때보다 많은 사람들이 구원받고, 치유되며, 성령으로 세례를 받고 있다. 그 템포는 빨라지고 있으며, 예수께서 곧 오실 것이라는 단 하나의 결론으로 이끌어가고 있다.

우리는 아직 정해지지 않은 결과를 위해 전투하도록 부름받지 않았다. 전투는 이미 골고다에서 승리하였다. 예수님은 제자들에게 명령하셨다. "추수하는 주인에게 청하여 추수할 일군들을 보내어 주소서"(마 9:38). 그리고 덧붙이시기를 "가라!"고 하셨다. 그분은 여전히 그렇게 말씀하신다. 그것이 전달되어온 명령이다.

부흥은 하나님께로부터 온다. 그렇지만 언제 올 것인가? 우리가 온전히 순종치 못함을 회개하고 가장 기본적 사명인 전도로 돌아갈 때가 그때이다. 모든 개개의 교회 활동은 세상을 하나님께로 돌리는 일에 관련이 있어야 한다. 우리는 무엇을 기다리고 있는가? '망해가는 영혼을 구원' 하지 않으면 우리 자신을 구원해야 할 것이다.

부필요

1장
_ 방화가 범죄가 아닐 때!

하나님은 쓸모없는 나무에 불을 놓으신다. 모세의 덤불이 그랬던 것처럼 건조한 막대기들이라도 하나님을 위해 타오를 수 있다. 할렐루야!

나는 "사랑하는 주님, 주님을 위해 탈 수 있도록 해 주세요"라고 기도하지 않는다. 나는 잿더미가 되고 싶지 않다. 모세의 덤불이 놀라운 것은 타 버리지 않았기 때문이다. 하나님의 종들 가운데 너무 많은 수가 타서 재가 되고 있다. 그 이유는 불의 종류가 다르기 때문이다. 나는 대신 이렇게 말한다. "사랑하는 주님, 당신을 위해 내가 불을 놓게 하소서." 재단의 불꽃은 결코 사그라지지 않을 것이다.

불이 없으면 복음도 없다. 신약은 불로 시작한다. 예수님에 관해 증언된 첫 번째가 불에 관한 것이었다. 그 자신이 '타고 빛나는 빛'이었던 세례 요한은 이렇게 선포한다.

"나는 너희로 회개케 하기 위하여 물로 세례를 주거니와 내 뒤에 오시는 이는 나보다 능력이 많으시니 나는 그의 신을 들기도 감당치 못하겠노라 그는 성령과 불로 너희에게 세례를 주실 것이요 손에 키를 들고 자기의 타작 마당을 정하게 하사 알곡은 모아 곡간에 들이고 쭉정이는 꺼지지 않는 불에 태우시리라"(마 3:11-12).

> 세례 요한은 요단의 찬물 속에 서서 세례를 주었다. 하지만 예수님은 불의 강에서 세례를 주신다.

세례 요한은 예수님을 자신과는 대단한 차이를 지닌 세례자로 소개한다. 요한은 물리적인 요소인 물을 사용했으나 예수님은 영적인 요소인 성령의 불을 사용하셨다. 물과 불, 이 얼마나 큰 대비인가! 세례 요한이 이 물의 종교(비록 주변에는 물이 풍부하고 때로는 얼음까지 섞여 있지만)를 가진 것은 아니었다. 세례 요한은 요단의 찬물 속에 서서 세례를 주었다. 하지만 예수님은 불의 강에서 세례를 주신다.

요한의 주목할 만한 사역은 세례였다. 그는 예수님의 사역 또한 세례라고 선언했다. 세례는 주님의 위대한 사역이다. 예수님은 성령의 세례자이시다. 이는 거듭난 신자가 된 당신을 위해 그리스도를 경험하게 하는 것이다.

방화자

복음은 불을 붙인다. 성령은 당신이 웅장한 설교를 하도록 주어지는 것이 아니다. 그는 인간의 마음에 불꽃을 놓으신다. 그리스도가 당신에게 불을 붙이지 않으시면 당신은 지상에 불을 가져올 수 없다. "나를 떠나서는 너희가 아무것도 할 수 없음이라"(요 15:5)라고 주님은 말씀하셨다. 예수님은 제자들에게 "위로부터 능력을"(눅 24:49) 입히울 때까지 아무것도 하지 말라고 지시하셨다. 그 능력이 왔을 때 성령은 각 사람에게 불꽃으로 자신을 드러내셨다.

예수님은 이전에 제자들을 짝을 지어 보내셨다(눅 10:1). 이는 삼손이 여우를 둘씩 짝지어 보내어 그 꼬리에 매단 횃불이 적의 곡식단과 감람원에 불을 놓은 사건을 생각나게 한다(삿 15장). 제자들 또한 둘씩 짝을 지어 성스런 횃불을 들고 하나님을 위해 방화자가 되어 불의 복음으로 사탄의 영역에 불을 놓았다. 엘리야도 하늘에서 불을 내렸다.

불이 떨어지기 전까지 전도와 교회 활동은 그저 일상적이고 흥미 없는 것이 될 수 있다. 나라의 경제에 대해 어떻게 생각하는가에 관한 설교문과 설교, 교훈 혹은 전파도 물론 있어야 하겠지만 그것들 모두는 얼음처럼 차디찬 사역이다. 어떤 신적인 불꽃도 얼음을 불타게 하지는 않는다. 불이 붙은 채로 집으로 돌아가는 사람은 아무도 없다. 반면 엠마오로 가던 길에서 예수님의 말씀을 듣던 그 두 사람은 뜨거워진 마음을 가지고 집으로 갔다. 나는 그분이 그들에게 정치 이야기나 어떤 제안이나 충고를 하셨을 것이라고 믿지 않는다. 그것은 그들의 마음을 불타게 할 수 없다. 예수님은 "불을 땅에 던지러"(눅 12:49) 오셨다. 예수님의 사명은 휴일날의 야유회가 아니다. 사탄 또한 그렇다. 그는 파괴자이다. 주님은 제자들을 보내시면서 물리적인 위험에 대한 경고를 함께 주셨다. "몸은 죽여도 영혼은 능히 죽이지 못하는 자들을 두려워하지 말고 오직 몸과 영혼을 능히 지옥에 멸하시는 자를 두려워하라"(마 10:28). 예수님의 기쁨과 열정으로 불타는 생명에 비교한다면 육체의 상함 따위란 무엇인가? 생명의 면류관에 비교하거나 그분이 우리에게 하게 하신 놀라운 일에 비교한다면 신체적인 위험이 무엇이겠는가? "병든 자를 고치며 죽은 자를 살리며 문둥이를 깨끗하게 하며 귀신을 쫓아내되 너희가 거저 받았으니 거저 주어라"(마 10:8).

인자의 표식

불은 복음의 상징이자 인자의 표식이다. 오직 예수님만이 불로 세례를 주신다. 우리가 그런 세례를 볼 때면, 그 누구도 아닌 그분만이 일하고 계시다는 증거를 보게 된다. 그것은 그분의 활기와 기독교 신앙의 진정한 폭발을 구분해내는 특징이 된다. 그런 활기참에 손을 올려놓으면 그 열기를 느끼게 될 것이다. 선지자 엘리야도 같은 점을 지적한다. "이에 불로 응답하는 신 그가 하나님이니라"(왕상 18:24). 오직 한 분 하나님만이 그렇게 하신다. 엘리야는 바알에게 그런 능력이 없음을 알고 있었다.

당신의 영적 온도는 몇도인가? 온도가 감지되기는 하는가? 얼어붙어 있는 것은 아닌가? 교회에 얼음장 같은 제단이 있는가? 온기가 없는 예배를 드리는 것은 아닌가? 교리는 고작해야 분열로만 열이 오르지 않는가? 신학자들과 그들의 가르침이 불에 타지 않는 석면과 같지는 않은가? 모닥불의 불쏘시개로나 쓰여야 열기를 내는 종교 서적들도 있다. 그렇게 믿음을 얼어붙게 만드는 것들은 오순절의 그리스도와는 아무런 관계가 없다. 그분이 만지시면 무엇에나 불이 붙는다. 예수님은 얼음을 녹이신다. 어떤 교회들은 마치 막대기 두 개를 비비듯이 얼마 안 되는 영적인 열정을 불러 모으려고 노력한다.

> 믿음을 얼어붙게 만드는 것들은 오순절의 그리스도와는 아무런 관계가 없다. 그분이 만지시면 무엇에나 불이 붙는다.

모형 병기

하나님의 불은 특별, 아니 오묘하다. 오직 하나님의 불만이 모세의 제단에 허용되었다. 인간의 수단으로 붙인 불이 아니었다. 나답과 아비후는 자신들이 불을 만들어 그것으로 분향하였다. 그러나 그것은 '불경한 불'이었다. 성스런 불이 여호와 앞에서 나와 거짓 불을 삼키고 반역한 제사장들에게 죽음을 가져왔다(레 10:1-2).

오늘날, 우리는 불경한 불을 드리고 있다. 전혀 복음적이지 않은 불신의 신학, 인간의 생각과 자신의 철학들, 비판과 이론들의 이상한 복음이다. 이것들은 천국의 영광과 열기를 감당할 수 없다. 그저 논쟁만 불태울 뿐이다.

이 뒤에 나오는 말씀은 내 친구인 폴 C. 쇼흐(Paul C. Schoch)가 나에게 지적한 바로 그것이다. 그는 마태복음 16장 23절을 들어 예수님께서 사도 베드로를 통해 사탄에게 명하시는 장면을 보여 주었다.

"사단아 내 뒤로 물러 가라 너는 나를 넘어지게 하는 자로다 네가 하나님의 일을 생각지 아니하고 도리어 사람의 일을 생각하는도다."

상반된 두 가지 생각이 존재한다. 하나님의 생각과 인간의 생각이 그것이다. 하나님께서 이사야 55장 8-9절에서 말씀하셨듯이 하나는 높은 곳에서, 하나는 낮은 곳에서 오는 생각이다. 사탄은 인간처럼 생각한다. 사실 사탄은 하나님의 계획을 전혀 알아채지 못하고 있다. 그가 원래 하나님의 보좌를 지키던 천사장 루시퍼였다는 것을 기억한다면 이는 이상한 일이다. 예수님은 독사의 머리에 상처를 내셨는데, 내 생각엔 그때 그 사탄의 뇌에 손상을 가져온 것이 아닌가 한다! 사탄은 방향을 찾지 못하고 있다. 사탄은 한때 지혜로 가득했으나, 한때 공중의 권세 잡은 자였던 사탄은 오늘날 하나님께서 이루고 계신 것, 특별히 주님께서 십자가에서 이루신 일로 인해 당황하고 있다. 이런 혼란은 그의 죄에서 기인한 것이다.

사탄은 인간이 생각하듯 생각한다. 이는 인간도 사탄이 생각하듯 생각한다는 의미가 된다. 그들도 역시 십자가가 어리석다고 생각하며 사도 바울이 말했듯 하나님의 일을 알아차리지 못한다. 바울도 처음에는 그것을 '알아보지' 못했다. 신자들에 대한 차디찬 분노가 그의 마음을 좀먹었다. 그는 위협과 사망을 내뿜던 '용'이었다. 열망으로 가득한 그의 뇌는 교묘한 불신앙으로 꽉 차 있었다. 그러나 믿음을 가지게 되자 비로소 눈에서 비늘이 떨어졌다.

나는 지옥에서 하나님의 나라로 간첩을 보낸다면, 그래서 그 비밀을 염탐코자 한다면 어떻게 될까 궁금하다. 악마들은 어찌 되었든 그런 비밀들을 이해하지 못할 것이다. 지옥은 완전히 당황하고 있다. 그리스도의 희생은 하나님께서 하나님 당신을 위해 견고하게 짜신 각본에 의한 것이었다. 사탄은 사람들을 파괴한다. 그것이 그의 악한 본성이다.

만약 우리가 인간적인 생각으로 그 악마와 싸우고자 한다면 우리는 그도 인간처럼 생각할 것이라는 것을 기억해야만 한다. 사탄은 '인간 체스 게임'을 발명하여 수천 년 동안 그 게임을 즐기고 있다. 사탄은 우리의 모든 움직임을 예상하고 열 발자국이나 먼저 가서 막아설 것이다. 사탄은 아담 시대부터 경험해왔기 때문에 체스판에서 인간이 벌이는 모든 수를 읽고 있다. 당신은 말의 지혜로 믿음을 가져올 수 없다. 악마는 당신이 무슨 말을 하든 언제나 반대 진술을 펼친다.

복음은 인간의 머리에서 나온 것이 아니다. 어느 대학 교수가 우리에게 준 것도 아니다. 우리는 신적 차원으로 나아가야 한다. 그곳은 적이 따라올 수 없는 곳이다. 마귀는 성령의 정신에 대적할 수 없다. 우리가 인간적으로 계획하고 설교하고 증거하고 전도한다면 사탄은 우리를 좌절시키고 말 것이다. 사탄은 우리의 계획을 모두 간파하고 있다. 그렇다면 어떻게 이길 수 있는가. 그 해답은 성령 안에서 움직일 것과 있는 그대로의 복음을 전파하는 것이다. 그러면 그 우두머리는 자신이 게임에서 쫓아갈 수가 없다는 것을 알고 그 자신이 혼란에 빠지게 된다. 마귀는 성령의 알파벳도 알지 못한다.

우리는 이를 우리 복음 사역에서 늘상 보고 있다. 우리는 집회에서 성령충만을 갈망하는데, 그 결과는 감동적이다. 모든 나라들이 그리스도의 놀라운 권세 앞에서 도전을 받는다. 거짓된 종교와 사탄의 교리들이 이전에 횡횡했지만 이제는 흔들리고 무너지고 있다! 어떤 설교자라 하더라도, 그가 아무리 인기가 있고 똑똑하다 하여도 이 일을 할 수는 없다. 그런 성공은 오직 하나님께서 그분의 방식으로 하실 때에만 일어난다. 그분이 들어오시는 곳에는 놀라운 승리가 있다. 그분은 성공하실 수 있고, 성공할 것이며, 현재도 성공하고 있다. 그러므로 우리는 언제나 하나님께서 주인이 되시도록 해야 한다.

이러한 승리의 비결은 주님이 약속하신 종말 축복의 부분이다. 오순절은 계속되고 있다. 그것은 예루살렘에서 그친 것이 아니며, "땅 끝"(행 1:8)에 이르기 위한 것이다. 나는 이렇게 도전하고자 한다. '성령의 수준에서 일하도록 하라. 그러면 주께서 친히 그들을 구원하시고 인도하시는 것을 보게 될 것이다.' 이런 전도는 사탄의 허리를 부러뜨릴 것이며 패배하게 만들 것이다. 이것이 모방할 수 없는 거룩한 불이다.

장전된 병기와 '질주하는 증기기관차'

총에 공포탄이 장전되어 있어도 그 소리와 총의 반동은 마치 총알이 장전된 것처럼 요란하다. 그 차이는 소리가 아니라 그 효과를 관찰하여야만 알 수 있다.

공포탄은 목표를 맞힐 수 없고 진짜 총알만이 그 과녁을 명중시킬 수 있다. 단지 공허한 소리와 반동, 흥분과 장관을 보이는 복음에 비록 수십만 명이 모인다 해도 우리는 거기에 아무런 관심이 없다. 우리는 명중이 되는 장면을 보고자 한다. 군중이 몰려올지 모르지만 뭔가 이루어지기 위해서 우리는 믿음으로 성령의 불의 진정한 포격이 있도록 해야 한다. 수백만이 다시 태어나고 삶이 완전히 변화될 것이며, 교회는 가득 차서 천국의 인구는 늘어나 지옥은 무너질 것이다. 할렐루야!

하나님의 불은 몇 명이 감정적인 유희를 경험하도록 보내진 것이 아니다. 비록 하나님의 불에 영광스런 부작용이 있을지라도 하나님을 찬양하라. 성령의 권세는 집회가 활기차도록 한다. 하지만 기뻐 손뼉 치는 것만이 하나님의 창조 계획을 충족시키는 것은 아니다. 오직 성령만이 그 영원한 목적을 이루도록 힘을 다하신다.

> 기뻐 손뼉 치는 것만이 하나님의 창조 계획을 충족시키는 것은 아니다. 오직 성령만이 그 영원한 목적을 이루도록 힘을 다하신다.

나는 이것을 이제는 자취를 감춘 옛 증기 기관차가 김을 내뿜으며 나아가는 모습으로 상상한다. 이런 철마들은 살아 있는 생물체같이 그들의 배에 불을 담고 증기를 숨으로 내쉰다. 화부의 일은 그 불을 돋우어 최대한 증기가 나게 만드는 것이다. 증기의 압력이 증가하면 기관사는 둘 중의 한 가지를 할 수 있다. 그는 경적을 당기거나 증기의 힘을 피스톤으로 향하게끔 바꿀 수도 있다. 경적을 당기면 아무것도 남지 않을 때까지 김을 빼게 되어 수마일 전방까지 그 소리가 들리게 만든다. 만약 그 힘을 피스톤으로 바꾸게 되면 증기는 바퀴를 돌리고 요란한 소리를 내지 않고도 들판을 가로질러 기관차를 움직여 갈 수 있다. 경적은 중요하다. 기차의 경적으로 인해 하나님께 감사를 드린다. 하지만 만약 경적을 울리는 것이 그 증기가 할 수 있는 일의 전부라면 보일러 밑에서 불을 때고 불이 더 살아나도록 하는 일은 아무런 가치가 없어질 것이다.

성령의 불은 힘을 가져온다. 그 소리에는 마음을 쏟지 말라. 이 힘을 움직이는 곳에 사용하기로 하자. 천둥은 벼락이 친 다음에야 있는 것이다. 오순절의 목적은 모든 교회가 하나님을 향해 바퀴가 구르듯 굴러가게 하여, 복음을 전 세계로 펼치도록 전달하는 것이다.

> 오순절의 목적은 모든 교회가 하나님을 향해 바퀴가 구르듯 굴러가게 하여, 복음을 전 세계로 펼치도록 전달하는 것이다.

"너희는 온 천하에 다니며 만민에게 복음을 전파하라"(막 16:15).

교회는 '가는' 교회이지 '앉아 있는' 교회가 아니다. 밖을 향하여 우리 주님이 대륙을 넘어 움직이시는 모습을 보라. 어떤 이들은 내면을 향하고 끊임없이 자신의 영혼만 점검하며 내부점검으로 무능력해져 있다. 그러나 예수님께서 당신을 구원하셨으니, 염려할 필요가 없다. 이제 다른 이들을 구원하시는 그분을 도와야 한다. 만약 성령이 오셨다면 일어나 가라. 그분이 일하시지 당신이나 내가 일하는 것이 아니다. "만일 복음을 전하지 아니하면 내게 화가 있을 것임이로라"(고전 9:16). 그리고 그 복음을 전파하지 못하는 이들에게도 화가 있을 것이다!

기독교의 시대는 불의 시대이다

이제 한 가지 질문을 하고자 한다. 예수님께서는 왜 하나님의 우편으로 높임을 받으셨는가? 가장 훌륭한 주석서들에도 이에 관해서는 쓰인 것이 거의 없다. 예수님의 승천은 학문적으로 무시된 듯이 보인다. 그것이 그만큼 중요치 않아서인가? 예수님은 당신이 승천하시는 것이 우리에게 유익하다고 선언하셨다(요 16:7). 그는 우리에게, 그분이 아버지에게로 가지 않으면 가장 필요한 경험이 우리 것이 되지 못할 것이라고 말씀하셨다. 주님이 승천하지 않으셨다면 우리는 결코 성령으로 세례를 받을 수 없었을 것이다.

예수님께서 행하신 일들을 모두 상기해 보라. 요한은 그분의 사역을 모두 쓴다면 너무 많아서 세상이 그 책들을 다 수용하지 못할 것이라고 했다. 그렇다면 그분이 지상에 계실 때에 하지 않으셨던 일이 있을 수 있는가? 단 한 가지가 있다면 그것은 세례 요한이 예수님이 하실 일이라고 말했던, 불과 성령으로 세례를 주는 바로 그 일이다. 그분은 지상에 계실 때에는 그 일을 하지 않으셨다. 예수님은 천국에서 오셔서 십자가와 무덤을 거쳐 그분의 최종적인 사명이 시작되기 전에 그곳으로 돌아가셔야 했다.

예수님께서 지상에서 하신 일은 어떤 것도 성령과 불로 세례를 주는 것으로 설명될 수는 없다. 그분의 위대한 사역들, 그분의 말씀, 가르치심, 치유 혹은 사망과 부활도 성령으로 세례를 주는 것은 아니었다. 예수님은 제자들을 위해 많은 일들을 하셨다. 그분은 치유의 사명을 수행할 권세를 주셨지만 성령 세례는 주시지 않고 떠나가셨다.

그러한 세례는 예수님께서 아버지께로 가시기 전에는 일어날 수 없는 것이었다. 사실, 주님은 이러한 말씀을 하셨을 뿐 아니라 강조하기까지 하셨다. 그분은 이 새로운 직책, 즉 세례자의 직책을 성령으로 돌리기 위해 영광으로 들어가셨다. 이것이 그분이 아버지에게로 올라가신 이유이다. 구약은 그런 세례에 대해서는 아는 바가 없다. 이는 아버지의 '새 일'이다. 예수님은 물론 우리에게 다른 많은 축복을 주신다. 그분은 우리의 대제사장이시며, 우리의 대변인이며 중보자가 되신다. 하지만 그분 자신은 이런 사역에 이름을 붙이지 않으셨다. 그분은 오직 성령의 보내심만 설명하신다.

주님이 승천하신 후(그 이전이 아니라) 성령이 왔다. "불의 혀 같이 갈라지는 것이 … 각 사람 위에 임하여 있더니"(행 2:3). 오래전에는 모세의

1장 방화가 범죄가 아닐 때! **39**

제단과 솔로몬의 성전이 하늘에서 떨어진 불에 활활 탔다. 오순절의 다락방에 떨어진 불꽃은 같은 하늘에서 떨어진 것이다. 예수님은 모든 권세를 가지고 계신다. 그분이 사령탑에 계신다.

불의 혀

만약 성령 세례가 그분의 사역이었다면 그것은 무엇을 의미하는 것일까? 그것은 그분과 관련되거나 복음에 관련된 모든 것이 불의 특징을 가진다는 것이다. 태움이 있어야 한다. 증거하고 사역하는 자들에게는 불이 있어야 한다. 설교하는 이에게도 불이, 우리가 전하는 진리에도 불이 있어야 하거니와("내 말이 불 같지 아니하냐", 렘 23:29) 우리가 설교하는 주님 안에도 불이 있으며("우리 하나님은 소멸하는 불이심이니라", 히 12:29), 전하는 권세에도 불이 있고("불의 혀", 행 2:3), 우리로 전파하게 하시는 성령에도 불이 있다("성령과 불", 마 3:11).

이제 하나님의 불에 관해 매우 중요한 개념을 제시하려 한다.

> 만약 성령 세례가 그분의 사역이었다면 그것은 무엇을 의미하는 것일까? 그것은 그분과 관련되거나 복음에 관련된 모든 것은 불의 특징을 가진다는 것이다. 태움이 있어야 한다.

1. 모든 제물은 불로 소멸되어야 한다

갈멜산에 두 제물이 놓여졌다. 하나는 바알의 제사장들이 행하는 것이고 다른 하나는 엘리야의 제물이었다. 첫 번째 바알에게 바쳐진 제물은 타지 않았다. 그것에는 불이 붙지 않았다. 제물은 그냥 그곳에 있었다. 제물을 바치는 자들은 간절했다. 그들은 하루 종일 바알에게 기도했고 그들 자신의 진정성을 드러내기 위해 칼로 자신들을 자해하기도 했다. 그들은 할 수 있는 모든 일을 했지만 그들의 제물에는 불이 붙지 않았다. 사탄이 지옥에서 불을 만들 수 있었다면 한두 번쯤 불꽃이 튈 법도 했건만, 제단은 차디찼다.

불은 엘리야가 제물을 바쳤기 때문에 떨어진 것도 아니었다. 엘리야가 기도하고 믿었을 때 불이 떨어졌다. '믿음이 곧 승리'이다. 엘리야는 자신이 할 수 있는 모든 것을 했다. 그것은 사실이다. 그는 모세의 글에 제시된 대로 정확히 재단을 만들었다. 하지만 그가 정확히 제단을 만들었다는 이유만으로 불이 붙은 것은 아니다. 믿음이 그 불꽃을 살려낸 것이다.

하나님은 제물이 있는 곳에만 불을 보내셨다. 제물이 없는데 불을 보내시지는 않는다. 소파에 편히 앉은 그리스도인은 불을 받을 수 없다. 'TV 앞에서만 사는' 사람에게는 기름부음이 없다. 때로 사람들은 하나님께 드리는 것이 전혀 없으면서 불을 달라고 기도한다. 그들은 시간과 돈을 포기하는 일도 거의 없고 노력을 드리지도 않는다. 만약 그들이 하나님의 불을 가진다면 그것으로 그들이 무엇을 하겠는가? 집에 앉아서 그저 감상이나 하고 있지 않겠는가? 불은 세상을 얻는 데 따르는 고난에서 우리를 구해 주기 위해 있는 것이 아니라, 고난에도 불구하고 복음을 전파하도록 우리에게 힘 주시기 위함이다.

> 하나님은 제물이 있는 곳에만 불을 보내셨다. 제물이 없는데 불을 보내시지는 않는다. 소파에 편히 앉은 그리스도인은 불을 받을 수 없다. 'TV 앞에서만 사는' 사람에게는 기름부음이 없다.

중요한 것은 불이다. 제물을 차려놓는 일로는 충분치 않다. 하나님은 우리가 그분을 위해 제단에 우리의 모든 것을 올려놓기 전까지는 영혼을 구하고 병든 자를 치유하는 일을 시작하지 않으실 것이다. 그것은 사실이다. 하지만 우리의 제물이 그분이 일하시게 만드는 이유는 아니다. 그분은 그분의 자비와 은혜로 인해 구원과 치유의 기적을 행하신다. 엘리야의 경건이 제단의 모든 것을 태우는 경이로운 번개를 일으킨 것은 아니다. 그 불은 그의 경건함에서 오지 않았다. 당신의 십일조와 헌금으로는 천상의 불꽃의 작은 초 하나도 살 수 없다. 하나님의 불은 우리의 제물로 인한 것이 아니라 그리스도의 희생으로 인한 것이다. 그러므로 하나님께 감사하자. 그 불은 모두를 위한 것이다. 부흥의 불은 선한 사람들에 대한 보상이 아니다. 그것은 하나님의 선물이다. 그로 인해 고심할 이유가 무엇인가? 사람들은 "값을 치러야 한다"고 말을 한다. 하지만 '값없이 주어진 것에 너무 많은 값을 치르다' 라는 것이 바로 이 경우이다. 불은 믿음으로 온다.

2. 진리는 불로 세례를 받아야 한다

우리는 죽은 것을 보고도 살아 있다고 억지 주장할 수 있다. 하지만 죽은 것은 죽은 것일 뿐이다. 우리는 '진리의 몸'이라고 주장할 수 있지만, 사실은 차가운 시체일 수도 있다. 예수님은 그저, "내가 길이요 진리다"라고 말씀하셨을 뿐만 아니라, "내가 곧 길이요 진리요 생명이니"(요 14:6)라고 말씀하셨다. 하나님은 하나님 당신이 시온에서 "화염의 빛"(사 4:5)을 만드신다고 말씀하셨다. 예수님은 세례 요한이 "켜서 비취는 등불"(요 5:35)이라고 증거하셨다. 이는 빛과 열의 이미지들이다. 어리석은 세상이 그것을 어떻게 비웃든지 간에 복음은 뜨거운 복음이다. 나는 활기가 없이 어떻게 하나님의 "생명의 도"(행 7:38)를 전파할지 모르겠다. 복음에는 불이 있어야 한다. 복음을 차고 가볍게 설교한다는 것은 말도 안 된다. 어느 날 한 여자분이 와서 자신은 거듭난 그리스도인인데, 자기 안에 '마귀'가 앉아 있다고 말하였다. 나는 그녀에게 말했다. "파리는 차가운 난로 위에만 오랫동안 앉아 있습니다. 성령의 불을 당신의 삶으로 불러들이세요. 그러면 더러운 마귀는 감히 당신을 건드리지 않을 것입니다. 잘못하면 그 더러운 손가락을 데게 될 테니까요." 복음이 그 위력을 제공한다. 그러므로 전도자에게 불이 붙는 것은 자연스러운 일이다.

예수님에게 임한 하나님의 불

인간의 경험에서 하나님의 불은 열정으로 번역된다. 우리는 그러한 열정을 예수님에게서 찾아볼 수 있다. 그분은 오직 그 말씀에서만 열정적이셨던 것은 아니다. 예수님께서 마지막으로 예루살렘으로 향하셨을 때에 우리는 그분이 제자들보다 앞서 걸으시는 것을 읽을 수 있다. 제자들은 예수님께서 자신을 얼마나 재촉하며 나아가셨는지를 보았다.

> "예루살렘으로 올라가는 길에 예수께서 제자들 앞에 서서 가시는데 저희가 놀라고 좇는 자들은 두려워하더라"(막 10:32).

왜냐하면 그분의 영혼에 있는 불이 그분이 걸으시는 모습에서 완연히 드러났기 때문이다. 일행이 도착하자 예수님은 성전이 모독당하는 것을 보셨다. 제자들은 예수님의 감정이 열정적이었다는 것을 더욱 확신하였다. 그분의 반응은 그를 놀랄 만한 인물로 바꾸어 놓았다. 제자들은 시편 69편 9절을 상기하였다. "주의 집을 위하는 열성이 나를 삼키고." 하지만 그것은 사랑의 분노였지, 냉혈한의 포악이 아니었다. 예수님은 광적인 정신병자가 아니셨다. 그분은 아버지의 집을 사랑하셨다. 그것이 전부였다. 성전에서 자유롭고 행복하게 예배드리는 사람들을 보는 것이 그분의 바람이셨다. 하지만 성전의 상업주의가 그 모든 것을 망치고 있었다. 그분의 가슴에는 화산이 폭발했다. 그분의 영혼의 불이 성전을 깨끗케 하도록 나서게 만들었다. 그분의 행동은 겁날 만큼 두려웠고, 많은 이들이 그곳에서 도망쳤다. 하지만 어린이들과 눈먼 자들과 저는 자들은 그곳에 남았고, 예수님은 그들을 치유하셨다(마 21:14-16).

어찌 되었건, 그것은 예수님께서 원하시던 일이었고, 그것이 그분의 분노가 용광로 같은 열을 뿜었던 이유였다. 그분의 분노는 기쁨을 이루기 위한 것이었다. 예수님은 어린이들이 "호산나!"라고 노래하도록 하셨다. 이것은 성경에서 하나님에 관한 흥분이 욕을 먹었던 단 한 번의 사건이었으며, 주님의 법정에서 침묵을 강요당한 유일한 때였다. 침묵은 바리새인들이 요청했다. 주님에 대한 찬양은 그들의 장사용 돈궤의 소리를 잡아먹고 있었다. 돈의 음악이 잠잠해진 것이다! 이것이 주님의 불의 그림이다.

대리석 조각들의 박물관

불 같은 메시지 외에 다른 것은 세상에 제시되지 않았다. 불을 피워야 할 필요는 없다. 이미 불이 붙은 횃불에 다시 불을 붙일 필요는 없는 것이다. 하지만 교회에 관한 모든 것은 하나님의 뜨거운 빛을 가장 높은 곳에까지 반사해야 한다. "그 전에서 모든 것이 말하기를 영광이라 하도다"(시 29:9). 우리는 성경에서 하나님께서 그의 사역자들을 "불꽃"(히 1:7)으로 삼으신다는 것을 읽을 수 있다. 그분의 백성들은 횃불이 되어야 한다. 전도자뿐만이 아니라, 증인들, 목회자들, 교회 관리자들, 지도자들, 사역자들, 교사들 그리고 행정가들이 모두 차가운 거리에 밝혀진 횃불처럼 성령으로 빛나야 한다. 사업상 회의는 부흥회처럼 성령의 불을 보아야 한다. 어쩌면 그보다 더 필요한지도 모른다.

> 불 같은 메시지 외에 다른 것은 세상에 제시되지 않았다. 불을 피워야 할 필요는 없다. 이미 불이 붙은 횃불에 다시 불을 붙일 필요는 없는 것이다.

물고기는 자신이 수영하는 물과 같은 온도를 유지한다. 많은 그리스도인들은 물고기와 같다. 그들은 자신을 둘러싼 냉담하여 믿지 않는 세상보다 더 영의 온기가 없다. 인간은 온혈 동물이다. 하나님께서 우리를 그렇게 만드셨기 때문이다. 또한 그분이 우리가 좋은 소식을 받도록 선택하신 방법이다. 온기를 가지고!

주님은 우리가 냉정한 머리와 위엄을 가지고 있어 우리를 보내시는 것이 아니다. 그분은 우리가 자제력이 있기 때문에 우리를 선택하지도 않으셨다. 그분은 우리에게 제단에서 발갛게 불이 붙은 숯을 들

> 시신위생처리에 관해 강의하는 것과 같은 설교를 들은 적이 있다. 그런 말이 살아 계신 예수님에 대한 증거가 될 수 있을 것인가? 예수님이나 베드로 혹은 바울, 어느 누구도 회중이 박물관의 대리석 석상처럼 굳어져 앉아 있도록 만들지는 않았다.

려, 부활의 증인이 되도록, 오순절의 하나님을 만났음을 증거하도록 보내셨다. 시신위생처리에 관해 강의하는 것과 같은 설교를 들은 적이 있다. 그런 말이 살아 계신 예수님에 대한 증거가 될 수 있을 것인가? 예수님이나 베드로 혹은 바울, 어느 누구도 회중이 박물관의 대리석 석상처럼 굳어져 앉아 있도록 만들지는 않았다.

불이 붙은 논리도 논리적이 될 수 있다. 이사야와 바울의 논리가 그 예이다. 논리가 반드시 빙하기에 속할 필요는 없다. 불은 열정을 의미하는 것이지 무지해야 한다는 것이 아니다. 어떤 수단을 사용하든 단지 그것이 불을 끄는 것이 아니라는 전제 하에서 배우라. 기억하라. 명석함 이전에 빛이 먼저라는 것을. "마음을 다하고 목숨을 다하고 뜻을 다하고 힘을 다하여 주 너의 하나님을 사랑하라 하신 것이요"(막 12:30). 주님은 우리가 '불타는' 마음으로 기쁨과 동정 그리고 사랑의 빛을 비추기를 원하신다.

인간의 존엄성은 하나님을 찬양하는 것에 열중할 때 새로운 의미를 가진다. 5만 명이나 되는 사람들이 하나님에 대한 기쁨으로 울며 팔을 흔들고 뛰며 소리지르는 모습을 본 적이 있는가? 한 어머니가 연단에 서서 자신의 자녀가 선천적인 시력 장애나 청력 장애에서 혹은 뒤틀린 사지가 고침을 받았다고 간증한다면 당신은 더 놀라운 일들이 일어날 것이라고 생각하지 않겠는가? 나는 인간의 경험 중 최고인 이런 기적의 간증을 자주 보아왔다.

절름발이가 걷고 눈먼 자가 보게 될 때에 침착을 유지한다면 그것은 우리의 자랑이 아니다. 그런 평정은 현명한 것이 아니라 바보스러운 것이다. 춤이야말로 그런 순간에 더 자연스럽게 나타나는 현상이다. 우리는 하나님의 실재하심에 기쁨을 느껴야 한다! 예수님은 그런 잠잠한 순간에 돌들이 소리 지를 것이라고 하셨다(눅 19:40).

이전에는 슬픔뿐이었으나 이제는 두 손을 맞잡거나 경건으로 손을 높이 들고 눈에는 기쁨의 눈물을 글썽이며 얼굴을 하나님께 들고, 놀라운 감사의 기도를 드리느라 입술을 달싹거리는 수많은 귀중한 남자와 여자, 흑인과 백인들이 집회에 서 있는 모습을 보았다. 그때에 나는 혼자 이렇게 말한다. "저들이 얼마나 아름다운가." 그런 순간에 나는 내가 화가였으면 하는 바람을 가지게 된다. 위엄이 하나님 안에서 우리의 기쁨에 앞서게 된다면 그것은 재난이 아닐 수 없다!

만약 하나님께서 우리의 감정을 움직이지 않으시면 마귀가 그렇게 할 것이다. 인간이 감동되지 않으면 하나님께서 어떻게 그들에게 양심의 가책을 받게 하여 회개에 이르게 할 수 있겠는가? 그들의 영혼에 어떤 감정의 소용돌이를 주지 않고 어떻게 죄 용서의 기쁨을 누리게 할 수 있겠는가? 나는 전도자의 본분이란 인간 정신에 불을 놓는 것이라고 믿는다.

인간을 구원받게 하는 것이 그들의 이름을 절취선 위에 올리는 것보다 큰 일임은 분명하다. 기독교는 사람들의 사교 모임이 아니다. 구원은 영적인 수술이다. 우리가 주장하는 용서는 무엇을 말하는 것인가? 예수님께서 주시는 용서는 어떤 종류인가? 진정한 은혜는 무엇인가? 이런 용서는 절름발이를 다시 걷게 만들고, 거리 여인의 메마른 가슴을 녹여 주님의 발을 눈물로 씻기게 하였다. 레위인이 잔치를 열었던 것처럼 용서받은 자들로 하여금 뭔가 비범한 일을 하게 만드는 그런 것이다. 이런 용서 때문에 마리아가 값진 재물인 옥합을 깨뜨리고 삭개오가 많은 돈을 나눠 줄 수 있었다.

제자들은 자신들이 귀신을 쫓아내자 기쁨에 들떴다. 하지만 예수님께서는 그것은 아무것도 아니라고 하셨다.

"귀신들이 너희에게 항복하는 것으로 기뻐하지 말고 너희 이름이 하늘에 기록된 것으로 기뻐하라 하시니라 이 때에 예수께서 성령으로 기뻐하사"(눅 10:20-21).

베드로는 예수님의 이 말씀을 듣고 마음에 새겼다. 이후 베드로는 신자들에 관해 이렇게 쓰고 있다.

"예수를 너희가 보지 못하였으나 사랑하는도다 이제도 보지 못하나 믿고 말할 수 없는 영광스러운 즐거움으로 기뻐하니 믿음의 결국 곧 영혼의 구원을 받음이라"(벧전 1:8-9).

낮은 목소리로 기뻐하고 귓속말로 예배를 드릴 수 있는가? 침묵의 잔치에 참가하란 말인가? 그것은 성경에서 말하는 '기뻐하라'는 단어의 의미가 아니다. 그 뜻은 '기뻐하여 소리 지르고 열광하다'이다. 그런 기쁨을 아무런 감정 없이, 불 없이 하려고 해 보라!

성령의 불은 실재한다. 그것은 혈관을 통해 피가 흘러가듯 예수 그리스도를 통해 흘러야 한다. 불이 붙은 하나님의 사람들과 전체로 불이 붙은 교회는 우리의 잃어버린 세대를 찾게 할 것이다.

2장
_ 기름부음에 반대하는 자!

마지막 때가 얼마나 오래갈 것인가?

지금이 당신의 최후의 시간이라고 가정해 보자! 당신은 무엇을 할 것인가? 얼마나 큰 두려움으로 그 마지막을 준비하겠는가? 당신에게 말하건대 바로 이때가 마지막 시간이다.

"아이들아 이것이 마지막 때라…"(요일 2:18). 요한은 이 말을 1,900년 전에 썼기에 이 때가 아주 오랫동안 지속되고 있는 듯이 보인다는 것은 나도 알고 있다. 하지만 그 사실로 인해 혼동하지 말라. 우리는 한 가지는 확신할 수 있다. 마지막 시간이 있다면 그것은 확실히 지금이라는 것이다! 만약 요한이 오늘날 이 글을 썼다면 아마 이렇게 썼을 것이다. "아이들아, 지금은 마지막 시간에서도 마지막 초라."

요한이 이 구절을 썼을 때 그는 하나님의 시계를 본 것이지 우리의 시계를 본 것은 아니었다. 그 시계 바늘은 여전히 멈추지 않았다. 지구의 시간으로 측정한다면 하나님의 마지막 시간이 얼마나 길게 갈 것인가? 우리가 아는 한 가지는 우리가 우리의 마지막 때에 얼마나 가까이 왔는지를 모른다는 것이다. "그러나 그 날과 그 때는 아무도 모르나니"라고 예수님은 마태복음 24장 36절에서 말씀하셨다. 하지만 우리가 날마다 그 마지막으로 가까워지고 있다는 사실은 분명하다. 바울은 이렇게 보았다. "너희가 이 시기를 알거니와 자다가 깰 때가 벌써 되었으니 이는 이제 우리의 구원이 처음 믿을 때보다 가까왔음이니라"(롬 13:11).

만약 누군가가 자신에게 겨우 60분이 남아 있다고 생각한다면 그들은 그 시간을 사소한 것에 보내지는 않을 것이다. 그 짧은 초의 시간들이 모래시계에서 미세한 모래들이 빠져나가듯이 그들은 무엇이 정말 중요한 것인가를 알게 될 것이다. 그 사람들은 최신 유행 모자를 쇼핑하러 가거나 자신이 소유하고 있는 주식의 주가가 어떤가를 보기 위해 눈을 아래위로 굴리고 있지는 않을 것이다. 마지막 때에 집중하면 인생의 모든 것을 적절한 안목으로 보게 될 것이다.

누군가가 대부분의 사람들은 그 생명이 영원할 것처럼 산다고 말한 적이 있다. 성경의 메시지는 우리의 때가 '정해져' 있다고 한다. 무한한 것이 아니다. 실제로 중요한 것을 위한 시간만이 존재한다. 나는 특별히 예수 그리스도의 교회에 관해 생각한다. 사람들은 인생이 수천 가지의 구체적인 일들로 이루어져 있다고 지적하지만 사소한 것이 중요한 것보다 더 큰 비중을 차지해서는 안 된다. 교회는 한 가지 목표에만 관심을 쏟아야 한다. 사탄과의 전쟁과 영혼을 위한 활동이 그것이다.

예수님의 위대성은 그분은 아버지가 보내실 때에 오셨다는 사실이다. 그리고 우리의 위대함은 예수님이 우리를 보내실 때에 우리가 가야 한다는 것이다. "아버지께서 나를 보내신 것 같이 나도 너희를 보내노라"(요 20:21). 교회는 보냄을 방해하는 것들은 무시해야 한다.

마지막 때의 논리

성경에서 '지금은 마지막 때라' 라고 선포한다면 그것은 실로 그러하다. 복음의 메시지에 대해서 지금은 언제나 마지막 때이다. 이 독특하고 특별한 성경의 교리를 '임박성'(Imminence)이라고 부른다.

많은 사람들이 추수하려면 넉 달이 남았다고 생각하고 느긋하게 뒤로 물러나 있다(요 4:35). 바울과 같은 개인 한 사람이 얼마나 많은 일을 했는가를 알고 싶다면 고린도서에서 그의 글을 읽어보라. 그는 마치 종말이 눈앞에 있듯이, 항상 마지막 막이 곧 내려질 것처럼 살았다.

> "형제들아 내가 이 말을 하노니 때가 단축하여진고로 이 후부터 아내 있는 자들은 없는 자 같이 하며 우는 자들은 울지 않는 자 같이 하며 기쁜 자들은 기쁘지 않은 자 같이 하며 매매하는 자들은 없는 자 같이 하며 세상 물건을 쓰는 자들은 다 쓰지 못하는 자 같이 하라 이 세상의 형적은 지나감이니라"(고전 7:29-31).

> 복음은 영원하나 우리에게는 그 복음을 전파할 영원한 시간이 없다 … 우리에게는 우리가 살아 있는 동안 존재하는 사람들에게 전도할 수 있을 정도의 시간만이 있다.

복음은 영원하나 우리에게는 그 복음을 전파할 영원한 시간이 없다. 복음 전선에서 뛰는 사람들이 교회가 여유롭게 운영되고 있는 것을 본다면 우리에게 그런 긴 시간적인 여유가 있다고 생각할 것이다. 하지만 우리에게는 우리가 살아 있는 동안 존재하는 사람들에게 전도할 수 있을 정도의 시간만이 있다. 오늘날 50억이 넘는 영혼들이 살고 있다. 그들은 우리의 현재의 세계에 살고 있는 것이지 무한한 미래의 시간을 가지고 있는 것은 아니다. 지금이 마지막 때이다.

뛰어라!

집을 나간 아들이 집으로 돌아오는 것을 환영하기 위해 그 아버지는 달리고 또 달렸다! 나도 역시 달리기를 원한다. 성령께서 내 영혼에 '지금이 마지막 때이다' 라는 각성을 불러일으켜 주셨기 때문이다. 세계 여러 항공사들에게 나는 단골 고객이 되었다. 바울이 애용하던 헬라어 중의 하나인 '스푸데'(Spoude)는 '종착점에 닿기 위해 달리는 사람처럼 목을 빼다' 라는 뜻을 가지고 있다. 이 낱말은 '연구하라, 근면하라, 속력을 내라, 열망을 가지라, 전진하라, 성실하라' 로 번역된다.

많은 교회들은 매우 활발히 활동하고 있다. 하지만 무엇을 활발히 하고 있는가? 세속적인 문제들에 골몰하고 있어도 겉보기에는 바빠 보이며 '적절한' 일을 하고 있는 듯이 보인다. 하지만 죽어가는 세상에 복음을 전하는 것이야말로 진정으로 적절한 일이다.

지옥불이 터져 나오는 때에 우리의 모든 생각을 개인적인 영성에 쏟는 것은 마치 소방대원이 경고음이 울렸는데도 면도를 하고 있는 것과 같다. 우리가 교회의 분쟁과 편견을 정당화하고만 있다면 '우리의 원칙을 지키는' 것에 수년의 세월을 보낼 수도 있다. 전도에 대한 명령이야말로 영원한 지옥의 화염 속에서 사람들을 건져내는, 가

> 하나님 당신이 그리스도가 없는 인간에게 닥칠 위험을 알고 계셨다. 때문에 골고다는 필연적이었다!

장 중요한 일이다.

그런 하나님의 명령은 그저 지나가는 말로 주어진 것이 아니다. 하나님 당신이 그리스도가 없는 인간에게 닥칠 위험을 알고 계셨다. 때문에 골고다는 필연적이었다!

"또 이 우리에 들지 아니한 다른 양들이 내게 있어 내가 인도하여야 할터이니 저희도 내 음성을 듣고 한 무리가 되어 한 목자에게 있으리라"(요 10:16).

예수님은 엠마오로 가는 길에서 제자들에게 이렇게 말씀하셨다. "그리스도가 이런 고난을 받고"(눅 24:26). 이와 같은 뜻의 헬라어 단어가 바로 '데이'(Dei)이다. 바로 위의 그리스도의 말에서도 사용이 되고 있다. 이 단어는 고난을 받는 것이 맞다거나 적절하다는 뜻이 아니라 그가 할 수밖에 없는, 그런 고난을 초래한 자가 바로 그분 자신임을 의미한다. 십자가의 형벌까지 당하신 예수님은 그것을 우리의 여가 시간이나 취미를 위해 하신 것이 아니다. 우리 주님은 몇몇 교회 직원들에게 변변찮은 직장을 마련해 주기 위해 돌아가신 것이 아니다. 그분은 우리에게, 모든 피조물에게 복음을 전파하라고 지시하신다. 이 과업은 우리 모두를 필요로 한다.

우리가 만약 '마지막 때' 가 우리에게 오지 않을 것이라고 생각한다면 그것은 스스로를 기만하고 하나님 말씀의 진정한 의미를 잃어버리게 한다. 그렇다! "하나님의 마지막 때가 이다지 긴데, 그렇게 서둘러야 할 이유가 무엇인가?"라고 말하는 것은 소용이 없다. 말씀의 가장 중요한 의미는 지금이 그 마지막 때라는 것이다. 요한이 오래전에 이 글을 쓰기는 했지만, 그가 옳았다. 그의 영감에는 과장이 없었다.

- 발톱이 이미 영원한 지옥에 걸려 있는 자들에게는 지금이 마지막 때이다.
- 여러 곳에 기회의 마지막 때가 있다.
- 주님께서 "온 세상으로 가라"라고 말씀하신다면 주님의 명령에 순종할 수 있는 마지막 때이다.
- 지금이 예수님이 오시기 전 마지막 때이다.

포도원의 일꾼들

몇 년 전, 북부 독일에서 나는 한 할머니를 주님에게로 인도하는 영광을 누렸다. 그녀는 인생의 대부분을 교회의 오르간 반주자로 섬겼지만 막상 그녀 자신은 예수님을 구주로 알지 못했다. 그녀가 복음을 듣고 그 마음을 주님에게로 열었을 때 그녀는 성령의 기쁨으로 감격해 마지않았다. 그러나 3일 후, 내가 다시 그녀를 만났을 때 이번에 그녀는 완전히 상심해 있었다. 이상히 여겨 그 이유를 물었다. 눈물이 가득한 그녀는 이렇게 말했다. "이미 나이가 70이 되었는데 이제야 예수님을 구주로 받아들였으니 70년을 완전히 허송세월했답니다."

물론 이 말은 나를 깊이 감동시켰고, 나는 이렇게 대답했다. "그렇죠. 하지만 앞으로 벌어질 일을 나는 알고 있답니다. 어느 날 우리는 그리스도의 심판대 앞에 설 것이지만 그분에게는 우리가 인생의 이랑을 얼마나 길게 팠는가보다는 얼마나 깊게 팠는가가 중요합니다. 5년이건 10년이건 예수님에게 집중한 시간이 50년을 미지근한 그리스도인으로 산 것보다 더 값진 것입니다."

포도원의 일꾼이라는 예수님의 비유를 기억하는가?(마 20:1-16) 시간이 지나면서 어떤 이들은 단지 한 시간만을 일했지만 그 주인은 관대하게 그들에게도 하루 종일을 일한 자들과 똑같은 임금을 지불하였다. 왜냐하면 그들은 일할 기회를 얻은 만큼 일을 했기 때문이다. 이것이 하나님의 원칙이다.

만약 추수기에 예수님 옆에서 같이 일하지 못한 것에 대해 염려를 하고 있다면 그 답은 그 걱정을 추수하시는 주님께 맡기라는 것이다. 눈물로 시간을 낭비하지 말라. 이 순간부터 그분의 것을 온 마음으로 그분에게 드려라! 사도 바울은 빌립보서 3장 13-14절에서 이렇게 충고한다.

"형제들아 나는 아직 내가 잡은 줄로 여기지 아니하고 오직 한 일 즉 뒤에 있는 것은 잊어버리고 앞에 있는 것을 잡으려고 푯대를 향하여 그리스도 예수 안에서 하나님이 위에서 부르신 부름의 상을 위하여 좇아가노라."

노인들이 구원을 받으면 영혼을 구원받은 것이고, 젊은이가 구원을 받으면 영혼과 인생이 모두 구원받은 것이다.

당신에게 숨이 붙어 있는 한, 당신은 마지막 해 혹은 마지막 달, 마지막 날 그리고 마지막 때에 맞추어 제 때에 있는 것이다. 당신은 너무 늦은 것이 아니다.

하지만 같은 마지막 때라도 젊은이들은

약간 다른 입장을 가지고 있다. 노인들이 구원을 받으면 영혼을 구원받은 것이고, 젊은이가 구원을 받으면 영혼과 인생이 모두 구원받은 것이다. 그 젊은이에게 주어진 한 시간은 평생의 시간이 될 수도 있으니, 그 얼마나 영광스런 시간이 될 것인가! 사랑과 기쁨, 평화와 목적과 안정감이 가득한 그 마지막 한 시간이 인생에서 평생 동안 지속된다면 어떻겠는가. 내일을 사는 유일한 방법은 오늘을 믿음 안에서 예수님을 위해 활동하며 사는 것이다.

나는 한때 죽어가는 노인을 위해 기도한 적이 있었다. 갑자기 이상한 생각이 나를 엄습해 왔다. '만약 그 노인의 자리에 내가 있다면 나는 무슨 기도를 할 것인가?' 한 유명한 정치가는 자신의 마지막 소원을 "맛있는 돼지고기 요리!"라고 했다고 한다. 나는 곧 나 자신을 위한 답을 알게 되었다. 나는 주님께 복음의 십자군(Gospel Crusade)을 이끌 수 있는 힘과 기회를 주실 것을 요청드릴 것이다! 나는 다시 한번 더 목표를 달성하여 10만 명의 영혼을 주님의 십자가 앞으로 인도하고 싶다. 전투에서 승리하기 위해 싸우는 것보다 더 웅장하고 그보다 더 영광스럽게 죽는 방법은 없다.

영광의 크레센도!

19세기의 기독교 신자들에게는 앞으로 올 20세기에 대한 생각으로 가득했었다. 그들에게 있어 20세기의 도래는 그리스도가 곧 다시 오신다는 것을 의미했다. 그런 그리스도인들은 2,000년도가 되기 전 100년 내로 전 세계를 복음화하기 위해 새로운 힘을 달라고 기도했다. 세계 복음화라는 목표가 그들의 마음에 있었고, 그 간절한 마음이 그들에게 가득했다. 하나님은 그들의 기도를 들으시고 그들의 마음의 열망을 높이 사셨다.

해양학자들이 말하기를 대양의 파도는 수면 밑에서 겉으로는 평온해 보이는 해안선을 따라 수천 마일을 여행한다고 한다. 땅에 다가오면 그들은 엄청난 세기로 자신의 강건한 어깨를 굽히고는 순식간에 덩치를 불려 마침내는 장관을 이루며 해안에 상륙하는 것이다.

성령의 영광스런 권세는 오늘날 마치 해안으로 밀려 오는 파도처럼 세계적으로 그 강도를 더해가고 있다. 파도의 높이를 보면 해안이 멀지 않았다는 것을 알 수 있다! 지금이 마지막 때이다!

종말의 오순절 성령 폭발은 1901년에 시작되었으며, 성령 세례의 진리는 잇따른 표적으로 회복되었다. 그 이후로 천국에서 밀려오는 파도와 같이 그 어느 때보다 강력한 부흥이 휩쓸었다. 그것은 1,900년 전에 예루살렘에서 시작된 것과 같은 해일이었다. 하나님의 권세의 홍수가 "마른 땅에 시내"(사 44:3)같이, 300년 동안 세계를 축복했다. 그 다음에는 불신앙과 세속성이 그 파도를 먹어가는 듯이 보였다. 심지어 교회는 그런 권세가 오직 사도들과 초기의 제자들만을 위한 것이라고 가르치기도 했다. 마치 오직 그들에게만 그 권세가 필요한 것처럼 말이다! 성령은 신조의 제3항이 되어 과거에 묶이도록 좌천되고 말았다.

마지막 때를 위해 기름부음받다

이 놀라운 성령으로 하나님은 신자들에게 그 일을 할 권세를 주셨다. 하나님의 백성들이 했던 첫 번째 임무는 전도를 하는 것으로, 선교사들을 파송하는 것이었다.
요한은 요한일서 2장 18-27절에서 '마지막 때'에 관해 이렇게 썼다.

"아이들아 이것이 마지막 때라 적그리스도가 이르겠다 함을 너희가 들은 것과 같이 지금도 많은 적그리스도가 일어났으니 이러므로 우리가 마지막 때인줄 아노라 … 너희는 거룩하신 자에게서 기름 부음을 받고 … 거짓말 하는 자가 누구뇨 예수께서 그리스도이심을 부인하는 자가 아니뇨 … 너희는 주께 받은바 기름 부음이 너희 안에 거하나니."

교회는 마지막 때를 위해 기름부음받고 있다. 시대의 영은 적그리스도이거나 기름부음에 대해 적대적이다. 성령의 기름부음은 요한의 첫 번째 서신을 관통하는 주제이다. 이 마지막 때에 관한 그의 경고는 오늘날 우리에게 도달했다. 그것들은 우리 시대에 관해서는 거의 겁에 질릴 만한 진리로 우리를 강타한다. 적그리스도의 정신이 인간의 생각과 사회를 파고들고 있다. 그것이 도덕적 타락을 일으키고 있다. 적대적인 요소들은 태풍이 힘을 모으는 순간처럼 더욱 악화되고 있다. 진실로 이때가 마지막 때이다.

하지만 하나님은 해답을 가지고 계신다. 기름부음에 적대하는 마지막 때를 위한 기름부음이 그것이다. 그분은 절대 사탄이 우위에 서도록 허락지 않으실 것이다. 성령의 폭발은 그 마지막 시간을 위해 특별히 예비하신 것이다.

"그 후에 내가 내 신을 만민에게 부어 주리니 … 여호와의 크고 두려운 날이 이르기 전에"(욜 2:28, 31).

지상에 있는 모든 그리스도의 몸이 동원될 것이며, 적을 최종적으로 격파하기 위해 무장될 것이다. 마귀는 다시 지게 될 것이다. 사탄은 영원한 패자이다.

성경의 예언은 앞선 역사이다

지금은 마지막 추수를 위해 익어가는 시기이다. 밀과 가라지가 들을 가득 메우고 있다. 사탄은 자신의 기회가 스러지는 것을 본다. 그에게는 지금이 아니면 안 된다. 다음 기회란 없기 때문이다. 나약함과 무법천지와 타락함이 앞에 놓여 있다. 하지만 신자들은 단순한 생존보다 더 많은 것을 생각해야 한다. 박해가 있을 것이며, 말할 것도 없이 희생이 따를 것이다. 하지만 우리의 생각은 예수님을 위한 승리와 정복에 집중해 있다. 적의 힘이 커지면 그 어느 때보다 더 강한 성령으로 상대를 제압하고 있다.

"여호와께서 그 기운에 몰려 급히 흐르는 하수 같이 오실 것임이로다"
(사 59:19).

그 어느 때보다 강력한 하나님의 권세의 기름부음이 우리에게 오고 있다. 과거의 부흥은 오순절의 역사가 전체 교회에 일어날 때에는 아무것도 아니게 보일 것이다. 우리는 이미 기름부음에 대해 적대적인 세력과 기름부음받은 자의 전투를 일견한 바 있다. 우리는 이제 요한계시록 12장 11절에서 하신 말씀이 무슨 뜻인지를 안다. "또 여러 형제가 어린 양의 피와 자기의 증거하는 말을 인하여 저를 이기었으니 그들은 죽기까지 자기 생명을 아끼지 아니하였도다." 그런 결전은 요한계시록 12장 9-10절에 상세히 그려지고 있다.

"큰 용이 내어 쫓기니 옛 뱀 곧 마귀라고도 하고 사단이라고도 하는 온 천하를 꾀는 자라 땅으로 내어 쫓기니 그의 사자들도 저와 함께 내어 쫓기니라 내가 또 들으니 하늘에 큰 음성이 있어 가로되 이제 우리 하나님의 구원과 능력과 나라와 또 그의 그리스도의 권세가 이루었으니 우리 형제들을 참소하던 자 곧 우리 하나님 앞에서 밤낮 참소하던 자가 쫓겨 났고."

이런 성경의 예언은 바뀔 수 없다. 그것들은 미리 쓰인 역사이다! 마귀가 세상을 교란시키려 하면 하나님께서는 마귀를 교란시키실 것이다. 하나님은 그분이 하시겠다고 하신 일을 끝내 이루실 것이다. 할렐루야! 기뻐하라! 이제 알게 되었다! 미래는 이미 정해졌으며, 마지막 때는 그 영광스런 결론으로 판가름 났다. 그리고 이제는 우리가 그 시기로 들어가고 있다!

우리 위대한 아프리카의 복음 사역에서는 사탄의 권세와 주술에 대한 엄청난 승리가 이어지고 있다. 주술 도구들이 산처럼 쌓여서 불에 태워진다. 그 사람들이 예수님을 자신들의 주인이자 구세주로 받아들이자 사탄의 두려움과 압박에서 구원되었다. 나는 자주 그 타는 불꽃을 가리키며 이렇게 말

> 마귀가 세상을 교란시키려 하면 하나님께서는 마귀를 교란시키실 것이다. 하나님은 그분이 하시겠다고 하신 일을 끝내 이루실 것이다.

한다. "저것이 바로 마귀의 마지막 집이 될 곳과 같습니다. 불못이 바로 그것이죠!" 사탄은 지옥불을 통제하지 못한다. 그 불꽃들이 그의 심판이다. '마귀의 작업'이 재로 변할 때 우리는 하나님의 진정한 불이 '한 무더기로'(En Masse) 떨어지는 것을 본다.

기름부음에 적대적인 세력은 파멸과 죽음의 이상한 불이다. 하지만 하나님의 임재에서 오는 불이 마치 나답과 아비후의 이교의 불을 삼키듯이(레 10:1-2) 그것을 삼킬 것이다. 그 후, 평강의 달콤한 기름이 교회로 그 발끝과 성복의 끝자락까지 흘러넘치게 될 것이다.

하나님의 백성들 사이에서 오랫동안 벌어졌던, 사람들을 구원으로 이끄는 문제가 아닌 것들로 인해 일어났던 싸움들은 잊자. 우리의 적은 다른 교파나 심지어는 분파주의도 아니다. 우리의 적은 마귀이며, 세상을 기만하는 거짓이다. 하나님은 죽었다, 하나님은 무관심하시다, 우리는 예수님 없이도 살 수 있다는 등의 말은 모두 거짓말이다. "또 여러 형제가 어린 양의 피와 자기의 증거하는 말을 인하여 저를 이기었으니"(계 12:11). '저'라는 말이 단수임을 주목하라! 우리는 하나의 적, 즉 마귀만을 대적할 뿐이다. 그리고 그에 대항하는 하나의 힘이 있으니, 그것은 성령의 기름부음이다. "기름진 까닭에 멍에가 부러지리라"(사 10:27).

3장
_유한한 생명을 위한 무한한 사명

사명을 가진 사람에게는 비전이 필요하다. 이사야와 예레미야에게도 필요했다. 비전이 없었다면 그들은 결코 그렇게 담대히 앞으로 전진하지 못했을 것이다. 하나님의 부르심에는 아무런 값을 지불하지 않아도 된다. 그 부르심을 탄생시키는 것은 전적으로 다른 문제이다. 부름받지 않은 자는 곧 포기하고 말 것이기 때문이다.

레소토에서 선교사로 있던 나는 열심히 일하였지만 보혈로 씻음받는 아프리카에 대한 꿈이 나를 괴롭혔다. 그 비전은 점점 거세지고 생생해졌다. 하나님의 압박은 언제나 비전을 동반한다는 사실을 이해해야 한다. 타서 없어지는 듯한 열망이 나를 대중 전도(Mass-Evangelism)로의 첫 모험을 하게끔 몰아갔다. 하지만 나는 여전히 망설이고 있었다. 우리 선교회 이사회가 승인하지 않았던 것이다. 그들은 선하고 영적인 사람들이었지만 비전은 없었다. 칼 바르트(Karl Barth)는 믿음은 결코 경건과 동일하지 않다고 말했었다. 그들은 일반적인 선교 사역으로도 아프리카의 구원에 결실을 맺을 수 있다고 믿었지만 대중 전도는 그렇지 않다고 했다. 나는 왜 다르게 할 수 있다고 생각했던 것일까? 그들은 만약 이것이 하나님의 방법이라면 다른 사람들이 그렇게 하지 않는 이유는 무엇이겠느냐며 내게 물었다. 다른 선교사들은 전통적인 선교 방법에 만족하고 있었지만 나는 혼란에 빠져 있었다. 그들이 틀리고 내가 옳은 것인가?

나는 고독했다. 하나님의 압박이 줄어들기는커녕 더욱 내 영을 조여 왔다. 그러다 나는 전도자들의 교제 모임에 가게 되었는데, 거기에 모인 모든 사람들이 비슷한 이야기를 했다. 그들은 공식적인 거절의 경험을 공통적으로 나누었다. 그들 내면에는 성령의 타는 듯한 불이 있었고 커다란 가능성을 가진 도전이 있었지만 비판도 만만치 않았다. 이런 해산의 고통을 겪는 중에 정신적인 고뇌로 인해 나는 여러 번 내 마음의 평안을 위해 기도하는 데에 몇 시간을 보내야 했다. 나는 고뇌했다. 적극적인 전도운동이 없이 보혈로 씻음받은 아프리카가 이루어지려면 얼마나 오래 걸려야 하는 걸까? 우리는 한 세대를 구원하기 위해 있는 단 하나의 세대이다. 모든 세대가 거듭나야 한다.

이러한 압박이 절정에 도달했다. 어느 날 나는 레소토의 한 호텔 방에서 문을 닫고 기도에 들어갔다. 하나님께로부터 분명한 말씀을 듣기 전에는 하나님을 놓아드리지 않겠다고 마음먹었다. 나는 과감하게 나의 감정을 있는 그대로 하나님께 쏟아놓았다. 나는 이런 긴장에 지쳤고 전도에 속박되었으나 사람들에 의해 묶여 있다고 말씀드렸다. 이렇게 계속적으로 전도운동을 벌이려는 충동이 진정 나에 대한 하나님의 뜻인가? 다른 사람들은 대중 전도가 좋은 행동 방침이라고 믿지 않는 듯했다. 나는 분명한 답을 얻기 위해 필사적이었다.

그날 하나님은 나에게 문제를 확실하게 만들어 주셨다. 하나님께 솔직해지면 질수록 그분은 좀 더 명확한 답을 해 주셨다. 그분은 말씀하셨다. "네가 만약 내가 너에게 준 그 비전을 포기한다면, 나는 그 비전을 받아들이고 내가 원하는 바를 이룰 다른 사람을 찾아야 할 것이다."

나는 즉각 주저했던 것을 회개하였다. 이제는 결정이 났다. 그러자 하나님은 나에게 미소 지으시며 격려를 해 주셨다. 그날 이후 나는 뒤돌아보지 않았다. 나는 하나님 그분을 내 변론자로 삼아 비판자들과 그들의 비판을 다루는 방법을 배웠다. 맺혀진 열매로 하나님께서 나를 이끄셨다는 것을 그들에게 보여 주자고 결심했다. 비판들에 관심을 쏟기보다는 내 자신을 하나님이 원하시는 일을 하는 데 집중하도록 훈련했다. 그 이후로 사역과 그 결과물이 한 걸음씩, 때로는 다소 극적일 만큼 규모가 성장하였다.

"기이하게 지음을 받다"

전도는 나의 소명이다. 물론 사람들을 사로잡는 다른 소명들도 있다. 사도들, 목사들, 교사들, 예언가들, 장로들, 음악가들, 조직가들, 중보자들 등 천 개 이상의 서로 다른 영역에서 일하는 사람들이 있다. 하나님은 그분의 손을 우리에게 올려놓으실 때 두 가지 일을 하신다. 먼저는 우리에게 사역을 주신다. 그리고는 일할 곳으로 문을 열어 주신다. 우리 각 사람은 그분의 왕국에서 독특하고 핵심적인 자리를 가지고 있다. 모든 신자들은 개인적으로 단련이 된다. 시편 139편 15절에서는 이렇게 말한다. "땅의 깊은 곳에서 기이하게 지음을 받은." 어떤 이들은 평범과는 거리가 멀며, 우레와 같은 박수로 환영받기는 어려울 것이다.

새로운 비전은 당황스러울 수 있다. 그 비전을 받은 사람들에게뿐 아니라 받지 못한 사람들에게도 그렇다. 특별히 그 비전이 한 사람을 집중 조명을 받게 한다면 더욱 그럴 것이다. 반발과 비판, 심지어는 질투까지 있을 것이다. 때로 가까운 친구들과 동료들조차도 하나님이 그의 영혼에 소명을 주셨다는 것을 믿지 못할 수 있다. 하지만 바울이 야곱에 관해 지적했듯이 하나님의 선택에는 정해진 바가 없다. 부르심은 전적으로 하나님의 뜻이지 인간의 뜻이 아니다. 하나님이 부르셨다는 것에 대한 가장 좋은 증거는 오해받고 비판받을 때에 인내함이다. 하나님이 자신을 보내셨다는 것을 아는 사람은 하나님 안에서 거할 것이며 싫어하고 오해하는 사람들은 하나님께서 다루실 것이다. "그러므로 하나님의 능하신 손 아래서 겸손하라 때가 되면 너희를 높이시리라"(벧전 5:6).

우리는 비판을 잘못 다루지 않도록 조심해야 한다. 때로 다른 사람들의 눈으로 자신의 머리 뒤를 볼 수 있는 것이다. 다른 사람이 우리에게 하는 말은 중요하다. 그들의 적이나 친구가 되라. 나는 하나님께서 나를 인도하시기 위해 선택한 사람들을 통해 그들의 인식과 통찰을 얻게 하신 것에 감사한다. 내가 그들의 말을 듣지 않는다면 바보일 것이다. 다른 목회자와 마찬가지로 전도자들도 조언이 필요하다. 전도자 그 자신이 법이 될 수는 없다. 그는 그리스도의

> 비판을 잘못 다루지 않도록 조심해야 한다. 때로 다른 사람들의 눈으로 자신의 머리 뒤를 볼 수 있는 것이다.

몸의 일원일 뿐이다.

레소토에서의 끔찍한 투쟁과 해산의 고통을 통해 하나님은 나에게 통찰력과 교회에 대한 도전을 갖게 하셨다.

드보라의 노래에서 얻는 비유

하나님의 말씀이 우리를 흥분시키고 흔들어 놓는 방법은 경이롭지 않은가? 사사기의 한 장면은 전도에 대해 나에게 큰 도전이 되었다. 하나님은 그것을 특별한 방법으로 내 생각에 비유와 같이 해석해 주셨다. 사사기의 시대는 이스라엘이 많은 기복을 겪은 시기였다. 백성들은 침략자들에게 자주 시달렸다. 은혜로우신 하나님은 카리스마 있는 지도자들을 들으셔서 그들을 하나로 연합하여 스스로를 방어하도록 돕게 하셨다. 이런 사사 중의 한 사람이 바로 드보라, 여선지자였다. 그녀의 시대에 가나안의 왕인 야빈은 시스라의 밑으로 자기 군사들을 보내어 이스라엘 백성들을 짓밟고 죽이려 하였다.

드보라는 하나님의 영에 의해 그들에게 저항하도록 이끌림을 받았다. 하지만 그녀는 잔 다르크가 아니었다. 그녀 자신이 남자처럼 싸우기 위해 무장하지는 않았다. 대신 그녀는 자신의 설득력을 사용하여 이스라엘의 남자들을 감동시켜 바락의 지도력 아래 각 지파들이 뭉치도록 하였다.

각 지파는 함께 연합하여 시스라에 저항하자는 드보라의 요청을 받았다. 이는 어느 지파 혼자 할 수 있는 일이 아니었다. 하지만 어떤 지파는 왔으나 어떤 지파들은 거절하였다. 여러 지파들이 어떻게 반응했는지를 보면 아주 흥미롭다. 사실, 이 옛 이야기는 오늘날 교회의 얼굴을 비추는 거울과 같다.

단과 선상 무역

승리를 거둔 후 이스라엘의 각 민족들을 점검하다가 드보라는 단 지파에 관해 다음과 같은 날카로운 질문을 던진다. "단은 배에 머무름은 어찜이뇨"(삿 5:17). 단 지파에 속한 사람들은 상인들로, 이스라엘을 위해 일종의 상선을 운영하고 있었다. 그들은 먼 곳에서 상품을 싣고 와서 항구에 정박하였고, 그러면 그 배들은 상점이 되어 수입업자가 직접 대중에게 물건을 판매하는 것이었다.

여기서 나는 이런 장면을 그려본다[저자의 상상 부분에 등장하는 이름(단, 스불론, 납달리, 르우벤, 아셀)은 각 지파 또는 족장을 상징한다 – 편집자주]. 단은 그의 상점의 돈궤 앞에 앉아 있다. 그날은 장사가 아주 잘되어 이익이 좋았다. 그는 만족하여 셈을 하고 있다. 그런데 갑자기 뱃전에서 요란한 소리가 났다. 한 전령이 단에게 줄 전령문을 가지고 지친 몸으로 도착했던 것이다.

> 사랑하는 단에게
> 가나안의 왕인 야빈이 시스라를 보내어 이스라엘을 공격 중이오. 우리는 우리가 가진 모든 것을 가지고 싸우고 있으나 도움이 필요하오. 각 지파가 모두 단결하여 적을 물리쳐야 하오. 와서 도와주시오. 당장이오. 당신의 이스라엘 백성들이 피를 흘리며 죽어가고 있소. 응답해 주시오. 곧바로 오실 것을 믿소!
>
> 드보라로부터 (이스라엘의 사사)

사업가였던 단은 깊이 마음이 흔들렸다. 그는 자리를 박차고 일어나 내륙을 바라보았다. 그는 적들이 쳐들어오고 있을지도 모른다는 생각을 했다. 그는 어쩌면 무기가 부딪히는 소리와 죽어가는 형제들의 비명소리를 들었는지도 모른다. 하지만 그때, 갑자기 다른 생각이 들었다. 염려스러운 질문들이 그를 괴롭혔다. 이 돈을 그냥 세지도 않고 놓아둘 수 있을까? 만약 그가 싸우러 간다면 그의 배들과 가게들은 어떻게 될 것인가? 흥왕하고 있는 사업을 위태롭게 하는 것은 아닐까? 게다가 가나안 사람들은 그의 고객이었다. 그는 그들의 기분을 상하게 하지 말아야 했다. 자신이 중립적이 될 수 있을까? 자신이 군대에 입대하여 소홀한 사이에 배가 가라앉으면 어떻게 하나?

이런저런 고려를 한 끝에 그는 결정을 내렸다. 그는 급히 돈다발을 하나 만들어 그 전령의 주머니에 찔러주고는 이렇게 말한다. "나도 물론 돕고 싶다네. 그러나 불행히도 나는 갈 수가 없으니 여기 내가 후원이나 좀 하겠네. 드보라에게 나도 마음을 같이하겠다고 전해 주게."

여자들에게 전쟁을 맡기다니, 참 멋진 남자 아닌가? 그리고 단은 자신의 형제들이 드보라와 바락의 깃발 주변으로 모여드는 동안 계속해서 자신의 돈을 셈하였다. 다른 이들이 이스라엘을 위해 죽어가도 단에게는 신경 써야 할 사업이 있었다. 그의 배에 그가 싣고 있던 것은 이기심과 자기애 그리고 탐욕이었다.

오늘날 단이 대표하는 것은 누구일까? 그것은 우리 각자가 스스로에게 물어볼 일이다. 단은 하나님의 백성에 속한 그리스도인으로, 하나님의 요구가 자신에게 임했음을 알고 있고, 하나님의 부르심을 들었으면서도 이에 응답하지 않는 자다. 그는 하나님이 "먼저 하나님 나라를 찾으라"고 원하실 때에도 자신의 배에 남아 있는 자다. 반짝이는 돈궤에서 나오는 소리와 회심하지 않은 자들의 갈채와 가족과 친구의 의견이 그로 하여금 살아 계신 하나님의 부름에 귀먹게 한다.

교회에서 단은 '황금 해안의 달콤한 작별인사'를 노래하지만, 그의 배가 그 해안에 도착할 것인가 아니면 그저 인생의 바다에서 허우적거릴 것인가? 그런 상황은 없을 것이라고 생각한다면 주변을 돌아보라. 잘못된 우선순위를 선택하여 인생이 파탄을 맞은 사람들을 보라. 가장 슬픈 사람의 경우는 인간적인 기회에 눈을 두고 하나님께 눈을 고정하지 못한 사람들이다. 결국에는 모든 일들이 끔찍하게 어그러졌다. 성공은 재로 변하고 인기는 식어버렸다. 그들은 단 지파의 선상의 이익을 선택했던 것이다. 그들은 다른 사람들이 주님의 추수하는 들로 혹은 전투장으로 혹은 선교지로 따라가게 두었다. 그리고 결국 그들은 자신의 기쁨과 만족이 비극으로 변하는 것을 보고야 말았다. "추수할 때가 지나고 여름이 다하였으나 우리는 구원을 얻지 못한다 하는도다"(렘 8:20).

돈을 만드는 자가 될 것인가, 역사를 만드는 자가 될 것인가?

드보라의 편지를 가진 그 전령은 이번에는 좋은 답을 기대했다. 스불론과 납달리는 뜨거운 태양 아래 밭과 마을에서 일하고 있었다. 그들은 그날 하루를 마치고 아내와 자녀들과의 즐거운 시간을 기대하고 있었다. 그들은 드보라의 참전 요청을 듣고 생각하기 위해 전령 주변으로 모여들었다. 어떻게 해야 하나? 망설일 것도 없이, 오직 하나의 선택만이 있었다. 가자! "하나님을 찬양하라. 하나님께서는 우리를 인도할 사람을 기름부으셨다네. 이제 우리가 야빈과 그의 무리들로부터 이 끊임없는 괴롭힘을 끝장냅시다. 하나님, 드보라를 주셔서 감사합니다! 우리는 그녀를 끝까지 지원할 것이다. 그녀에게 우리가 가는 중이라고 전하시오. 우리도 참가하겠소"라고 그들은 소리쳤다.

스불론과 납달리는 낫으로 창을 만들었다. 아이들을 안아 주고 눈물을 흘리는 아내들에게 키스를 한 남자들은 전쟁터의 먼지 속으로 행군해 갔다. "스불론은 죽음을 무릅쓰고 생명을 아끼지 아니한 백성이요 납달리도 들의 높은 곳에서 그러하도다"(삿 5:18).

전쟁은 곧 승리로 돌아갔다. 하지만 단에게는 영광이 없었다. 드보라는 여인이지만 이스라엘을 이끌었고, 또 다른 한 여인인 야엘은 헤벨의 아내로 그 유명한 마지막 일격을 가하였다. 그녀는 시스라를 자신의 장막으로 유인하여 그를 땅에 못 박아 죽여 적군 가나안의 횡포가 그치도록 하였다.

이후 드보라는 사사로서 지방을 다니다 단을 방문하기 위해 부두에 도착했다. 그녀는 "왜 단은 배에 남아 있었소?"라는 날카로운 질문을 했다. 단은 아무런 말도 못하고 그저 불안하게 동전만 만지작거렸다. 그는 이 성령으로 기름부은 하나님의 여인을 감히 쳐다볼 수가 없었다. 그녀의 질문은 그의 남은 일생을 쫓아다니며 괴롭혔다. 그 질문은 단과 우리 모두가 우리 인생에 대한 결산을 하는 자리인 하나님의 보좌에서 다시 들어야 할 것이다. 단은 하나님을 바라볼 수 있을까? 아니, 무슨 말을 해야 할지 몰라 당황한 채 자신의 머리를 들지

> 스불론과 납달리는 사업가인 단의 눈을 가지지 않았다. 단은 돈을 벌었지만 스불론과 납달리는 역사를 만들었다.

도 못할 정도로 부끄러워 하지 않을까?

스불론과 납달리는 사업가인 단의 눈을 가지지 않았다. 단은 돈을 벌었지만 스불론과 납달리는 그날로부터 3천 년이 지난 오늘날까지 이야기가 전해지는 놀라운 전쟁에서 이스라엘을 구했던 전투와 승리의 역사를 만들었다. 그들은 모든 것을 걸었다. 심지어는 목숨까지도 아끼지 않았다. 그러나 단은 아무것도 걸지 않았다. 그는 절대 위험한 일은 하지 않았던 것이다. 단이 죽을 때에 그는 이스라엘에서 최고의 부자였을지 모르나 가장 불행한 자였다. 그는 금덩어리를 침실의 천장까지 쌓아두고 남몰래 만족해서 바라보았다. 단은 오랫동안 금을 모으기 위해 살았다. 그래서 그의 영혼이 몸을 떠날 때조차 그는 그동안 모아온 금을 가져가고자 했다. 하지만 죽음의 천사가 그를 이렇게 비웃었다. "네가 잘 쌓아둔 재물을 이제는 누군가가 쓰겠구나!"

현대의 스불론과 납달리와 같은 사람들에게는 여전히 하나님의 부르심이 들린다. 하지만 단과 같은 사람들에게는 그렇지 않다. 교회는 이러한 두 종류의 사람들로 구성되어 있다. 단과 같은 사람들은 자신의 사업을 하나님의 일보다 더 중요시 여기고, 자신의 뒤뜰을 추수의 밭보다 더 풍성하게 하며, 자신의 집을 잃어버린 자를 위한 천국보다 더 귀하게 만들고, 영혼을 구하는 것보다 돈을 저축하는 것을 더 낫게 여긴다. "나는 장가 들었으니 그러므로 가지 못하겠노라"라고 말하는 남자는 자신의 기회를 놓친 것이라고 예수님께서는 누가복음 14장 20절에서 말씀하셨다. 그러나 스불론과 납달리와 같은 사람들은 모든 것을 버려두고 자신의 나라를 구하는 사람이다.

어떤 목사에게 물어보든 그 교회의 회중에서 누가 단이고 누가 스불론과 납달리인지 말해 줄 수 있을 것이다. "부름에 응답하고 헌금하고 교회 일을 하는 사람은 항상 같은 사람들입니다"라고 목사들은 말한다. "만약 그들이 아니었다면 이 교회는 문을 닫을 것입니다." 어떤 사람들은 어떤 값을 치르더라도 하나님의 부르심에 순종하는가 하면 어떤 사람들은 하나님을 위해서는 한푼도 드리려 하지 않는다. 스불론과 납달리는 하나님과 하나님의 나라를 위해 전쟁터에서 죽었다.

예수님은 말씀하셨다. "나를 위하여 자기 목숨을 잃는 자는 얻으리라"(마 10:39). 그리고 이후에는 "네가 죽도록 충성하라 그리하면 내가 생명의 면류관을 네게 주리라"(계 2:10)라고 되어 있다. 이런 죽음과 모든 것을 주고자 하는 마음은 이제 지상에서도 인정을 받고 존경을 받을 만큼 고상함이 있다. 하지만 주님은 생명의 그 빛나는 면류관을 그리스도 자신의 손으로 그 머리에 씌워 줄 때 그를 인정하시겠다고 한다. 단과 같은 사람들에 대해 예수님은 이렇게 말씀하신다. "자기 목숨을 얻는 자는 잃을 것이요"(마 10:39).

바로 그 여인!

전투가 끝난 후 축하연이 열렸다. 여선지자인 드보라와 바락 장군은 각 지파의 이름을 하나씩 거명하며 승리의 노래를 불렀다. 그 노래는 역설로 가득하다. 단과 스불론 그리고 납달리의 이름 뒤로 르우벤의 이름이 마치 돌에 쓰인 것처럼 영원히 기록되고 있다. "르우벤

시냇가에서 마음에 크게 살핌이 있도다"(삿 5:16).

나의 소박한 상상을 계속하겠다. 르우벤은 생각이 깊은 형으로 여러 가지를 고려하고 판단하는 편이었다. 그가 속한 지파 사람들은 교육을 받은 말이 많은 자들이었다. 땀과 먼지가 뒤범벅이 된 전령이 숨이 턱에까지 차서 급히 내뱉었다. "급합니다! 시간이 없어요! 사사 드보라에게서 온 전갈입니다." 르우벤은 재빨리 그 편지를 개봉하였다. 그리고 즉시 현자들로 이루어진 비상 위원회를 소집하였다. 그들은 언제나 모든 문제에 있어 그러하듯이, 함께 드보라의 편지를 진지하게 검토하였다. 위원들이 모두 자리에 앉자 먼저 지난 회의의 회의록을 낭독했다. 위원들은 상황을 숙고했다. 그들은 예리한 사고가들이었다. 그들의 생각에 이 문제는 급히 결정을 내리기에는 나중에 후회를 하게 될 너무나 큰 사안이라고 생각했다. 그들은 일반적으로 그러하듯 그 문제를 일단 하루를 지내고 나서 다음 날 맑은 정신으로 다시 회의를 열 것을 결정했다.

그래서 다음 날 드보라의 요청은 모든 각도에서 조심스럽게 점검되었다. 일치된 결론이 회의록에 기록되었다. 행동이 필요했다! 하지만 전쟁터로 달려가기 전에 먼저 계획을 세워야 했다. 다시 하루가 이 매우 중요한 문제들에 기꺼이 투자되었다. 위원들은 전쟁의 성공을 확실하게 할 것이다. 그들은 일등 군대가 될 것이었다. 시간이 걸리긴 하겠지만 먼저 준비가 잘되는 것이 좋다고 그들은 이유를 댔다.

회의하는 동안 그들은 휴식 시간을 가졌고, 다리를 펴고 자신들이 회의를 이 정도로 잘하였다는 것에 매우 만족하였다. 산책을 하는 중 르우벤과 위원들은 멀리서 들려오는 전투의 희미한 소리를 들었고,

하늘에서는 불타는 부락에서 올라오는 연기를 보았다. 한 비틀거리는 병사가 상처를 입고 피를 흘리며 걸어오는 것이 그들의 시야에 들어왔다. 감사하게도 그들은 이미 도와줄 준비를 하고 있었다. 그러나 그들이 준비하는 동안 이미 전투는 벌어지고 있었다.

하지만 그들을 아직까지 괴롭히고 있는 마지막 문제가 있었다. 위원회는 다음 날 다시 모였고 마지막으로 그 문제를 의제에 올려놓았다. 그 문제는 바로 드보라였다! 아무래도 그녀는 여자에 불과했던 것이다! 어떻게 나약한 여성의 부름에 응답할 수 있단 말인가? 그들의 경전 어디에서 이에 대한 근거를 찾을 수 있는가? 아담을 죄로 이끌었던 것 외에 여성이 지도적인 자리를 차지한 때가 있었는가? 드보라는 그들의 행동 사이에 있었다. 그들의 지식과 교육은 그녀의 부름에 응하지 못하도록 했다. 그런 행동은 선례가 없었다. 주관하고 판단하는 권력을 여성이 가진다? 하나님께서 여성을 따라 전투에 나서는 남자들을 축복하실 것인가? 곧 모든 것이 분명해졌다. 그들의 의무는 가기를 거절하는 것이었다. 이것은 원칙의 문제였다.

뭔가 비슷하게 들리지 않는가? 현대의 사람들은 종종 일들이 돌아가는 방식을 좋아하지 않는다. 그들은 지도력이나 그 방법, 그 시기 혹은 인력 구성을 좋아하지 않는다. 때로는 지적인 반대들도 발견된다. "전도라…, 우리가 받은 그 많은 교육은 어쩌란 말인가? 지금은 바울과 베드로가 살던 시대는 아니지 않은가! 영혼 구원이라고? 부흥? 그건 개척 시대에나 맞을 법한 일이지, 우리는 다른 접근이 필요해." 하지만 이 사람들은 결코 다른 방법을 찾지도 않는다.

어떤 이들은 빵과 고기의 복음을 가지고 있다. 예수님께서는 이렇게 말씀하셨다. "썩는 양식을 위하여 일하지 말고 영생하도록 있는 양식을 위하여 하라 이 양식은 인자가 너희에게 주리니"(요 6:27).

영원히 타는 불에서 사람을 건져 올리는 것보다 영성과 자질에 더 많은 관심을 쏟는 이들이 있다. 그들은 멋진 설교를 하고 고상하게 강단을 치장한다. 하지만 그들은 전선에는 마음이 없다. 어떤 사람들은 초경건주의로 자신들 내면이나 교회에서의 성령의 일하심에 깊은 관심을 가진다. 이러한 사람은 하나님께서 과거에 하셨던 일을 교란하고 방해할 것이다. 그들은 전도자들을 지원할 수 없다. 그들은 전도자들이 주목을 받기 위해 깊은 발전을 방해한다고 말한다. 그래서 경건한 말들이 흘러나오지만 아무런 노력도 이루어지지 않는다. 귀중한 사람들은 계속해서 자신의 죄 가운데 죽어가고 있다. 전도는 영혼을 구하는 것으로 비상 운행이다. 물에 빠져 죽어가는 사람에게는 생명줄을 던져 주는 이가 남자인지 여자인지는 중요치 않다.

> 전도는 영혼을 구하는 것으로 비상 운행이다. 물에 빠져 죽어가는 사람에게는 생명줄을 던져 주는 이가 남자인지 여자인지 중요치 않다.

휴가 중

아셀의 반응은 어떠했던가? 지친 전령은 그 손에 전달문을 가지고 도착했다. 아셀의 반응은? "아셀은 해변에 앉고"였다(삿 5:17). 아셀은 휴가 중이었다. "미안합니다." 그는 주저앉아 있는 전령에게 이렇게 말했다. "나는 휴식이 필요하오. 지금 어떻게 휴가를 중단할 수 있단 말이오?"

아셀은 자기 직장에서 열심히 일하느라 개인적인 시간을 가지지 못했다. 교회의 의무는 아무 할 일이 없는 사람에게는 좋은 것이었다. 하지만 그는 근무시간 이후에도 해야 할 일이 있었으며, 자신은 아무런 방해 없이 휴식을 할 필요가 있었다. 아니, 지금 이 순간에는 갈 수 없었다.

아셀이 말했다. "하지만 다른 사람들이 많이 가서 도와줄 것이라고 확신하오. 당신도 알다시피, 그런 일을 위해 준비된 다른 사람들이 있기에 드보라는 괜찮을 것이오." 아셀은 자신의 갑판 의자에 앉아 시원한 음료를 길게 한 모금 마셨다. "그래, 가서 우리는 그녀를 존경한다고 전해 주시오. 그녀는 대단한 여자요. 우리는 그녀의 능력을 믿고 그 일을 맡겨둘 수 있소. 하나님은 그녀를 버리지 않으실 것이오. 우리는 승리를 위해 기도하고 또 승리할 것을 믿고 있소. 여기 이 해변에 잠시 머물러야 할 내 입장을 가서 잘 설명해 주시오. 그렇지 않으면 나는 사업을 하는 데 지장이 있게 될 것이오."

아셀의 철학은 어떠한가? 자신이 스스로 하지 않을 일을 다른 사람이 하게 한다. 아셀의 아들들은 이렇게 말한다. "누군가가 나타나서 그 일을 할 거야. 나는 모든 것으로부터 벗어나서 주말을 보내고 싶어. 휴가처가 있는데 그곳에 가지 않는다는 건 말이 안 돼." 어떤 사람들에게는 그들이 계획했

> 물질적인 안락보다 다른 일에 신경을 써야 할 때이다. 썩어지지 아니할 것들을 위해 일하기 시작하라.

던 것들과 갑작스럽게 생긴 문제들 그리고 다른 해야 할 일들이 있었지만 하나님의 일이 먼저였다. 그 모든 것을 하고 영혼을 구할 수는

없었다. 할 일은 쌓여 있고 때로는 휴식도 필요하고 어떤 일들은 신경을 써야만 한다. 하지만 헌신이 먼저다. 아셀과 같은 사람들은 지금이나 나중에라도 도와줄 수 있으나 그들은 자신이 '자유로울' 때 그리고 아무 할 일도 없고 그럴 마음이 날 때에만 그럴 것이다.

나는 단이 비극적인 운명을 맞이한 장면을 그려보았다. 그는 드보라를 그의 마음으로부터 내려놓았지만 그의 시신은 장의사에 의해 땅속으로 내려졌다. 그리고 르우벤, 그는 어떻게 되었을까? 나에게는 그가 죽어서도 여전히 말을 하고 있는 소리가 들린다. 아셀은 갈수록 몸이 비대해져 운동 부족으로 고혈압을 앓게 되었다. 아셀은 적을 쓰러뜨리는 대신 그 자신이 쓰러져 죽었다. 그는 목숨을 잃고 말았다.

이는 내가 드보라의 이야기를 통해 상상한 것이다. 그러나 이 이야기는 오늘을 살고 있는 우리에게도 신중하게 고려되어야 할 것이다. 예수님은 바늘귀를 통과하는 낙타라는 이야기로 유머러스하게 하나님 왕국에 들어갈 때에 부요함이 얼마나 장애가 될 것인가를 경고하셨다. 사람들은 예수님께서 혼인 잔치의 비유에서 사용하셨던 것 같은 그럴싸한 핑계를 댄다. 한 사람은 결혼하여 아내가 있기에 초청을 거절했으며, 다른 사람은 땅을 샀고, 그리고 다른 사람은 소를 샀다. 그들은 잠시 동안 즐거이 지내겠지만 면류관은 평생 잃고 말았다.

우리 전도 팀의 어떤 사람들은 이미 그 면류관을 받았다. 1985년에 끔찍한 사고가 있었다. 우리가 자이레에 있을 때, 루붐바시라는 도시에서 영광의 복음이 수천 명을 하나님의 나라로 인도하였다. 8만 명이나 되는 인파가 경기장을 메웠다. 그보다 더 많은 숫자가 전국으로 생방송된 라디오와 TV를 통해서 복음을 들었다.

그 집회 이후, 우리는 잠비아로 향하고 있었다. 국경선을 넘어섰을 때 어떤 기름 탱크를 몰던 운전자가 술에 취해 차선을 넘어 우리를 태운 차량 쪽으로 돌진해 전도 팀 트럭 중 하나와 정면충돌을 하였다. 폭발이 있었고 우리 기술자 중의 두 사람, 호스트 코산케(Horst Kosanke)와 밀톤 카셀만(Milton Kasselman)이 화염 속에서 사망했다. 팀의 나머지 사람들은 아무런 도움도 줄 수 없어 울며 기도할 수밖에 없었다.

우리는 충격으로 슬픔에 잠겼다. 그러나 결단의 영이 승리하였다. 사역은 중단될 수 없었다. 비록 사망과 비극이 있다 해도. "하나님은 그분의 일꾼들을 묻으셨지만, 그의 일은 계속해 나가십니다."

하지만 몇몇 사람들은 다른 반응을 보였다. 본국에서는 비판자들이 부정적인 판단을 내리기 시작했다. "팀에 어떤 죄가 있는 것이 분명해요." 그들은 중얼거렸다. "사역을 중단하세요. 전체 운영을 그만두세요." 나는 어안이 벙벙했다. 만약 우리 팀에 죄가 있다면 하나님께서는 그 멋진 두 사람을 죽여서까지 그것을 알리실 필요가 없었다! 비난의 손가락질은 욥의 친구들과 같았다. 그들은 욥의 불행이 하나님의 심판이라는 것을 증명하려 했다. 이 사람들은 배에 머문 단 지 파였으며, 그들은 상선의 돈궤 뒤에서 안락의자를 흔들며 앉아 있던 자들이었다. 그들은 자신에게는 아무런 희생도 없는 충고를 일삼았다. 그리고 르우벤 지파와 같은 이들은 자신의 안락한 소파에서 일어서지도 않은 채 '마음에 큰 반성'을 하였다.

그런 모든 이들에게 우리는 많은 사람들이 예수님의 사역을 위해 자신의 생명을 내어놓을 준비가 되었다고 말한다. 많은 선교사들이 자신의 생명을 아프리카를 위해 드렸다. 거기에는 분명 호스트와 밀톤이 당한 것과 같은 위험들이 있지만 그 형제들은 모든 것을 걸 준비가 되어 있었다. 다른 사람들은 자신의 생명은커녕 한푼도 내놓지 않을 것이다. 우리 팀원들은 날마다 예수님과 친밀한 삶을 살아간다. 우리는 우리를 파멸시키려는 사탄과의 전투 중에 있다. "순교자의 피는 교회의 씨앗이다"라고 1,800년 이전의 성 테르툴리아누스(St. Tertullian)는 말했다. 그리고 역사적으로 증명이 되어 그의 말은 오늘날까지 남아 있다.

그리스도의 일을 위해 죽는 것은 누군가에게는 삶의 목적이 될 수도 있다. 그리스도는 우리의 죽음으로나 우리의 삶으로나 사람들이 그를 위하여 승리할 때 영광을 받으신다. 나는 이 책을 읽는 모든 사람들에게 개인적으로 도전하고자 한다. 스불론이나 납달리가 되어 전쟁터의 군인들과 함께하라! 하나님이 우리와 함께하신다. 우리의 대장은 결코 전투에서 패배하지 않으신다. 지금은 물질적인 안락함보다 다른 일에 신경을 써야 할 때이다. 썩어지지 아니할 것들을 위해 일하기 시작하라.

하나님의 영원한 왕국을 건설하는 것은 유한한 손으로 영원한 일을 한다는 뜻이다. 하나님에 대한 믿음을 가진 이는 결코 죽을 수 없다.

레위는 즉시 자신의 세관을 떠났고, 베데스다의 어부는 즉시 예수님을 따랐으며, 이 사람들은 오늘날까지 우리의 기억 속에서 살고 있다. 이제 그 부름이 우리에게 임했다. 예수님께서 말씀하신다. "나를 따르라!"

4장
_ 복음을 찾아 헐떡거리다!

통계에 의하면 교회에 다니는 사람 1만 명 중 4명이 매주 사망한다고 한다. 매달, 혹은 매주 겨우 한 명이 구원을 받는다면 이것은 그다지 만족스럽지 못한 것이다.

복음의 필요는 절대적이다. 하지만 마귀는 그 분명한 것을 숨기려는 간계를 꾸미고 있다.

사탄은 먼저 구세주의 탄생을 방해하려 했다. 그는 그리스도의 탄생 시기에 맞춰 지옥의 미사일을 쏘아올려 베들레헴의 무죄한 이들을 몰살시켰다. 그의 살인과 대량 학살 정책이 실패하자 그가 가진 유일한 대안은 복음이 전파되는 것을 막는 것이었다.

먼저 마귀는 종교적 박해와 거짓 복음을 사용하여 수세기에 걸쳐 상당한 군대를 모집하였다. 그가 포진해 놓은 무기 중 하나는 신자들에게 다른 우선순위를 주는 것이다. 사탄은 우리가 얼마나 교회를 위해 열심히 일하고 있는지에 대해 크게 신경을 쓰지 않는다. 단지 복음의 권세가 악의 왕국에 닿는 불상사만 없다면 말이다.

조심하라! 우리는 교리와 교제 그리고 부흥 혹은 우리 자신의 영혼을 개발하거나 모든 피조물에게 복음을 전파하는 일에 관련이 없는 방식을 중요하게 여길 수 있다. 바보가 되지 말자. 선한 행동이라도 가장 중요한 사역을 밀어내게 된다면 우리는 기만에 빠져 있는 것이다.

인간은 어찌나 기만적인지 심지어는 '우리는 면제되었다'라며 잃어버린 자를 구원하는 것에 대해 양심의 가책을 느끼지 않게끔 성경 해석을 고안하기까지 한다는 것을 알고 있는가? 기도 그 자체는 너무도 중요하지만, 기도로 전도를 대체할 수는 없다. 전도가 없는 기도는 구체적인 목표가 없이 공중으로 쏘아올려진 화살과 같다. 만약 우리가 기도회를 연다면 그 기도회는 직접적으로 전도를 위한 일에 연결되어야 한다.

세상적인 필요는 널려 있기에 모든 사람들이 다 볼 수 있을 정도이며, 그것들을 모두 설명하려면 책으로 써야 할 것이다. 지구상의 재난에 도움이 되는 것이 있다면 그 목록의 최상위에 올라 있는 것이 바로 복음이다. 복음을 전파하는 것은 속박시키는 것이 아니지만, 복음을 억제하는 것은 속박시키는 것이다. 복음을 전파하지 않는 것은 환자에게서 치료약을 숨기는 것과 같다.

> 복음을 전파하지 않는것은 환자에게서 치료약을 숨기는것과 같다.

많은 사람들이 희망을 포기하였다. 그들은 과학, 기술, 의학, 정치학 그리고 교육의 한계를 보았다. 냉소적인 사람들은 잊기 위해 신경안정제에 의지한다. 마약, 음주, 심지어는 종교적인 신비주의에 이르기까지 무엇이나 의지한다. 사람을 도울 수 있는 것이 오직 사람뿐이라고 생각하면 얼마나 끔찍한가. 악의 머리는 우리가 잘라낼 때마다 다시 자란다. 이 쌍두 괴수는 그리스도의 십자가로 그 심장을 찔러야 한다.

마치 물을 찾으려고 강둑에서 숨을 헐떡이는 물고기와 같이 인생의 모든 부문에서 복음을 몹시 필요로 한다. 개인적으로, 사회적으로, 세계적으로, 종교적으로 우리에게 유일한 희망은 복음 안에 있다.

복음은 유일하게 이용할 수 있는 새로운 힘이다

이사야는 "온 머리는 병 들었고 온 마음은 피곤하였으며"(사 1:5)라고 했다. 때로 우리의 신체는 자가 치료를 하기도 하지만 의약품이 필요한 경우가 다반사이다. 이런 의약품들은 신체의 자연 치유 능력을 강화시킨다. 질병은 신체의 방어를 넘어설 수 있기에 때로는 외부의 도움이 필요해진다. 그러나 구원에 있어서 복음의 초자연적인 능력 외에는 인간에게 다른 자원이 없다. 우리의 의무는 그 치료법을 탁자에 내어놓는 것이다. 복음의 놀라운 힘에 관해서는 논쟁이 없다. 어떤 사람들은 절대 받아들이지 않을 것이다. 환자가 그 치료를 행하지 않겠다고 마음먹었다면 아무리 위협하더라도 누군가를 강제로 치료할 수는 없다. 그 사람은 하나님의 은혜가 개입하지 않는 한 그저 죽게 될 것이다.

이스라엘의 역사는 유대인들이 자신의 중심된 믿음에 진실했을 때에는 잘 해냈다는 것을 증명하고 있다. 하지만 그들이 다른 것, 새로운 종교, 이교도들과 배교자들에게 자신의 마음을 넘겨주었을 때에는 불행이 자동적으로 뒤따랐다. 이스라엘 백성의 영적 생활은 언

> 하나님에 대한 믿음을 부차적인 문제로 다루거나 논쟁적인 문제로 다룬다면 그것은 치명적이다. 모든 활동은 믿음으로 규제된다.

제나 그들이 번영하느냐 침략당하느냐를 결정하는 요인이었다.

하나님에 대한 믿음을 부차적인 문제로 다루거나 논쟁적인 문제로 다룬다면 그것은 치명적이다. 모든 활동은 믿음으로 규제된다. 만약 우리가 그것을 깨닫지 못했다면 우리는 인간 본성에 관해서 전혀 모르는 것이다. 궁극적이고 유일한 문제는 하나님이다. 복음의 다급성은 절대 과장이 아니다!

화재보험?

이제 나는 가장 필요한 것에 관해 말하고자 한다. 우리는 복음을 그저 사회적인 이익을 위해서 전파할 수는 없다. 복음은 하나님과 관련 있는 것이며 하나님은 영원과 관계가 있으시다. 만약 여기 그리고 지금 그 이익을 고려해 보고자 한다면 그것들은 사실 명명백백하다. 먼저, 하나님이 없으면 아무것도 더해지지 않는다. 오늘날 많은 무신론자들이 주장하는 것과 마찬가지로 인생은 무의미하다. 이것이 그리스도 밖에서 아무런 희망을 갖고 있지 않은 불신자들의 일반적이고 냉소적인 응답이다.

하지만 우리 대부분은 하나님께서 우리에게 영원으로 대응하심을 깨닫고 있다. 우리의 운명은 복음에 대한 우리의 응답에 묶여 있다. "당신은 구원을 받았습니까? 잃어버린 자가 아닙니까?" 이것이 모든 것에 우선하는 질문이다.

복음은 '예수께서 구원하심'을 선포하는 것이다. 그는 징벌, 심판, 지옥, 속박, 마귀와 어둠에서부터 구원하신다. 그는 죄에서 죽어가는 우리를 구하신다.

어떤 사람들은 우스갯말처럼 복음을 '화재보험'이라고 비꼰다. 하지만 잠시만 생각해 보자. 화재보험의 어떤 점이 그렇게 우스꽝스럽단 말인가? 보험을 들지 않는 사람이 이상한 사람 아니겠는가? 사람들은 자신의 집은 보험을 들면서도 자신의 영원한 안식처에 대해서는 보험을 들지 않는다. 그리고 우리는 구원이 화재에서 대피하는 것보다 훨씬 더 멋진 것임을 알고 있다. 그런 보험을 예수님이 아닌 누가 제공하겠는가?

인간이 고통받는 이유

언론에서 인터뷰를 할 때 가장 흔히 받는 질문이 왜 하나님은 세상에 그렇게 많은 고난을 허락하시는가이다. 종종 이 문제에 관해서 나 스스로도 생각을 해 본다. 기자들이 물리도록 질문을 해서가 아니라 고통을 받는 사람들을 볼 때 나도 진정으로 고통스럽기 때문이다. 왜 하나님은 고난을 허락하시는 것일까? 교통부 장관에게 왜 고속도로에서 사고가 나도록 허락하는지 물어보라. 당연히 그는 당신의 비난에 이의를 제기하면서 도로에는 규칙이 있다고 지적할 것이다. 그는 "법규를 지키지 않기 때문에 사고와 그에 따른 고통이 발생합니다"라고 대답할 것이다.

사람들이 고난을 받는 주된 이유는 하나님의 법률책인 성경을 사람들이 무시해서 모든 것이 잘못 돌아가고 있기 때문이다. 우리의 창조주는 우리를 만드셨기 때문에 우리에게 무엇이 해로운지 정확히 알고 계신다. 그 결과, 돌보시고 보호하시는 마음을 가지신 그분은 이렇게 말씀하신다. "…하지 말라." 이 '하지 말라'는 명령은 우리의 즐거움을 망치려고 설계된 것이 아니라 그보다는 제작자의 사용설명서와 같은 것이다. 하나님은 우리의 정신이 죄를 다룰 수 없기에 실제로 죄에 의해 망가지고 괴롭게 됨을 잘 아신다. 새 가전제품을 사용하기 전에는 먼저 사용설명서를 읽어보는 것이 현명하다. 사람들은 오디오나 새 세탁기는 망가뜨리지 않으려 조심하면서 이상하게 자신의 정신과 영혼이 죄라는 독약으로 파괴되는 것은 개의치 않는 것 같다. 복음의 전파가 그리도 절박하다는 것을 이제 좀 더 분명히 알 수 있겠는가?

십자가의 의미

복음은 제자로의 부르심인가? 이는 많은 논란이 되고 있는 질문이지만 한 가지는 확실하다. 예수님은 구원을 찾고 그분의 십자가에서 힘을 얻기까지는 아무에게도 십자가를 지라고 요청하시지 않는다는 것이다. 우리는 우리 자신을 부인하고 우리 자신의 십자가를 짐으로써 구원을 받는 것이 아니다. 우리는 예수님 옆에서 죽어가다가 주님을 의지한 강도처럼, 죄를 속하시는 예수 그리스도의 죽음을 통한 구속의 권능으로 구원을 받았다. 물론 우리는 많은 이들이 제자가 되어 십자가를 지기를 바라지만, 먼저 그들은 주님의 십자가 앞에서 무릎을 꿇어야 한다.

예수님의 십자가에는 두 기둥이 있다. 하나는 수직이고 하나는 수

평이다. 그 서로 교차된 기둥은 인간의 불행과 하나님의 구원을 상징한다. 수평의 기둥은 빼기에서 사용되는 표시와 같다. 그리고 그것은 인간의 이야기이다. 우리는 뺄셈, 적자, 공허함으로 태어났다. 죄는 무엇인가를 파괴하였다. 그 무엇이 빠져 있다. 하지만 사람들은 그것이 무엇인지 알지 못해 완전히 혼란에 빠져 있다. 진리를 찾는다고 말하지만 자신이 말하는 진리가 무슨 의미인지도 모르고 있다. 그들은 예수님 앞에 서서 "무엇이 진리요?"라고 물었던 본디오 빌라도가 사실 그 진리에 넘어졌던 것과 같다. 이것이 인간의 뺄셈의 형상이다.

하지만 예수님이 오셨기에, 예루살렘 외곽에 세워진 수직의 재목은 우리의 빼기 표시를 가로질러 높이 들렸다. 예수님은 그곳에 달리셔서 우리의 빼기를 더하기로 만들어놓으셨다. 로마인들은 그 십자가가 그저 사형의 도구라고 생각했지만 실은 그것은 빼기의 정신을 가진 인류를 위해 주신 하나님의 더하기 표시였다.

그 십자가를 다시 한번 보면, 더하기보다 더 큰 곱하기 표시가 된다. 요한복음 10장 10절에서 예수님은 선포하셨다. "내가 온 것은 양으로 생명을 얻게 하고 더 풍성히 얻게 하려는 것이라." 그리고 사도 베드로는 이렇게 쓰고 있다. "은혜와 평강이 너희에게 더욱 많을찌어다"(벧전 1:2). 더욱 많게 하려는 것이 복음의 근본정신이다.

> 예루살렘 외곽에 세워진 수직의 재목은 우리의 빼기 표시를 가로질러 높이 들렸다. 예수님은 그곳에 달리셔서 우리의 빼기를 더하기로 만들어 놓으셨다. 로마인들은 그 십자가가 그저 사형의 도구라고 생각했지만 실은 그것은 빼기의 정신을 가진 인류를 위해 주신 하나님의 더하기 표시였다.

> 예수 그리스도는 잃음을 얻음으로, 부족함을 풍성함으로, 부정적 사고를 긍정적 사고로, 어두움을 빛으로, 증오를 사랑으로, 속박을 자유로, 실패를 성공으로, 병든 자를 건강함으로, 약함을 강함으로, 악을 의로 그리고 수없이 더 많은 일들을 바꾸어 놓으셨다. 이 얼마나 놀라운 복음인가!

그것이 우리가 이 영광스러운 복음을 전파해야 하는 이유이다. 구세주가 일으키신 그 많은 역전들을 생각해 보라. 예수 그리스도는 잃음을 얻음으로, 부족함을 풍성함으로, 부정적 사고를 긍정적 사고로, 어두움을 빛으로, 증오를 사랑으로, 속박을 자유로, 실패를 성공으로, 병든 자를 건강함으로, 약함을 강함으로, 악을 의로 그리고 수없이 더 많은 일들을 바꾸어 놓으셨다. 하나님께 찬송드리자! 이 얼마나 놀라운 복음인가! 인간의 어떠한 지식도 이 눈부신 광채에 비견할 수 없다. 지상에서 가장 위대한 일은 좋은 소식을 전파하는 것이며, 세상에 가장 필요한 것은 복음이다.

내가 설교하였던 영국의 한 도시에서 누군가가 나에게 이런 얘기를 해 주었다. 건축회사에서 이슬람 사원을 건축하였는데, 관례상 6개월이 지나자 건설회사 직원이 방문해서는 어떤 하자가 있으면 보수를 해 주겠다고 했다. 문 하나가 삐걱거렸기에, 그 회사에서는 기술자를 보내어 그 문제를 시정하려 했다. 하지만 그 이슬람 사원의 지도자는 수리를 거부했는데, 문이 그렇게 된 것은 알라의 뜻이므로 있는 그대로 두어야 한다고 설명했다는 것이다.

예수님께서는 어떤 것도 삐걱거리며 잘못되도록 두지 않으신다. 바꿀 필요가 있으면 바꾸실 수 있고, 그렇게 하실 것이다. 그분의 뜻에는 결코 잘못이 없다. 복음의 목적은 잘못된 세상 전부를 변화시키는 것이다. 할렐루야!

방탕한 지구

나는 '사망 이후의 영원한 삶' 이란 주제보다 복음을 모든 피조물에 전파해야 할 필요를 더 다급하게 만드는 일은 없다고 생각한다. 사실, 다른 종교들도 많다. 하지만 그것들을 연구해 본 사람은 그 종교들에는 어떤 복음의 약속이 전혀 없다는 것을 알게 된다. 동양의 정신 수양은 비록 유익이 있다 하더라도 오직 일시적인 것만을 제공한다. 하지만 복음은 단순히 눈에 보이는 정신적인 것 그 이상을 가지고 있다. 그런 종교들이 자연과 조화를 얻기 위해 노력해야 한다는 주장은 가치가 없다.

예수님은 우리에게 종교적인 감정을 주거나 정신력의 어떤 체계를 제시하기 위해 오신 것이 아니다. 그분은 우리가 우리 자신을 위해 '내적 자원' 을 사용할 수 있는 방법을 설명하려고 오신 것이 아니라, 우리를 구원하시기 위해서 오셨다. 예수님은 정적(靜寂)주의 (Quietism, 17세기 후반의 종교적 신비주의의 한 형태 – 역자주)나 금욕주의의 교사가 아니셨다. 그분은 과거나 현재나, 가장 처음이자 마지막까지 구세주이시다.

어떤 다른 종교가 영원한 생명을 제공하는가? 어떤 것들은 단지 존재의 종말을 약속한다. '카르마' (Karma, 숙명)의 가르침은 고통스러운 인생을 벗어나는 것만이 최선의 방법이라고 본다. 반면, 낙원의 약속이 있는데, 그곳은 끝없는 성적 기쁨으로 이루어진다고 한다. 끊임없는 탐닉과 영원한 탐욕은 나에게는 천국이 아니라 지옥으로 들린다.

복음이 경이로운 이유는 생명의 현재적 실현이다. 영원에서도 빛바래지 않을 그런 질적인 생명이 현재에 표현되기 때문이다.

> "예수께서 가라사대 나는 부활이요 생명이니 나를 믿는 자는 죽어도 살겠고 무릇 살아서 나를 믿는 자는 영원히 죽지 아니하리니 이것을 네가 믿느냐"(요 11:25-26).

이것이 바로 최고의 복음이다! 논리적으로 그보다 더한 것은 불가능하며, 그 삶이 우리에게 지금 가능하다는 것이다. 왜 급박한가? 세상은 물을 벗어난 물고기처럼 복음을 얻기 위해 숨가빠하고 있다. 영원한 생명은 가장 귀중한 선물이요, 제일가는 메시지이며 복음을 선포해야 할 단 하나의 제일가는 이유이다.

현대 세상은 복음을 필사적으로 필요로 한다! 하나님께서 세상을 만드신 이유는 무엇인가? 세상이 좋은 이유는 하나님은 사랑이시기 때문이다. 그분은 세상을 아무리 평생을 살아도 인간이 다 소모할 수 없는 즐거움의 정수들로 가득 채우셨다. 우리가 가진 모든 감각의 상상 가능한 모든 기호와 기쁨은 하나님의 자녀들을 위해 그분의 사랑하는 마음에서 나왔다.

우리가 하나님의 방식대로 산다면 그것은 모두 우리의 것이 된다. 우리가 그분을 거부한다면 우리를 위한 그분의 관심도 거절하는 것이다. 우리가 우리를 축복하시려는 그분의 계획을 망친다면 행복은 파멸될 것이다. 벽에 그린 낙서를 지우는 것에서부터 전 환경의 말살이라는 위협까지 파괴는 심각한 지경에 이르렀다. 우리는 전쟁을 하고, 미워하고, 아름다운 지구를 짓밟으며 하나님이 우리에게 주신 모든 것을 망치고 있다.

이런 파괴의 대부분은 순전히 악으로부터 오는 것이거나 이기적인 욕심에서 기인한다. 하지만 좀 더 기본적으로는 우리가 하나님으로부터 돌아섰기 때문이다. 대부분 인간의 질병은 인간이 만든 것이다. 복음은 이런 치명적인 과정을 역전시킨다. 복음은 우리가 그분의 뜻을 이루도록 하며, 그분의 뜻은 언제나 우리 모두의 선을 위한 것이다. 하나님은 그의 방탕한 지구를 사랑하시기에, 우리가 돌아가기만 한다면 아버지의 환영을 받고 '즐겁게 살기 시작할' 것이다.

> 하나님은 그의 방탕한 지구를 사랑하시기에, 우리가 돌아가기만 한다면 아버지의 환영을 받고 '즐겁게 살기 시작할' 것이다.

나는 무슨 일이 있었는지 보았네!

하나님은 세상의 일부분을 복음으로 거세게 뒤덮고 계신다. 그 결과가 구원이다. 죄는 용서받고, 인종 간의 화해가 일어나며, 범죄가 돌이켜지고, 훔친 물건들은 트럭으로 실어 되돌려 주며, 결혼생활이 회복되고, 가족이 합쳐지며, 악한 자들은 성자가 되고, 사망의 원인이던 중독을 끊고 기적적인 치유가 일어난다.

복음은 지구상에서 가장 고상한 힘이다. 나는 개인적으로 이를 증명할 수 있다. 아프리카에서 복음 집회를 하던 중 사람들의 삶이 변화했기 때문에 범죄율이 급격하게 감소했다는 경찰의 보고가 여러

> 복음은 우리를 가장 낮은 공통분모로 나누어 평준화시키려는 것이 아니라, 새로운 피조물을 창조하고 하나님의 아들이 되는 위엄을 모두에게 주려는 것이다!

번 있었다. 부르키나파소라는 나라에서는 회개한 사람들이 훔쳐간 큰 물건들, 냉장고나 기타 가구들을 집회 장소로 가져와 자신의 집을 훔친 물건으로부터 깨끗케 하려는 일이 실제로 발생하여 결코 잊지 못할 사건이 되었다. 그것들을 모두 치우기 위해 경찰이 여러 대의 트럭을 불러야 했다! 그리고 이 영광스런 장면은 다른 여러 나라들에서도 거듭하여 연출되었다.

복음은 우리를 가장 낮은 공통분모로 나누어 평준화시키려는 것이 아니라, 새로운 피조물을 창조하고 하나님의 아들이 되는 위엄을 모두에게 주려는 것이다! 일단 구원받은 사람이라고 선포되면 왕자처럼 걸으라. 할렐루야! 복음을 선포할 이유에 이보다 더 큰 것이 있을까! 이보다 더 감격적이고 두근거리며 가치 있는 것이 있을 수 있을까? 인생의 노력에 이보다 더 가치 있는 것이 있을까?

세상의 구원이란 무엇인가? 예수님은 가던 길을 벗어나 병든 자를 고치시고 굶주린 군중들을 먹이시는 일을 시간 낭비라고 생각지 않으셨다. 그는 손 마른 남자를 치유하시고 박해를 자초하셨다. 그 순간 이후 예수님의 머리에 값이 매겨졌다. 하지만 무슨 값을 치르더라도 그 남자는 예수님에게 중요했으며, 그의 손은 회복되어야 했다(마 12:10-13).

복음을 믿는 사람들은 또 인간을 믿고 그들의 육체적인 필요에 대해서 보살펴야 함도 믿는다. 하나님을 믿지 못할수록 인간의 존엄성도 가볍게 생각한다. 무신론은 아돌프 히틀러(Adolf Hitler)와 조셉 스탈린(Joseph Stalin)을 탄생시켰으며, 그들은 수백만 사람들의 목숨을 마치 파리 목숨보다 더 못하게 여겼다! 복음의 전파는 우리를 예전의 에덴으로 돌려놓으시려는 하나님의 계획의 일부이다.

불가능한 일이지만, 과학과 정치가 우리를 에덴동산으로 돌려놓을 수 있다고 가정하자. 그 에덴동산이 오래 지속될 수 있을까? 우리의 불안감으로 그곳은 다시 폐허가 되지 않을까? 비록 많은 사람들이 깨닫지는 못하지만, 우리가 에덴을 열망하는 한 가지 이유는 에덴동산에서 하나님의 목소리를 듣는 그런 삶을 원하기 때문이다. 어떤 궁궐 같은 집이라도 신랑이 없다면 신부는 기쁘지 않을 것이다! 지상의 낙원은 하나님의 사랑과 말씀 없이는 우리를 만족시키지 못한다.

어떤 성직자들은 "인간은 사회적 동물이다"라고 말하면서 마치 집단 본능이 인간이라 불리는 놀라운 피조물에 관해 말할 수 있는 모든 것인양 생각한다. 우리는 집단보다 더 큰 무엇이다. 우리는 하나님을 위해 피조된 개인이며, 하나님과의 관계 외에는 어떤 것도 결코 우리를 만족시키지 못한다.

때로 멋진 음악에 감동될 때 우리는 무한성에 대한 감동을 얻는다. 하지만 음악은 그 무한성을 가리킬 뿐이다. 음악은 그 자체로는 만족할 수 없는 광대함의 메아리일 뿐이다. 그런 무한성이 바로 하나님 그분이시며, 음악은 예수 그리스도를 통한 구원을 받아들이고 그분을 예배하기 시작할 때에 우리에게 주어지는 것을 제시하고 있다.

하나님은 우리 본래의 거주지이다. 우리는 그분 안에서 움직이며 존재한다. 우리가 그분을 발견하여 복음에 순종할 때까지 우리는 갈

힌 자들이다. 인간은 어디에서나 자신의 물질주의와 불신앙이라는 막대기에 자신의 머리를 부딪히고 있다. 그들의 돈이 바로 그들의 감옥이 된다. 우리 영혼 안에는 깊고 높은 목소리로 부르는 소리가 있다. 우리의 그림과 시, 아름다운 작품들은 자유로운 공기와 산의 영광을 기억하는 피조물들의 표현이다. 그것들은 그 자체가 선하긴 하지만 이들 표현은 영혼이 구원으로 이르게 될 때까지 현실을 그대로 반영한 것에 불과하다. 예수님은 우리가 보는 것과 하는 모든 일 뒤에 계신 실체이다. 복음은 우리를 속박에서 풀어서 우리를 진정한 모습이 되도록 한다!

어떤 사람이 "그리스도인들은 자신들의 방식에서 행복하다"라고 말했다. 자신들의 방식? 그렇다면 불신자들이 행복한 방식은 어떤 것인가? 나는 그런 방식은 없다고 생각한다. 그리스도인들은 원래 의도되었던 방식인 하나님의 방식으로 인해 행복하다. 하나님의 뜰이 아닌 바깥은 황무지 중의 황무지이고, 결코 날이 밝지 않으며, 불신자들은 그 어떤 면으로도 행복하지 않을 것이다. 불신자들은 분노와 의심과 증오의 마른 땅에서 마실 수 있는 음료를 추출해내야 할 것이다. 하지만 성령과 예수님은 말씀하신다. "오라 … 원하는 자는 값 없이 생명수를 받으라"(계 22:17). 복음에서 완전한 날로 이끄는 인생의 한 방법이 선포되고 있다. 그것이 복음을 전파해야 할 또 다른 이유이다. 이보다 더 다급한 일이 또 있겠는가?

> 불신자들은 분노와 의심과 증오의 마른 땅에서 마실 수 있는 음료를 추출해내야 할 것이다. 하지만 성령과 예수님은 말씀하신다. "오라 … 원하는 자는 값 없이 생명수를 받으라"(계 22:17).

2부 불붙이는 복음

5장
_ 하나님의 새로운 엘리사들

각 세대에게 주신 대명령

그리스도의 '대명령'은 수백 년 전 우리 발 앞에 흘러온 종이 조각이 아니다. 그것은 그분의 영원한 교회들 가운데에 서서 말씀하시는 그분의 명령이다. "가라, 내가 너와 함께하겠다."

예수님께서 이 말을 당신에게 직접 하셨다고 가정해 보자. 당신은 그 명령에 순종할 것인가? 마치 요한이 밧모섬에서 경험하였듯이 당신의 교회에 대한 하나님의 비전을 가지고 있다고 상상해 보라. 예수님께서 모든 사람에게 "너희는 온 천하에 다니며 만민에게 복음을 전파하라 … 믿는 자들에게는 이런 표적이 따르니"(막 16:15, 17)라고 말씀하신다. 당신은 어떻게 할 것인가? 평소와 같은 태도로 하던 일을 계속할 것인가? 아니면 그리스도를 증거하는 데에 좀 더 박차를 가할 것인가?

만약 이 대명령이 오늘날에도 '타당'한지 궁금한 사람이 있다면, 그는 씨 뿌림과 추수가 서로 관련이 있는지 혹은 침대에서 일어나도 되는지 물어볼 사람이다! '타당성'이란 단어는 적합한 단어가 아니다. 임무는 급박하다. 이것은 우리의 존재 이유가 되어야 한다. 그리스도인은 증인이다. '그리스도인'(Christian)이라는 말은 신자들은 언제나 그리스도에 관한 말을 하는 사람들이기 때문에 그들을 쉽게 알아볼 수 있다는 것에서 유래하였다. 그리스도인의 사업은 바쁨이 아니라 증거이다. 증거함은 하나님 나라 백성들의 사업이다.

성경에 쓰인 그리스도의 명령들은 그분이 우리에게 직접 환상 중에 말씀하시는 것과 마찬가지로 즉각적이다. 대명령은 '우리의 사명'이며, 이 과업에서 우리의 사명은 선택사항이 아니다. 주님은 "나를 도와주지 않겠니? 나는 너를 초대하고 싶어"라고 요청하지 않으신다. 요한복음 15장 16절에서 이렇게 말씀하신다.

"너희가 나를 택한 것이 아니요 내가 너희를 택하여 세웠나니 이는 너희로 가서 과실을 맺게 하고 또 너희 과실이 항상 있게 하여."

예수님은 구원으로의 부름을 하시는 것이 아니라 사역으로의 부름을 말씀하시고 있다. 우리는 우리의 사리판단에 따라 사역하지 않는다. 대명령은 우리가 고려할 제안서가 아니라 소환장이다. "온 천하에 다니며 만민에게 복음을 전파하라." 우리는 목적 없이 가는 것이 아니라 예수님이 보내시기에 가는 것이다.

사실, 그리스도의 명령은 그보다 더 큰 무엇이다. 예수님은 우리를 증인으로 만드셨다. 그는 우리 성품을 우리 안에 있는 그분의 성령으로 말미암아 변화시키신다. 그는 우리에게 "증거하라!"고 말씀하시지 않으시고, "증인이 되라!"라고 말씀하셨다. 참으로 창조적인 단어가 아닐 수 없다. 하나님이 "빛이 있으라"라고 말씀하셨더니, 빛이 우리에게 비추었다. 그분은 우리를 선택하셔서 빛의 전달자로 삼으셨다.

> 성령의 기름부으심은 오직 순종과 함께 오며, 기름부으심은 대명령과 함께 간다.

"우리는 그의 만드신바라 그리스도 예수 안에서 선한 일을 위하여 지으심을 받은 자니." 여기의 선한 일은 "그 은혜의 지극히 풍성함"을 보여 주기 위함이다(엡 2:10, 7). 만약 우리가 세상에 하나님의 은혜의 풍성함을 나타내지 않는다면 이것은 그리스도 안에서 우리의 새로운 품성에는 맞지 않는 것이다. 성령께서 우리 안에 심으신 것은 증거의 영이다. 하지만 우리는 해이해져 우리 안에 있는 그 빛을 소홀히 여겨 사라지게 할 수도 있다. 하나님은 열매 없는 가지를 잘라 버리신다.

이제 우리는 놀라운 보증을 받았다. 우리가 그의 명령대로 갈 때에는 그분도 우리와 함께 가신다. 전도와 증거는 그분이 당신과 함께하신다는 확신의 방법이다! 만약 우리가 그분의 말씀을 따르지 않는다면 그래도 우리와 함께하실까? 글쎄, 하나는 확실하다. 성령의 기름부으심은 오직 순종과 함께 오며, 기름부으심은 대명령과 함께 간다. 이것이 내가 당신이 지금 깨닫기를 바라는 바다.

옮겨진 명령

오늘 우리 주님께서 주신 말씀이 있다. 그분의 목소리는 성경의 한 귀퉁이에서 나에게 들려왔는데, 그것은 평소에는 눈에 잘 들어오지 않던 것으로, 엘리야에게 하신 말씀이다.

"여호와께서 저에게 이르시되 너는 네 길을 돌이켜 광야로 말미암아 다메섹에 가서 이르거든 하사엘에게 기름을 부어 아람 왕이 되게 하고 너는 또 님시의 아들 예후에게 기름을 부어 이스라엘 왕이 되게 하고 또 아벨므홀라 사밧의 아들 엘리사에게 기름을 부어 너를 대신하여 선지자가 되게 하라"(왕상 19:15-16).

하사엘과 예후 그리고 엘리사 이 세 명에게 기름을 부어야 했다. 단순한 명령이었고 그다지 특기할 만한 것은 아니었다. 하지만 실제로 어떻게 되었는지는 다른 문제이다. 이 위대한 선지자 엘리야는 하나님의 명령을 3분의 2는 완수하지 못했다. 그는 하사엘과 예후에게는 기름을 붓지 않았던 것이다. 사실, 우리는 그가 엘리사에게 기름을 부었는지도 확인할 수 없다. 하지만 엘리야는 엘리사를 찾으러 가긴 했다. 엘리야의 정신적 감화력이 엘리사에게 임하자 엘리사는 엘리야의 '갑절의 영감'을 받았다. 다시 말해서 엘리야에게 기름부었던 그 성령과 같은 성령이 임무를 수행하도록 엘리사에게도 기름을 부었던 것이다. 이후 하사엘과 예후에게 기름부었던 것은 엘리사였다.

우리는 이제 매우 중요한 사실을 알게 되었다. 엘리야의 사명은 엘리야의 능력과 함께 엘리사에게로 옮겨갔던 것이다. 즉 떠나는 선지자에게서 머물 선지자에게로 이전되었다. 엘리사는 엘리야에게서 능력을 부여받았으나 그 기름부음은 엘리야의 사명을 이루는 것이기도 했다. 엘리야가 떠났을 때 하나님의 명령과 권세는 엘리사에게로 떨어졌다. 하나님의 명령은 옮겨갈 수 있는 것이다.

그것이 하나님의 원칙이다. 하나님의 부르심과 그분의 능력은 이

전될 수 있다. 대명령과 그와 함께 있는 약속은 마침내 제자들이 제자되게 만들었다. 그와 동일한 명령과 동일한 약속들이 우리에게 전달되어 왔으니, 이는 그 첫 제자들이 했던 일을 우리도 할 수 있게 하고, 그들의 인격이 바뀐 것같이 우리도 바뀌게 하기 위함이다. 우리는 사도들의 후예이다!

하지만 우리에게 주신 예수님의 명령은 엘리야의 명령보다 더 중요하며, 약속된 기름부음은 더 위대하다. 이 말씀을 읽어보자.

> "그러므로 너희는 가서 모든 족속으로 제자를 삼아 아버지와 아들과 성령의 이름으로 세례를 주고 내가 너희에게 분부한 모든 것을 가르쳐 지키게 하라 볼찌어다 내가 세상 끝날까지 너희와 항상 함께 있으리라"(마 28:19-20). 아멘!

예수님의 명령에는 '세상 끝날까지' 라는 말이 포함되어 있음에 유의하라. 이 말은 지금, 내일 그리고 그 이후를 수반한다. 이는, 만약 예수님께서 오늘날 나타나셔서 우리에게 말씀하신다면 위와 똑같은 말을 하실 것이라는 뜻이다. 그는 변하지 않으셨다.

사람들은 주님께서 교회에 하시는 말씀이 무엇인지를 알고 싶어한다. 그리고 주님은 의심의 여지없이 요한계시록 2장과 3장의 '예수님의 편지들' 에 적으셨던 것처럼 하실 말씀이 많으시다. 하지만 우리가 이미 그분이 우리에게 주신 말씀을 열심히 행하지 않기에, 그저 한 가지만 말씀하실 것이다. "하던 일을 계속하라!" 그러니 성령이 교회에게 하시는 말씀을 잘 듣자. 아직 첫 번째 편지도 개봉하지 않고 왜 다른 편지를 기다리는가?

> 예수님은 대기 중인 명령들이 수행될 때까지는 다른 말씀을 주지 않으신다.

예수님은 대기 중인 명령들이 수행될 때까지는 다른 말씀을 주지 않으신다. 많은 사람들이 하나님께서 말씀하시길 기다리지만, 하나님께서는 그분이 하시고자 하는 말씀만 하실 것이다. 사람들은 하나님께서 새로운 방향을 주시기를 기다리고 또 기다린다. 하지만 하나님께서 자신들에게 새로운 방향을 주실 것이라는 것을 어떻게 알겠는가? 혹은 새로운 계시를 주실 것인가? 아니면 급진적인 지시를 주실 것인가? 하나님께로부터 내가 받은 말씀은 하나님은 옛 지시를 그대로 내리신다는 것이다. 즉 교회 안과 교회를 통한 전도로 증거하는 교회가 되기를 원하신다는 것이다. 이를 가능한 한 분명히 설명한다면, 이 주요 명령이 결과를 나타내기까지 다른 모든 것은 부적절하다는 것이다!

우리는 겸손한 태도로 앞선 하나님의 사람들의 정신적 감화력이 우리에게 임하도록 기도해야 한다. 하나님의 부흥의 능력이 인간을 통해 발휘되지 않았다면 교회는 없을 것이다. 그들 중 많은 이들이 진정한 엘리야였다. 그들은 대명령을 받들어 하나님의 가장 찬란한 불빛이 되었다.

요한은 시간을 초월한 주님의 말씀을 가지고 있었다. "내가 새 계명을 너희에게 쓰는 것이 아니라 너희가 처음부터 가진 옛 계명이니" (요일 2:7).

예수님은 현대의 정부들이 하듯 계속해서 새로운 명령을 하지 않으신다. 한번 말씀하신 것은 영원하다. 그분의 말씀은 여전히 그분의 의지이시다!

그분이 말씀하시는 '새 계명'은 이미 그분의 말씀 안에 들어 있다. 위대한 성인이 되기 위한 숨겨진 비밀은 없다. 그분은 그저 이렇게 명령하신다. "가라!"

> 위대한 성인이 되기 위한 숨겨진 비밀은 없다. 그분은 그저 이렇게 명령하신다. "가라!"

교통신호등 앞에서 기다리고 있는 한 운전자가 초록색 등으로 바뀌어도 움직이지 않았다. 그는 주의를 다른 곳에 팔고 있었던 것이다. 그의 뒤에 있던 조급한 운전자는 차에서 뛰어나와서, "저 신호등이 '가라!' 라고 하지 않소. 교통부 장관에게서 직접 허락이라도 떨어지길 기다린단 말이요?"라고 소리 질렀다.

우리 또한 하나님에게서 초록색 등을 받았다. 그러니 가자!

기성복은 없다

하나님의 백성은 직접 그분의 말씀을 들을 필요가 있다. 예수님은 그의 양은 자신의 목소리를 알 것이라고 말씀하셨다. 우리는 엘리야가 엘리사에게 하사엘과 예후에게 기름부으라고 지시하는 장면을 읽을 수 없다. 비록 엘리사는 엘리야의 명령을 받았지만 하나님은 엘리사에게 개인적으로 말씀하셨음에 틀림없다. 이는 비록 우리가 우리보다 앞섰던 하나님 백성 세대들과 연결되어 있기는 하지만 그 대명령은 하나님에 의해 직접 우리에게 이전되었음을 말해 주고 있다. 예수님은 계속해서 원래의 대명령을 지시하고 계시지만, 우리에게 개인적이고 구체적으로 이 위대한 계획에서 우리의 역할이 어느 부분인지를 말씀해 주신다. 하나님은 언제나 원본을 가지고 운행하신

> 하나님은 언제나 원본을 가지고 운행하신다. 그분의 명령은 직접적이지만 전통에 의한 것은 아니다. 우리는 복사된 복사물이 아니라 원본, 예수 그리스도에서 유래한 원본이다.

다. 그분의 명령은 직접적이지만 전통에 의한 것은 아니다. 우리는 복사된 복사물이 아니라 원본, 예수 그리스도에서 유래한 원본이다.

"보내심을 받지 아니하였으면 어찌 전파하리요"(롬 10:15). 그 성령이 우리를 인도하신다. 성령은 증거의 영이다. 증거는 그분의 목적이다. 대명령은 성령과 연결되어 있다. 예수님께서 우리를 그분의 영으로 세례를 주실 때 그분은 우리의 손에 세상에 복음을 전파하라는 지시문을 넣어 주신다.

모든 것은 주인에게서 온다. 보편적인 방법이 아닌 개인적인 방법으로 온다. 예수님께서는 세례자이시기에, 우리는 그분이 우리를 보내신 그 사역에 관련될 때 그분을 기쁘시게 하는 것이다. 예수님은 개별적으로 우리에게 세례 주는 일을 성령에게 남기셨다. 우리는 인간의 권세를 위해 그들에게 가지 않는다. 모든 사람은 주님에게서 직접 그분 자신의 성령 세례를 얻을 수 있다. 우리는 인간의 뜻에 의해 부름받은 것이 아니라 하나님의 뜻에 의하여 부름받았다. 바울은 그의 일곱 서신들의 처음에서 그것을 강조하며 시작하였다. 부르심과 함께 오는 것은 권능, 즉 능하게 하는 것이다.

나는 내 손을 사람들에게 얹고 하나님께서 그들을 축복하시고 사용하시도록 기도할 수 있다(그리고 나는 실제로 지금까지 수천명이나 되는 사람들에게 그렇게 하고 있다). 우리는 사도들이 했던 것처럼 사람들에게 손을 올리고 성령 세례를 받도록 할 수 있을 것이다. 하지만 세례를 주시는 분은 오로지 예수님이시다. 예수님은 말씀하셨다. "내가 너희를 택하여 세웠나니"(요 15:16).

만약 그런 기름부음이 오순절로부터 시작해서 오직 손에서 손으로 직접 전달되어야 했거나 초기의 사도들에게서만 전해질 수 있었다면, 교회는 이미 오래전에 역사의 잃어버린 유산이 되었을 것이다. 하지만 우리는 주님에게서 신선한 기름을 받을 수 있다. 현명한 처녀들은 자신의 기름을 나누지도 않았고, 나눌 수도 없었다(마 25:8-9). 우리 각자가 직접 예수님께로부터 우리 자신의 기름을 받아야 한다.

일괄 타결안

제자들에게 내린 대명령은 오늘날 우리에게 각각 개별적으로 이전되었으며, 개인적인 성령의 기름부음과 함께한다. 명령과 권세는 하나로 묶여진 일괄 타결안이다. 예수님은 제자들에게 예루살렘에 머물러 권세를 받아서 모든 세상의 증거자가 되기까지 떠나지 말라고 하셨다. 그런 능력 주심에서 명령을 분리한다면 목적이 없는 권세를 받거나 권세가 없는 목적을 받거나 둘 중의 하나가 될 것이다. 권세는 일에 따라오는 도구이다. 빈손으로 간다면 진전을 볼 수 없을 것이다.

> 능력 주심에서 명령을 분리한다면 목적이 없는 권세를 받거나 권세가 없는 목적을 받거나 둘 중의 하나가 될 것이다.

사도들과 함께하라

나는 다음 구절을 쓸 것을 큰 기쁨과 기대를 가지고 기다렸다. 이 구절을 당신이 완전히 이해한다면 결코 이전과 같아지지는 않을 것이다! 나는 엘리야가 엘리사에게 기름을 부었다는 말로 이 장을 시작하였다. 성경에는 그와 같은 능력이 세례 요한에게도 임했다는 말이 있다는 것을 기억해 보라(눅 1:17). 엘리야와 엘리사를 위대한 선지자로 만들었던 것, 그것이 바로 세례 요한을 위대한 선지자로 만들었다. 예수님은 요한을 여자에게서 난 자 중 가장 위대한 자라고 부르셨다.

하지만 그것이 최종적인 문제는 아니다. 엘리야에게 임했던 성령이 사도들의 모습을 만들었다. 또한, 그것은 거기에서 멈추지 않았다. 성령은 거기서 끝난 것이 아니었다. 성령은 순교자들과 신앙의 고백자들과 그들을 따른 사람들에게도 마찬가지로 임했다. 지금이라고 그 성령이 사라졌을까? 아니다. 가슴벅찬 진실은 엘리야와 함께했던 그 성령이 우리도 그 신앙의 선배들 중 하나로 만드신다는 것이다. 그분은 여전히 여기 계시며 우리는 그분의 동반자로 포함되었다. 엘리야와 엘리사 그리고 세례 요한과 사도들과 초기 교회의 성령은 결코 떠나지 않으셨다. 그분은 그 이후로도 세대를 거듭하여 인간들 가운데 계셨다. 그리고 이와 같은 성령이 지금은 우리의 유산이 되신 것이다. 우리는 그분의 동반자로 이 세상에 태어났다.

우리는 하나님의 부흥 팀에 속하여 휘트필드(Whitfield)와 웨슬리(Wesley), 피니(Finney)와 에반스(Evans), 위글스워스, 프라이스(Price) 그리고 제프리스(Jeffreys)의 바로 옆에 있다. 우리는 강대상을 공유하며 하나님의 기름부음받은 자들 모두와 함께 손에 손을 맞잡고 있다. 우리는(말 그대로 우리는) 성령, 엘리야의 성령과 그 권세 안에서 나간다. 과거에 하나님의 위대한 사람들에게 속했던 것이 바로 우리에게 속해 있으며, 지금 우리의 것이 한때는 그들의 것이었다. 성령은 선지자들의 영이며, 오늘날 우리에게 새롭게 부어진다.

이 신자들은 모두 엘리야였으며, 우리는 이제 모두 그들의 엘리사이다. 그들이 행했던 일을 우리가 해야 한다. 예수님은 이렇게 말씀하셨다. "다른 사람들은 노력하였고 너희는 그들의 노력한 것에 참예하였느니라"(요 4:38). 우리가 바로 그들이다. 그들이 오순절의 불꽃을 예루살렘의 다락방에서 우리에게로 가져왔으니, 이제는 우리가 그것을 옮길 것이다. 그들을 감동시켰던 것이 우리를 감동하게 하고 있다. 같은 복음과 같은 성경, 같은 사랑, 같은 예수님과 골고다의 십자가 그리고 같은 성령이시다.

역사적 부흥의 주인공들은 사라져갔다. 그들 모두는 예수 그리스도라는 중심 인물을 빼고는 사라졌다. 다메섹으로 가는 길에서 사울을 그리고 갈릴리로 가는 길에서 베드로를 만나셨던 그분이 바로 여기 계시다! 그분이 우리와 함께 계신다! 그분은 여전히 성령으로 세례를 주고 계신다.

종종 같은 기름부음과 같은 박해가 있을 것이다. 대명령과 기름부음과 박해는 같이 존재한다. 항상 그렇듯이 예수의 추종자들은 명예를 잃고 이 세상의 지혜 있는 자들에게서 조롱을 당할 것이다. 그들은 당신이 그들의 무신론과 소위 말하는 성경적 합리주의라고 불리는 과학에 동조하지 않는다면 당신을, 믿는 자를 말상대가 되지 않는 사람으로 여길 것이다. 그런 합리주의를 받아들이는 자들은 기적을 인정하지 않는 신조로 시작하여 성경을 그에 맞게 가위로 잘라내 버린다.

우리가 그리스도의 사역에 동참하려면 우리는 그분의 고난에도 동참해야 한다. 하지만 우리가 고난을 받는다면 우리는 또한 그분과 함께 왕노릇할 것이다(딤후 2:12). 만약 우리가 하나님 안에서 우리의 믿음을 위해 바보 취급당한다면 우리는 하나님 안에서 우리의 믿음으로 인해 왕노릇하게 될 것이다. 사람들이 과거에 하나님의 백성들에 대해 했던 말을 그대로 당신에게 한다면, 당신이 그들과 같아졌다는 것에 대해 기뻐하라! 당신이 신약 시대의 사람들인 듯 취급받는다면 당신이 영광스러운 신약 사람에 속함을 증명하는 것이다. 당신이 신약 시대의 사람들과 같은 권세를 가지고 같은 명령을 수행한다면, 또한 그들과 같은 적이 생길 것이다. 마귀가 당신을 적으로 대우한다면, 기뻐하라! 그는 당신에게 최고의 존경과 최대의 칭찬을 하고 있는 셈이다. 마귀는 과거에 미워했던 이들, 가장 높으신 하나님이 사랑하는 종들의 반열에 당신을 올려놓을 것이다.

데이비드 리빙스턴의 예언

1986년, 우리는 동아프리카 말라위의 블랜타이어에서 대규모 복음 집회를 가졌다. 블랜타이어는 위대한 선교사였던 데이비드 리빙스턴이 태어난 곳인 스코틀랜드의 마을 이름을 딴 것이다. 리빙스턴은 그 지역에 기독교 선교의 씨를 뿌렸고, 지금 그가 세운 도시는 이제는 30만 명이 살고 있는 말라위에서 가장 큰 도시가 되었다.

그의 일기를 잠깐 인용해 보자.

우리는 들판에서 외치는 자와 같다. 우리는 영광스런 미래를 위해 길을 예비한다. 미래의 선교사들은 설교를 할 때마다 회심자들이 생기는 보답을 받게 될 것이다. 우리는 그들의 선구자들이고 중보자들이다. 밤을 지키는 야경꾼이 있었다는 사실을 후대 선교사들이여 잊지 말라. 우리는 사방이 어두울 때 일한 자들이며, 회심자가 우리 길을 마중할 것이라는, 아무런 성공의 증거도 없을 때에 일했던 자들이다. 미래의 선교사들은 우리가 가진 빛보다 더 많이 가질 것이라는 것을 장담한다. 하지만 우리는 우리의 주인을 진지하게 모실 수 있으며, 후대들이 그러할 것처럼 복음을 선포할 것이다.

리빙스턴은 1873년에 사망했다. 그러므로 우리가 그곳에 갔던 때는 100년이나 더 지난 후였다. 리빙스턴의 예언은 어떻게 되었을까? 그것은 그저 희망사항에 불과했던 것일까? 우리가 보았던 것을 당신에게 기쁘게 증거하겠다. 그렇게 오래전에 뿌려진 씨앗이 이제는 자라서 거두게 되었다. 예컨대, 우리만 해도 단 한 번의 집회에서 15만 명이 운집하는 것을 경험했다. 말라위 사람들은 리빙스턴의 하나님, 사도 바울의 구세주, 베드로의 복음과 동일한 하나님, 구세주 그리고 복음을 들었다. 우리는 그곳에 16일간을 머물렀는데 우리가 리빙스턴과 예수님에 대한 복음을 선포하자 수만 명이 그에 응답했다. 온 나라가 진동했다. 성령은 내 마음에 대고 이렇게 말씀하셨다. "너는 이전 세대들의 눈물 위에서 걷고 있는 것이다." 갑자기 나는 그 모든 것을 보게 되었다. 우리는 앞선 하나님의 일꾼들로 이루어진 큰 물결에 하나님 안에서 연결되어 있다. 그러므로 우리는 그들과 하나가 되었다. 우리는 그들과 한 팀이며 그들의 사명을 나누어 가지고 있다.

우리는 그들이 눈물로 씨를 뿌렸던 그곳에서 기쁨으로 거두고 있다.

그 귀중한 사람들보다 우리가 더 뛰어나서 그런 수확을 거둔 것이 아니라, 단지 수확기가 왔기 때문이다. 씨 뿌린 자와 거두는 자는 모두 그 밭의 주인의 말씀에 따라 보상을 받을 것이다. 주님은 말씀하셨다.

"거두는 자가 이미 삯도 받고 영생에 이르는 열매를 모으나니 이는 뿌리는 자와 거두는 자가 함께 즐거워하게 하려 함이니라 그런즉 한 사람이 심고 다른 사람이 거둔다 하는 말이 옳도다 내가 너희로 노력지 아니한 것을 거두러 보내었노니 다른 사람들은 노력하였고 너희는 그들의 노력한 것에 참예하였느니라"(요 4:36-38).

지금은 수확기임을 믿으라! 세상의 많은 사람들은 그 수가 곱이 되고 있다. 기회가 왔으니 흥분되지 않을 수 없다. 그리고 나와 당신, 우리 모두는 거두는 일을 하도록 선택된 자들이다. 우리가 현장에 도착하기도 전에 이미 많은 일이 이루어졌다는 사실은 성공의 때에도 우리가 겸손하도록 만든다. 씨 뿌린 자들의 노고를 헛되이 하지 말아야 한다. 우리는 큰 신뢰를 받았다. 우리는 낫을 들고, 아니 콤바인을 사용해야 한다!

엘리야와 바울 그리고 순교자들과 리빙스턴은 하나같이 미래 세대를 우리에게 맡겼다. 그들은 우리가 자신들의 노동에서 이익을 취할 것을 기대했다. 우리는 자만심을 가질 것이 아니라 단지 특혜를 받았을 뿐이라는 것을 기억해야 한다.

놀라운 만남

1961년, 겨우 21살이 된 나는 영국에서 성경학교를 마쳤다. 이제는 북부 독일의 고향으로 돌아갈 때였다. 노선은 런던에서 돌아가도록 되어 있었다. 기차는 저녁이 되어서야 떠나기로 되어 있었기에 나는 관광을 하려고 발길 닿는 대로 아무런 계획도 없이 템스강의 남쪽에서 클랩햄(Clapham)의 아름다운 거리를 돌아다녔다.

그때, 한쪽 구석의 높은 나무 울타리 뒤에서 문에 '조지 제프리스'(George Jeffreys)라고 쓰인 명패를 보았다. 나는 방금 이 복음 전도자에 관한 책을 읽었던 터라 바로 그 사람이 이 집에 살고 있다는 것은 우연으로도 상상하기 힘든 일이었다. 조지 제프리스는 웨일스의 부흥에서 출발하여 그의 형제 스테판(Stephen)과 다른 제프리스 가족들과 함께 순복음의 메시지를 영국민들에게 대중적으로 소개한 사람이었다. 그의 사역은 도시들을 흔들어 놓았고, 수만 명의 사람들이 놀라운 기적들을 목격하였다. 나는 기뻐서 울타리 문을 열고 들어가 현관의 초인종을 눌렀다. 한 아주머니가 나타나기에 나는 "이 집이 바로 그 복음 전도자, 조지 제프리스의 집입니까?"라고 물었다. 그녀는 놀랍게도 그렇다고 대답했다. 나는 "제프리스 씨를 뵐 수 있을까요?"라고 물었다. 그러나 대답은 확실했다. "아니요, 안 됩니다."

하지만 그 순간 뒤에서 수천 명을 권위로 사로잡았던 깊고 음악적인 웨일스 목소리가 울려나왔다. "그를 들어오라고 하시오." 나는 흥분한 채로 들어갔고, 이제 72세가 된 그는 약관의 나를 마치 90세의 노인을 보듯 바라보았다.

"무얼 원하는가?" 그가 말했다. 나는 내 소개를 했고 우리는 하나님의 일에 관한 이야기를 나누었다. 그런데 갑자기 이 위대한 사람은 자신의 무릎을 꿇고는 나를 자신의 옆에 끌어 앉히더니 나를 축복하기 시작했다. 성령의 권능이 그 방으로 들어왔다. 기름부음이 있자 마치 아론의 기름과 같이(시 133:2) 내 머리를 흘러넘쳐 '옷깃까지 내리'는 것 같았다.

나는 멍한 채 그 집을 나섰다. 4주 후, 조지 제프리스는 엘리야처럼 영광 가운데 들렸다. 나는 그가 사망하기 직전에 그를 만나도록 이끌림을 받았던 것이다. 이 성령의 불을 받은 복음 전도자에게서 내가 뭔가 받았다는 것을 그때야 알았다. 주님이 이 만남을 주선하셨다는 것을 나는 확신한다. 그렇지 않다면 조지 제프리스에 관해서 아무런 생각도 없던 내가 천만 명이 사는 도시에서 어떻게 그 집으로 이끌릴 수 있었겠는가? 이 경험이 나에게 어떤 영향을 미쳤건 내가 주장할 수 있는 한 가지는 이 하나님의 사람을 만난 경험으로 인해 나는 먼저 앞서 갔던 사람들 위에 우리가 서 있음을 이해하게 되었다는 것이다. 하나님의 도시는 사도들의 기초 위에 세워진다.

우리는 이를 이어달리기에 비유할 수 있다. 한 사람이 배턴을 가지고 달리고 나면 다음 사람이 그것을 붙잡고 달리고 또 다음 사람 그리고 또 다음으로 이어져서 그들 모두가 경주에서 승리하게 된다. 만약 한 사람이 배턴을 떨어뜨리거나 잘 달리지 못한다면, 나머지 사람들의 노력은 허사가 되고 팀 전체가 지게 되는 것이다.

히브리서에 보면 우리는 성자들로 이루어진 '구름같이 둘러싼 허다한 증인들'에 관해 읽게 된다. 그들은 우리를 격려하기 위해 영광의 전쟁터를 바라보고 있다. 우리는 그들을 위해 달리고 있다. 우리는 그들이 해낸 것보다 조금 더 많은 일을 해내야만 한다. 지금은 예수님이 오시기 전 마지막 때이기 때문이다. 우리는 그들의 월계관 위에서 휴식하고 있을 수 없다. 위대한 결승선이 눈앞에 있다. 이 성경 말씀의 의미를 이제는 알 수 있지 않겠는가?

> "이 천국 복음이 모든 민족에게 증거되기 위하여 온 세상에 전파되리니 그제야 끝이 오리라"(마 24:14).

이때의 주제는 무엇이며 현대에 맞는 슬로건은 무엇인가? 그것은 우리의 주제가 아니라 하나님의 주제이다. '불의 전도'가 바로 그것이며 그것만으로 부흥의 실마리가 된다. 성령의 은사와 권세 그리고 나타내심(Manifestation)에 의한 전도이다. 오순절은 부흥이다!

예수님을 위해 영혼을 얻기가 어렵고 그래서 노력하기를 그만두었는가? 그렇다면 그 문제가 당신에게 제1번으로 올라가 있는가? 당신 교회에서 혹은 회의에서, 개인적인 항목들 중에서 가장 우선으로 여기고 있는 것은 무엇인가? 시대가 어렵기에 아무것도 이룰 수 없다는 것이 해답인가? 하나님께서는 성령에 의한 방법을 가지고 계신다.

데이비드 H. C. 리드 박사(Dr. David H. C. Read)는 뉴욕 빈민가의 한 젊은 사역자에 관해 쓰고 있다. 그는 어려움으로 인한 비통함을 한 지역 경찰관에게 쏟아놓았다. 그 경관은 그에게 힘을 주려고 이런 말을 했다. "목사님, 사실 여기가 교회에 적합한 지역은 아니죠." 이 말이 그를 일깨웠다. 그 필요성이 가장 많은 곳이 아니라면 교회가 있어야 할 곳은 어디란 말인가?

의심 많은 자들은 똑똑한 자가 되고 싶어 한다. 그들은 상황을 분석하여 설득력 있는 언어로 불가능성을 지적한다. 그들은 아무것도 이룰 수 없다는 것을 다원주의, 쾌락주의, 편협주의, 자기애와 같은 단어를 사용하여 '증명' 하려고 하며, 어마어마한 말로 상황이 절망적임을 보여 주려 한다. 당신은 하나님이 이 모든 것을 생각지 않으셨다고 생각할지도 모르겠다.

그러나 회의론자들이 틀렸다. 지금은 하나님의 추수기이다. 뭔가 이루어질 수 있는 때이다. 하나님께서 힘이나 권력이 아닌 성령으로 모든 것을 준비하셨다. TV나 라디오, 돈이나 교육이 필요하기는 하지만, 우리가 의지하는 것은 이런 것들이 아니라 예수의 기적적인 힘이다.

우리는 오직 이 세대에만 전도할 수 있다. 이 독창적인 복음의 명령은 독창적인 능력이 없으면 불가능하다.

하나님의 전략은 완전하다. 그분은 당신을 그 속에 포함시키셨고 나도 포함시키셨다. 우리는 함께 그분의 계획서 안에 엮이고 얽혀서 서로 떨어질 수 없다. 우리가 그것을 안다면 무슨 일이 있어도 우리는 그 일을 해낼 수 있을 것이다.

> 독창적인 복음의 명령은 독창적인 능력이 없으면 불가능하다. 하나님의 전략은 완전하다. 그분은 당신을 그 속에 포함시키셨고 나도 포함시키셨다.

6장
_일치하지 않는 메시지

논쟁만 하지 말고 빛을 발하라! 당신은 논쟁으로 어둠을 물리칠 수 없다. 그저 스위치를 올리기만 하라. 복음은 능력, 즉 빛을 내는 힘이다. 그것을 전파하라. 그러면 당신은 전원 코드에 전기가 통하듯 빛이 밝혀질 것이다.

하나님의 전력선은 골고다에서, 부활에서 그리고 가시에서 그 전류가 흐르게 된다. "이 복음은 모든 믿는 자에게 구원을 주시는 하나님의 능력이 됨이라"라고 사도 바울은 로마서 1장 16절에서 쓰고 있다. 그는 그것을 증명하였다. 그가 살던 시대의 세계는 더 이상 나빠질 수 없을 정도로 잔인하고 부패하였으며 회의적이었다. 하지만 복음이 그것을 바꿔놓았다. 복음이 그 일을 다시 회복시킬 수 있다.

능력의 복음을 세상에 다시 풀어놓는 법

한 설교자는 복음의 감정적인 호소를 줄이기 위해 고압에서 저압으로 전압이 바뀌듯 말씀을 바꿔 줄 수 있는 변압기를 원한다고 말한 적이 있다. 하지만 죄인들을 회심하게 하기 위해서는 순전한 복음의 능력이 요구된다. 죄인에게 설교하여 회심하도록 하라. 당신의 일은 사람들을 웃게 만들고 행복한 느낌을 가지고 집으로 돌아가게 하는 오락이 아니다. 구원은 위안을 주는 시럽이 아니다. 영혼을 구하라. 미소를 띤 행복은 그 이후에 따라올 것이다.

우리는 사도행전 8장에서 한 위대한 전도자의 전형을 만난다. 하나님은 전도자 빌립이 에디오피아 관료와 길에서 만나도록 주선하신다. 그 에디오피아 사람은 여왕의 재무장관이요 사업가였으니 사담을 즐길 시간이 없었다. 빌립은 몇 시간 동안 상담을 하기 위해 그 사람의 필요가 무엇인지 물어보지 않았다. 그는 그런 함정에 절대 빠져들지 않았다. 빌립은 그 사람의 필요는 단순하고 명쾌하다는 것을 알고 있었다. 그 에디오피아 내시에게는 그리스도가 필요했다. 구원은 모든 사람에게 필요한 것이다. 빌립은 가장 기본으로 들어갔다. 그는 "예수를 가르쳐 복음을 전하"(행 8:35)였다.

> 예수님은 무엇을 전파하셨는가? 예수님은 그분 자신에 관해 말씀하셨다. 엠마오로 가는 길에서 글로바와 그의 친구와 대화를 나누시면서 성경에 써 있는 모든 "자기에 관한 것"(눅 24:27)을 자세히 설명해 주셨다. 그가 가르치는 모든 것이 그분 자신에 관한 것이었다.

예수님은 모든 복음 설교의 시작이요 끝이며, 모든 증거의 알파와 오메가이다. 우리는 교리에 매인 자들이 아니다. 우리는 종교인들도 아니며, 열심당원도 아니다. 우리는 예수 그리스도의 증인들이다. 그는 이 메시지의 모든 것이 되시며 모든 것의 마지막이 되신다.

예수님은 무엇을 전파하셨는가? 예수님은 그분 자신에 관해 말씀하셨다. 엠마오로

가는 길에서 글로바와 그의 친구와 대화를 나누시면서 성경에 써 있는 모든 "자기에 관한 것"(눅 24:27)을 자세히 설명해 주셨다. 그가 가르치는 모든 것이 그분 자신에 관한 것이었다.

한 가지 예를 들어보자. 예수님께서는 나사렛을 떠나 놀라운 사역을 시작하신 후, 어느 날 돌아오셔서 회당으로 가셨다고 누가복음서는 말한다. 20년 동안 자신이 매주 신실하게 다녔던 그 회당이었다. 아마 회당의 관례는 성경을 잘 아는 사람이 성경을 읽고 그 후에 그 내용에 관해 말씀을 전하는 것이었던 것 같다. 자연히 예수님이 다시 회당에 참석하시자 그렇게 하도록 초청받았다.

복음의 메시지는 구약에서도 찾을 수 있다. 사실, 구약은 복음으로 가득하다. 누가는 우리에게 예수님께서 이사야 61장을 읽으셨다고 말한다.

> "주의 성령이 내게 임하셨으니 이는 가난한 자에게 복음을 전하게 하시려고 내게 기름을 부으시고 나를 보내사 포로 된 자에게 자유를, 눈먼 자에게 다시 보게 함을 전파하며 눌린 자를 자유케 하고 주의 은혜의 해를 전파하게 하려 하심이라"(눅 4:18-19).

이 구절은 800년 동안이나 읽혀져 왔던 익숙한 본문으로 회당에 모여 있던 많은 사람들은 외울 정도였을 것이 분명하다. 성경을 적은 두루마리가 다시 건네지면 회당의 지도자는 큰 존경심을 가지고 그것에 입을 맞추고 치워둔 다음, 다음 주까지는 잊고 지냈을 것이다. 그런데 난데없이 그 두루마리는 다이너마이트의 뇌관이 된 듯했다. 예수님의 입술에 있던 말씀은 모두 영향력을 발휘했다. 그것은 졸던

> "이 글이 오늘날 너희 귀에 응하였느니라"라고 예수님은 대담하게 선포하셨다. 그리고 나서 그는 자신이 바로 기름부음받은 자, 그리스도이며, 그 모든 약속을 성취하실 분이라고 밝히셨다.

회중을 일깨웠다. 예수님은 그들에게 그 말씀이 자신에 관한 것임을 보여 주셨다. 그 구절에는 7개의 분명한 진술이 있었는데, 그것들이 모두 예수님에게 해당되었으며 지금까지도 그러하다.

"이 글이 오늘날 너희 귀에 응하였느니라"(눅 4:21)라고 예수님은 대담하게 선포하셨다. 그리고 나서 그는 자신이 바로 기름부음받은 자, 그리스도이며, 그 모든 약속을 성취하실 분이라고 밝히셨다.

은혜의 해

그 여섯 마디의 말씀은 한마디로, '은혜의 해 전파'로 요약할 수 있다. 이 '은혜의 해'(The acceptable year of the Lord)란 다름 아닌 희년(Jubilee year)을 말한다. 'Jubilee'라는 말은 히브리어 단어로 하나님의 생각이다. 희년은 모든 사람에게 한 해의 안식년을 주고, 모든 노예를 풀어 주며, 모든 채무를 없애 주는 것을 제도화한 것이다.

그러나 불행히도 희년의 트럼펫은 결코 울리지 않은 것 같다. 이스라엘은 안식년을 실행한 적이 없으며 그로 인해 하나님께서 이스라엘에 등을 돌리시게 만들었다. 하나님의 스타일은 행복을 추구하시는 것이므로, 하나님은 그런 희년의 기쁨을 기뻐하셨을 것이다. 비록 이스라엘이 희년을 축하하지 못했을지라도 하나님의 의도는 그렇지 않았다. 하나님의 희년은 모세의 개념보다 훨씬 광범위했다. 모세의 희년은 레위기 25장 8-17절에서 설명되고 있다.

"칠월 십일은 속죄일이니 너는 나팔 소리를 내되 … 제 오십년을 거룩하게 하여 전국 거민에게 자유를 공포하라 이 해는 너희에게 희년이니 … 너희는 서로 속이지 말라 … 나는 너희 하나님 여호와니라."

자유를 선포하라! 교회의 재산이나, 설교단의 과시를 위해 설교하거나, 대중의 비위를 맞추거나, 흥분시키거나 혹은 겁을 주기 위해 설교하지 말라. 사람들을 진정시키기 위해 설교하지도 말라. 당신은 온갖 종류의 결과를 가져오기 위해 설교할 수 있지만 예수님께서는 그저 자유를 선언하셨다. 그분은 회당에서 바로 그날 희년이 시작되었음을 선포하셨다. 그분은 그들에게 진정한 희년은 구속(救贖)이라는 것을 보여 주셨다. 그것은 그저 이스라엘만을 위한 희년이 아니라 전 세계를 위한 희년이 될 것이었다. 주님은 이방인들, 나아만, 시리아의 나병 환자, 사르밧 과부 등에게도 희년을 선포하셨다.

회당에 모인 회중들은 이 새로운 가르침에 경탄하였다. 그들은 이방 나라의 양을 가진 이스라엘의 목자는 상상치도 못했으며 전 세계를 위한 예수님이 펼쳐 보이신 이 낯선 계획에 당황했다. 그분이 사랑하셨던 세상은 그들에게는 너무 컸다. 그들의 두려움이 짙어졌다. 그러자 그 당시에는 늘 표면 밑에 억눌려 있던 살인자의 열정에 불이 당겨졌다. 예수님의 설교는 분명 어떤 반응을 낳

> 회당에 모인 회중들은 이 새로운 가르침에 경탄하였다. 그들은 이방 나라의 양을 가진 이스라엘의 목자는 상상치도 못했으며 전 세계를 위한 예수님이 펼쳐 보이신 이 낯선 계획에 당황했다.

앉는데, 그것은 회중 속에 있던 몇 사람들이 예수님을 궁지에 몰아넣기 위해 계략을 짜게 되었던 것이다!

주님의 메시지는 놀라운 것이었다. 자유와 구속 그리고 치유와 부채의 면제! 하지만 그 반응이 어떠했든 간에 예수님은 자신의 복음을 선포하셨다. 그러므로 우리도 그러해야 한다.

그 시대에 있어서 부채는 비극적인 것이었다. 아버지와 그 가족들은 노예가 되었고 결코 자유를 얻을 수 없었다. 오직 희년만이 그들을 풀어 줄 수 있었다. 채무에서 놓여나 집에 갈 수 있었다. 집에 가지 않는 자들이 있다면 그건 그 자신의 잘못이었다. 율법은 "가라!"고 말한다. 희년이 지난 뒤에도 남아 있는 노예는 그 자신이 선택한 것이다.

예수 그리스도는 인류 전체를 위해 희년을 선포하셨다. 천국에서의 진정한 희년에 비하면 이전에 이스라엘이 알았던 희년은 이제 사소한 것에 불과하게 되었다. 생명들이 자유를 얻고, 죄로 인한 부채는 깨끗케 되며, 몸과 정신 그리고 영혼에는 구속함이 있다. 그 나라에는 땀을 흘리는 노예들이 없다. 속박도 없으며, 아무도 악에 몰릴 필요가 없다. 할렐루야! 이 얼마나 놀라운 희년인가! 이사야는 희년을 이렇게 설명한다.

"슬퍼하는 자에게 화관을 주어 그 재를 대신하며 희락의 기름으로 그 슬픔을 대신하며 찬송의 옷으로 그 근심을 대신하시고 … 그들은 오래 황폐하였던 곳을 다시 쌓을 것이며 예로부터 무너진 곳을 다시 일으킬 것이며 황폐한 성읍 곧 대대로 무너져 있던 것들을 중수할 것이며 … 너희가 열방의 재물을 먹으며 … 영영한 기쁨이 있으리라 … 다시는 너를 버리운 자라 칭하지 아니하며 … 네 구원이 임하느니라 보라 … 사람들이 너를 일컬어 거룩한 백성이라 여호와의 구속하신 자라 하겠고"(사 61:3, 4, 6, 7, 62:4, 11, 12).

나사렛에서 여호와는 이 오래된 성경들을 새로운 세대의 왕권의 선포로 바꾸어 놓으셨다. 그분은 마귀의 죄수들을 위해 사면을 선포하셨다. "그가 위로 올라가실 때에 사로잡힌 자를 사로잡고"(엡 4:8).

"죄가 너희를 주관치 못하리니"라고 바울은 로마서 6장 14절에서 설명한다. 왜냐하면 "때가 차매 하나님이 그 아들을 보내사 여자에게서 나게 하시고 율법 아래 나게 하신 것은 율법 아래 있는 자들을 속량하시고 우리로 아들의 명분을 얻게 하려 하심이라"(갈 4:4-5) 하였기 때문이다.

지금이 희년의 때다

지금이 '은혜의 해'이다. 아무리 신기술이라도 구속이 필요 없는 세상을 만들지는 못했다. 어느 나라나 얽매인 사람들이 많다. 그들은 경멸할 만한 습관의 노예, 두려움의 노예, 의심의 노예, 우울증의 노예 등이 되어 있다. 마귀는 절대 어떤 사람도 그냥 놓아 주지 않는다. 어느 곳에서나 사람들은 실패를 하거나 죄를 짓거나 도덕적 결함을 가지기 일쑤이며, 영적으로 굴레에서 벗어나지 못하고 있다. 희년의 나팔소리가 이미 울렸는데, 얼마나 우스꽝스러운가. 놀라운 것은 사람들은 그저 자유함을 얻었다는 사실을 알기만 하면 된다는 것이다.

그러므로 희년을 선포하라! 사람들은 그리스도가 이미 오셨다는 것을 잊고 있다. 지금은 기독교 이전의 시대가 아니다. 우리는 그리스도가 오셔서 승리하시길 기다리고 있는 것이 아니다. 전쟁은 이미 끝났다. 자유는 우리의 것이다. 예수님이 십자가에서 "다 이루었다!"라고 외치셨을 때 자유의 왕국이 열리고 해방의 나팔이 울렸다.

이에 대해 좀 더 아는 사람들은 이 시기를 '후기 기독교' 시대라고 부른다. 마치 그리스도의 사역이 단지 한 과거의 시대에 있었던 일인 것처럼 말이다! 이는 분명 사실이 아니다. 그리스도는 감옥의 문을 과거의 단 한 시대를 위해서만이 아니라 영원히 여셨다. 예수님의 사역은 고갈되거나 파멸되지 않는다. 이것은 오늘날 지구상에서 가장 위대한 구속이다. 결코 다시는 감옥문이 인간을 가둬둘 수 없다. 예수님이 여신 문을 인간이 닫을 수는 없다. "아들이 너희를 자유케 하면 너희가 참으로 자유하리라"(요 8:36). 그런데 무엇 때문에 수백만의 사람들이 마귀의 포로수용소에서 불필요한 고생을 할 것인가? 오늘은 대사면의 날이다. 승리자가 문을 부수셨으니, 구원이 당도하였다.

유명한 탈출 전문 마술사인 후디니(Houdini)는 쇼 산업에서 발군의 실력을 발휘했다. 경찰이 그를 감옥에 가두고 걸어 나가려고 하면 그는 어느새 그들을 뒤따라 나갔다. 단 한 번만 빼고. 약 30분이 지났는데도 후디니는 여전히 자물쇠를 열려고 열을 내고 있었다. 그러자 한 경찰이 와서 그냥 손으로 문을 밀었다. 문은 아예 잠기지도 않았던 것이다! 후디니는 이미 열려진 문을 여느라고 생고생을 하고 있었던 것이다.

예수님은 절망이라는 성문을 통과하셨다. 그분은 사망과 지옥의 열쇠를 가지고 계시며, 문을 열어 놓으셨다. 그런데 수백만의 사람들이 땀을 흘리며 자신의 악한 습관과 속박에서 벗어나려고 모든 노력을 기울인다. 그들은 신흥 종교나 옛 이방 종교에 들어가거나 새로운 이론을 듣거나 정신과 의사를 찾아간다. 그럴 필요가 무엇인가? 예수님은 인간을 자유롭게 하신다. 그분은 언제나 그렇게 하신다.

> 복음은 해방 선언이다. 복음은 수정할 수 없다. 그것은 강제적인 것으로 왕되신 하나님의 명령이다.

그것이 바로 복음이다! 당신은 그에 관한 설교를 안 하거나, 그 내용을 토론의 소재로 제공하고 있다. 복음은 토론의 대상이 아니다. 복음은 해방 선언이다. 복음은 수정할 수 없다. 그것은 강제적인 것으로 왕되신 하나님의 명령이다. 구속의 시스템들과 이론들은 평생의 의무와 요구들로 가득하기에 그것 자체가 속박이다. 다만 예수님께서만이 우리를 구원하셔서 자유하도록 부르신다.

나는 '영적 상담자'라고 하는 한 사람과 이야기를 나누었던 적이 있다. 그는 예수 그리스도가 하나님의 아들인 것과 성경이 하나님의 말씀인 것을 믿지 않았다. 나는 어떻게 그런 '상담가'가 누군가를 상담하였는지 궁금하였다.

"사람들이 당신에게 와서 절망하여 가지 않나요?" 내가 물었다. "오, 아니요. 나는 그들의 마음을 진정시킬 뿐입니다"라고 그는 확신에 차서 말했다. 나는 그의 눈을 보고는 이렇게 말했다. "이보시오. 가라앉는 배에 탄 사람들에게는 안정제가 아닌 다른 것이 필요한 겁니다. 그들을 진정시키지 마세요. 그들은 이미 기분이 가라앉아 있어요." 예수님께서는 난파된 배에 있는 사람에게 오실 때 신경 안정제를 던져 주고, "평안히 가시오"라고 말하지는 않으신다. 그분은 못 박힌 자국이 선명한 손을 뻗어서 그를 붙잡고 일으켜 세우시며 이렇게 말씀하신다. "내가 살았고 너희도 살겠음이라"(요 14:19).

이는 반드시 전파되어야 할 예수 그리스도의 복음이다. 예수님은 이 세상의 구주이시다. 이 메시지는 생명과 평화 그리고 정신과 영혼, 육체를 위한 건강의 복음이다.

기름부음이 멍에를 깨뜨리는 방법

예수님은, "주의 성령이 내게 임하셨으니 … 내게 기름부으시고"라고 하셨다. 주님은 이 새 세대의 '기름부음받은 자'이시다. 복음의 첫 선포자였던 사도 베드로는 이 사실을 정확하게 이해하였다. 그는 청중(처음으로 복음을 들었던 유럽인들)에게 이렇게 말했다. "하나님이 나사렛 예수에게 성령과 능력을 기름붓듯 하셨으매 저가 두루 다니시며 착한 일을 행하시고 마귀에게 눌린 모든 자를 고치셨으니 이는 하나님이 함께 하셨음이라"(행 10:38).

그분이 여전히 그리스도시라면 지금도 '기름부음받은 자'이시다. 이것이 바로 "예수 그리스도는 어제나 오늘이나 영원토록 동일하시니라"라고 예수님에 대해 말하고 있는 것과 정확히 같다.

'기름부음받은 자'라는 표현은 '그리스도'라는 말과 같다. '예수 그리스도'라고 하면 '기름부음받은 예수'라는 말이다.

그런 분이 여기 이 땅에 계셨을 때에만 기름부음을 받으셨을까? 그렇다면 우리는 그를 더 이상 '그리스도'라고 부르지 말아야 한다. 하지만 그분이 여전히 그리스도시라면 지금도 '기름부음받은 자'이시다. 이것이 바로 히브리서 13장 8절에서 "예수 그리스도는 어제나 오늘이나 영원토록 동일하시니라"라고 예수님에 대해 말하고 있는 것과 정확히 같다. '예수'만 있는 것이 아니라 '예수 그리스도, 기름부음받은 자'인 것이다.

우리는 요한복음 1장 33절에서도 이와 같은 내용을 읽을 수 있다. "성령이 내려서 누구 위에든지 머무는 것을 보거든 그가 곧 성령으로 세례를 주는 이인줄 알라." 성령이 예수님에게 머물고 있기 때문에 예수님께서는 여전히 성령으로 세례를 주신다. 이것이 사도행전 2장 36절에서 베드로가 처음으로 했던 설교의 중요한 요점이었다. "너희가 십자가에 못 박은 이 예수를 하나님이 주와 그리스도가 되게 하셨느니라." 베드로의 설교는 예수님이 돌아가시고 승천하신 후에 시작되었다. 사도행전의 그 예에서와 같이, 신약의 요한계시록에 이르기까지 전체를 통틀어 예수님은 '그리스도'라 불리었다. 고린도전서 1장 1절에서 10절까지 6번이나 강조된 말은 '주 예수 그리스도'이다. 같은 서신서 2장에서 보면 바울은 이렇게 말한다. "예수 그리스도와 그의 십자가에 못 박히신 것 외에는 아무 것도 알지 아니하기로 작정하였음이라"(2절). 그분이 여전히 십자가에 못 박히신 우리의 주님이신 것처럼, 여전히 우리의 기름부음받은 자이시다.

만약 예수님이 이제는 구원도 하지 않으시고, 치유도 하지 않으시고, 마귀를 쫓지도 않으시고, 성령으로 세례를 주지도 않으신다면, 그분은 '그리스도'가 아니신 예수님이다. '예수 그리스도'라는 이름을 받으신 것은 그리스도란 명칭의 의미로 인함이다. 예수님은 "어제나 오늘이나 영원토록 동일하시니라"(히 13:8). 그분이 변하셨다면 우리에게 잊고 말씀하시지 않으신 것일 것이다. 하지만 우리에게는 그런 증거가 없다! 할렐루야!

예수님의 명칭의 정확한 뜻 외에도 예수님이 어떤 분이셨으며, 지금은 어떤 분이신가를 제대로 생각해 보아야 할 것이다.

우리는 그 작업을 다음 장에서 하게 될 것이다.

7장
_ 예수-침탈당한 자?

　사람들이 교회에 가는 이유는 예수님 때문이다. 정치나 감상적 이유로, 혹은 외딴곳의 이상적인 인물인 갈릴리의 한 남자를 원하기 때문이 아니다. 그들은 유령이나 신화를 원하지 않는다. 사람들이 성경을 읽는 이유는 영광에 찬 생명력을 가지신 예수님을 만나고 싶어서이다. 누군들 그렇지 않겠는가? 그런 예수님을 전파하라. 그러면 성령은 그분을 드러내 주실 것이다. 예수님께서는 약속하셨던 그대로 군중의 한 가운데로 성큼 걸어 들어오실 것이다.

　우리 복음의 십자군에서는 아프리카나 다른 곳 어디에서나 기름 부음받으신 바 그대로 일을 하고 계시는 예수님을 보았다. 예수님께서 천국의 바람과 함께 오늘도 세상을 휩쓸고 계심을 보았다. 그분은 너무나 많은 수의 사람들을 모으셨기에 장소의 크기로밖에 셀 수 없을 정도였다. 수천 명의 사람들이 한번에 구원받고, 치유받으며, 성령으로 세례를 받았다.

어떤 그리스도를 전파할 것인가

치유의 기적과 삶이 바뀌는 기적 그리고 죄를 씻음받는 기적이 일어나는 것을 보면 누가 일하고 계시는지 알 수 있다. 바로 기름부음 받은 자이다. 이런 기적들은 그분의 지문이요, 각인이다. 이 그리스도가 바로 어제나 오늘이나 영원히 동일하신 그리스도이며, 전파해야 할 그리스도이시다. 우리가 그분의 이름, 예수 그리스도를 부를 때마다 그것은 구원을 위해 기름부음받은 자라는 선포가 된다. 놀라운 일이 있을 때마다 우리는 그분이 진정한 그리스도이심을 알게 된다. 기적은 그분의 신분증명서이며, 유전자 정보이다.

어느 안개 낀 아침의 어슴푸레한 가운데 요한은 어떻게 그 사람이 예수님임을 알았을까? 예수님께서는 해변가에 서 계셨고, 요한은 그곳에서는 100야드나 떨어진 곳에서 배를 타고 있었다. 하지만 요한은 예수님을 알아보았다(요 21:7). 예수님께서 하신 일을 보고 알아차렸던 것이다.

예수님은 제자들을 부르시면서 그물을 던지라고 말씀하셨다. 마치 그들을 처음 만났을 때에 하셨던 것 그대로였다. 그들은 다시 한 번 그물 가득 고기를 잡을 수 있었다. "예수님이 틀림없어"라고 요한은 결론을 짓고 외쳤다. "예수님이시다!" 그리스도의 행동이 그분의 모습을 드러내었던 것이다. 하지만 예수님께서 똑같은 일을 하지 않으신다면 그분이 바로 그 예수님임을 사람들이 어떻게 알 수 있을까? 경이로운 일을 행하시고 인간의 삶을 변화시키시는 바로 그분임을 전파하지 않는다면 사람들이 어떻게 알 수 있겠는가? 어떻게 예수님을 그리스도라 부르면서 그분이 기적을 행하시지 않는다고 말할 수 있을까? 그분의 기름부음은 그분이 기적을 행하는 자임을 보증한다. 예수님은 그리스도 예수, 기름부음받은 자이시다. 그분을 전파해야 한다.

성령은 당신이 예수님에 대한 말을 해야 축복하실 수 있다. 성령은 당신이 하지 않은 말에 대해서는 축복하실 수 없다. 만약 '이와 같은 예수'와 '바울이 전파하는 그 예수'가 지금 전파된다면, 하나님의 영은 그것을 확인하실 것이다. 제한받으시는 예수를 전파한다면 예수 그리스도가 되실 수 없다. 그분은 당신이 구주라고 선포하지 않는 한 구원하지 않으신다. 그분은 당신이 치유자라고 선포하지 않는 한 치유하지 않으신다. 우리 귀하신 주님의 옷을 벗긴 책임이 있는 사람이 얼마나 많은가. 인간은 예수님을 십자가에 못 박음으로써 그분의 옷을 벗겼다. 그러나 불신은 그분의 권능의 옷을 또다시 벗기는 것이다. 그분은 많은 교회들에서 더 이상 구원하시거나 치유하지 않으신다. 바울은 그것을 이렇게 표현했다. "너희가 우리 안에서 좁아진 것이 아니라 오직 너희 심정에서 좁아진것이니라"(고후 6:12).

> 우리 귀하신 주님의 옷을 벗긴 책임이 있는 사람이 얼마나 많은가. 인간은 예수님을 십자가에 못 박음으로써 그분의 옷을 벗겼다. 그러나 불신은 그분의 권능의 옷을 또다시 벗기는 것이다.

복음이 뉴스가 되는 이유

한 학생이 물었다. "2,000년 전에 일어난 일을 어째서 뉴스라고 부르는 거죠? 예수는 역사이지 뉴스가 아니에요." 하지만 그 학생이 잘못 알고 있는 것이다. 죽은 사람만이 역사가 된다. 예수님은 살아 계시고 전 세계적으로 활발히 활동하고 계신다. 그분은 세계적인 인물이며 세계적인 인물들은 모두 뉴스거리이다.

'복음'(Gospel)이란 단어는 고대 영어인 '신'(God, 즉 Good)과 '주문'(Spell, 즉 message)에서 왔다. 그것은 헬라어 원어인 'Evangelion'의 번역어이다. 복음은 예수님이 하신 일뿐 아니라, 그분이 하고 있는 일도 복음이다. 사도행전 1장 1절은 이렇게 서술한다. "내가 먼저 쓴 글에는 무릇 예수의 행하시며 가르치시기를 시작하심부터." 그분은 시작하셨고, 여전히 일하고 계신다. 그분은 오늘도 뉴스를 만들고 계신다.

2,000년은 예수님에게는 아무것도 아니다. 태양은 오래되었으나 여전히 건재하다. 성경도 오래되었으나 강력하다. 만약 전화번호부에 올바른 번호들만 실려 있다면, 나는 찾을 때마다 도움을 받기 때문에 책이 얼마나 오래되었는지는 신경 쓰지 않을 것이다. 나는 성경을 들고 책을 열 때마다 하나님의 보좌로 이끌린다. 복음은 하나님의 말씀이다.

현대의 가장 위대한 지성인 중 하나는 독일 철학자인 임마누엘 칸트(Immanuel Kant)이다. 그는, "성경의 존재는 인류가 경험한 가장 위대한 축복이다"라고 말했다. 옳은 말이다. 단지 그 말이 전파되기만 한다면 말이다. 하지만 교회 안에 있는 몇몇의 주요한 종사자들은 누가 언제 성경을 기록했는가를 밝히는 데 시간을 소비한다. 마치 그것이 그토록 중요한 일인 것처럼. 그 시간에도 영적으로 굶주린 수백만 명이 영원히 죽어가고 있다.

복음이 복음 되게 하려면

만약 복음이 그저 하나의 생각으로만 남는다면 '문자가 생명력을 죽이게 된다.' 하지만 그 복음이 성령의 권능 아래에서 선포된다면 능력을 낳는다. 특정한 상황 속에서 올바른 신앙고백이 되어질 때 우리 삶에는 어떠한 변화가 일어나기 시작한다. 만약 당신이 예수의 진리를 성령의 능력으로 선포한다면 당신은 하나님의 방식을 사용하고 있는 것이다. 그리고 그런 방식은 좋은 결과를 낳는다. 성령과 복음 전파가 함께할 때 능력의 폭발이 온다. 신적 에너지가 방출된다. 바울은 '에네르게마타'(Energemata)라는 단어를 사용했는데, 이는 '역사하는 에너지' 라는 뜻이다. 그런 폭발이 생기면 복음은 뉴스가 된다.

천국의 힘이 우리에게 이르면 고도로 비정통적이고 흥미로운 결과가 생기는데 그것이 바로 부흥이다! 무덤과 같은 기운은 사라진다! 모임이 이제는 더 이상 형식적이고 의례적이지 않다. 이런 능력은 맹목적인 힘이 아니다. 그것은 예수님의 다시 활동하심이다!

기독교계의 실상 중 놀랄 만한 것은 수백만의 사람들이 마치 예수님이 단지 도덕적인 인물이며, 전혀 예수 그리스도가 아닌 것처럼 힘들어하고 있다는 사실이다. 그들은 예수님에 대해 말은 하지만 예수님을 존재하지 않는 유명인으로만 여긴다. 그들은 마치 예수님의 강림이 전혀 성과가 없었던 것처럼 행동한다. 자신의 힘과 용기로 뭔가 해보려 하지만 아직 제대로 이룬 것은 없다. 역설적일지 모르나 복음과 능력에 대해 가장 무지한 것은 교회이다. 하지만 도처에 그리스도의 발자국이 있다. 교회가 있으며 현대의 기적들과 성경 그리고 그리스도인의 축제들이 있다. 그의 말씀은 우리 언어의 일부가 되었다. 문명과 도덕 그리고 원칙의 최고의 것들은 예수님이 오셨기 때문에 지금 있는 것이다. 하지만 사람들은 전혀 자신들에게는 해당이 되지 않는 것 같이 힘든 삶을 이끌어 간다. 그들은 새벽이 오는 것을 두려워하며 어둠 속에서 쩔쩔맨다. 새로운 종교를 원한다고 말은 하지만 결코 기독교 신앙을 시도해 보지는 않는다. 문제는 그들이 교회보다 더 높은 핵발전소를 건설하고 있다는 점이다. 핵의 시대는 능력이 없다.

하지만 진정한 것에 대한 엄청난 요구가 있다. 기독교가 더 이상 영향을 미치지 않는다고 생각하는 사람들이 너무 많다. 교회는 박물관이 되었고 성경은 투탕카멘(Tutankhamen)의 무덤에서 발견된 것처럼, 말씀이 고대 이스라엘 사람들만을 위한 것인양 여겨진다. 이것이 우리가 성령의 능력 안에서 표적과 기사가 뒤따르는 복음을 선포해야 하는 이유이다. 그러면 예수님은 성경 밖으로 걸음을 내딛어 현대의 삶으로 들어오신다. 그분을 교회에 가둬두지 말라. 교회가 그분의 무덤이 되어서는 안 된다. 그런데 슬프게도 종종 그렇게 보이기도 한다. 어떤 교인들은 예수님의 시신 옆에 모여 앉아 있는 것처럼 보인다.

> 우리는 성령의 능력 안에서 표적과 기사가 뒤따르는 복음을 선포해야 한다. 그러면 예수님은 성경 밖으로 걸음을 내딛어 현대의 삶으로 들어오신다.

사람들이 설교 말씀을 통해 듣기 원하는 것은 그저 깔끔한 에세이가 아니다. 우리는 설교를 하기 위해서가 아니라 사람들을 구원하기 위해 부름받았다. 예수님의 관심은 사람들이다. 예수님은 감방을 고치거나 멋진 침대와 컬러 TV로 사람들을 좀 더 편안하게 만들어 주기 위해 오신 것이 아니라 사로잡힌 자를 풀어 주기 위해 오셨다. 그분은 사람들이 감방 밖으로 나오기를 원하신다. 복음은 보수공사나 치장 혹은 개조가 아니라 자유이다!

하나님을 찬양하라. 하나님은 여전히 일하신다! 전 세계의 수백만이 증인들이다. 그들은, "복음의 능력이 나에게 나타났어요"라고 증언한다. 이것이 뉴스가 아니고 무엇이란 말인가!

성령의 능력을 얻는 법

몇 백 년 전 유럽에서는 유물 매매라는 매우 신기한 무역이 횡행했다. 사람들은 성인들의 것이라고 주장하는 유골들과 다양한 다른 물품들을 팔아 다녔다. 노아의 치아, 베드로가 수감되었을 때 차고 있던 수갑과 같은 이상야릇한 것들도 있었다. 하지만 그 배경에는 하나님의 실존과 능력에 닿아보려는 애처로운 갈망이 있었다. 그들은 어떻게 해야 할지 몰랐다. 그들은 사도들, 순교자들 및 성인들의 유골들과 유물을 통해 간접적으로라도 하나님의 능력에 닿고 싶었다. 그들은 이 신자들의 축복이 자신들에게도 부어지기를 바랐던 것이다.

하지만 왜 그랬을까? 직접적으로 가능한 것인데! 사도들이 행했던 대로 한다면 우리는 사도들이 얻었던 것을 얻을 수 있다. 베드로도 그렇게 말했다(행 2:38-39). 우리는 누구나 그의 능력을 알면 성령의 힘으로 파고들어갈 수 있다. 바울의 뜻도 그러했다. "그리스도께서 이방인들을 순종케 하기 위하여 … 표적과 기사의 능력이며 성령의 능력으로 역사하신 것 외에는 … 그리스도의 복음을 편만하게 전하였노라"(롬 15:18-19).

오순절은 모든 삶에서 반복된다. 사도들은 평범한 사람들이었지만, 능력의 하나님과 함께했다. "자기 나라 사람과 각각 자기 형제를 가르쳐 이르기를 주를 알라 하지 아니할 것은 저희가 작은 자로부터 큰 자까지 다 나를 앎이니라"(히 8:11).

지옥을 침범하여 천국을 채우는 법

한 6년이 넘도록 우편 성경공부 코스를 운영한 적이 있었다. 1968년에서 1974년 사이, 아프리카의 레소토에서였다. 물론 목적은 그 나라의 잃어버린 백성들에게 그리스도를 찾아 주기 위함이었다. 지금 그 학교는 재학생 수가 약 5만 명에 이르기까지 성장하였다.

하지만 이 사업의 초기에는 믿음이 요구되었다. 나는 한낱 선교사일 뿐이었다. 사무실이 필요했는데 월세는 겨우 30달러였다. 하지만 어느 날인가는 그 돈조차도 마련할 길이 없어 기도하며 하루 종일을 끙끙 앓아야 했다. "사랑하는 주님, 월세를 지불하도록 30달러만 주세요." 몇 시간이 지나고 저녁이 됐지만 내 수중에는 여전히 한푼도 없었다. 나는 우리 가족이 살고 있던 집을 향해 길을 따라 천천히 걸어갔다.

길 한가운데서 갑자기 하나님의 능력이 나에게 임하였다. 나는 그분의 목소리를 내 마음속에서 분명히 들을 수 있었다. "너는 내가 100만 달러를 주기를 원하느냐?" 100만 달러라니! 내 가슴이 뛰었다. 그 많은 돈을 다 어디에 쓸 것인가! 100만 달러면 전 세계에 복음을 쏟아놓을 수 있겠다고 생각했다. 하지만 그때 또 다른 생각이 나를 덮쳤다. 나는 원래 잘 우는 사람은 아니었지만 눈물이 얼굴을 타고 흐르기 시작했다. "오, 주님, 저에게 100만 달러를 주지 마세요. 저는 그것보다 더 큰 것을 원합니다. 저에게 100만의 잃어버린 영혼을 주세요! 지옥의 인구는 100만이 줄고 천국의 인구는 100만이 더 늘게요. 그것이 제 인생의 목표가 되어야 합니다."

그러자 성령께서는 전에는 한 번도 들어본 적이 없던 영적인 언어로 조용히 속삭이셨다. "너는 골고다 십자가의 그리스도의 고난으로 인하여 지옥을 탈취하여 천국을 채울 것이다." 그날, 나는 단호한 결심을 했

> "너는 골고다 십자가의 그리스도의 고난으로 인하여 지옥을 탈취하여 천국을 채울 것이다."

다. 나는 하나님께서 내 인생을 위해 더 큰 계획을 가지고 계시다는 것을 알았고, 나는 그것들을 성취하기 위해 다음 단계를 향해 나아갔다. 하나님은 나에게 놀라운 축복과 은혜를 허락하셨다.

그 이후 나는 사탄의 어두운 영역을 깨뜨리고 지옥의 문을 부수는 복음의 능력을 얼마나 많이 경험했던가! 한 주에도 50만의 귀한 사람들이 우리 전도 집회에서 구원의 부름에 응답하는 장면을 자주 보았다. 나는 우리 동역자들에게 이렇게 농담을 했다. "만약 예수님께서 이런 속도로 영혼을 구원하신다면 언젠가 지옥에는 귀신 혼자 남겠네." 나는 사탄이 후회하게 만들 일을 기쁘게 하고 있다.

복음의 능력을 알고 나면 당황할 필요가 없다. 예수님은 모든 필요에 충분 조건 그 이상이 되신다. 세상은 병들었고, 예수님이 유일한 치료법, 즉 복음을 가지고 계신다. 우리의 할 일은 단지 이 치료약을 환자에게 전해 주는 것이다. 예수님은 "가라!"고 명령하신다. 그것은 제안이나 권고가 아니라 명령이다. 우리가 순종하지 않는다면 우리에게 주어진 최고의 기쁨을 잃어버리게 된다.

효과적으로 복음을 전달하는 법

복음의 핵심은 예수이다. 그분은 자신이 누구인가를 보여 주신다. 예수님은 사람들을 죄에서 구원하신다. 우리는 도덕을 가르치는 것이 아니다. 우리는 죄에 대해 상세한 설명을 하는 것도 아니다.

한 미국 대통령이 어느 날 교회에 갔다 오자 그의 아내가 그날 설교에 대해 물었다.

"죄에 대한 말씀이더군." 그가 대답했다.

"목사님이 죄에 대해 무어라고 말하시던가요?" 영부인이 캐물었다.

"아, 죄에 대해 반대한다고." 대통령이 대답했다.

사람들은 그런 것을 기대한다. 문제는 죄에 대해 무엇을 할 수 있느냐이다. 사람들은 개인의 삶에서 죄를 이겨야 한다. 그들은 깨끗하고 용서받았다는 것이 필요하다. 많은 사람들이 말로는 자신이 천국에 갈 것임을 안다고 하지만, 그런 딜레마를 어떻게 해결해야 할지는 모른다. 우리는 사람들을 어떻게 미로에서 빠져나오게 하여 예수님의 귀한 보혈로 깨끗케 하고, 성령의 위로를 받아 증인이 되게 할 것인가를 전공해야 한다. 이것이 위대한 주제가 된다.

나는 계속해서 군중 앞에 선다. 복음을 약화시키는 것은 사악한 일이다. 감사하게도 내가 가진 복음은 능력과 소망의 긍정적인 메시지이다. 나는 하나님의 사랑의 생명수가 용솟음치는 것을 발견한다. 치유의 강물이 사방에서 흐른다. 하나님의 사랑이 인간의 마음을 만지신다. 모든 사람들이 하나님께 마음을 연다. 그들은 이 세상의 좋은 것들은 가진 것이 거의 없지만, 어떤 공장에서도 만들지 않고, 어떤 상점에서도 팔지 않고, 어떤 풍요로움도 제공하지 못하는 위로와 평강 그리고 기쁨이라는 하나님의 부유함을 소유할 때에는 그것이 그리 문제가 되지 않는다.

우리는 그리스도의 대사들이다. 복음은 하나님과 죄인들의 대립이다. 그것을 단지 기분 좋은 소개 정도로 축소시키지 말라. 우리의 메시지는 최고의 영예를 가지고 있다. 우리에게는 왕으로부터 받은 말씀이 있다. 그것은 최우선을 차지한다. 사람의 귓전에 대고 말할 수 있는 그런 메시지가 아니다. 복음은 이전에 종교적인 관심을 가지고 있는 사람들에게만 주어진 것이 아니라, 차별 없이 지위 고하를 막론하고 모든 사람을 위한 것이다. 하나님께서 "나 여호와가 말하노라"라고 하시면, 죄인들은 "내가 듣겠나이다"라고 응답해야 한다.

> 우리에게는 왕으로부터 받은 말씀이 있다. 복음 전도자는 봉함된 편지를 배달하는 심부름꾼이 아니라 왕과 대화하며 왕의 마음을 이해하는 자이다.

복음은 전제조건이나 제안이 아니다. 그것은 생각 말하기나 진행 중인 토론이 아니다. 복음의 선포는 연기자의 독백이 텅 빈 무대에서 이루어지듯 멋진 연설로 믿음을 펼쳐 보이는 것을 뜻하지 않는다. 대안이 아니라 하나님이라는 왕에게서 받은 최후통첩이다. '하나님께서 모든 인간에게 회개하기를 명하시기' 때문에 '믿지 않으면 죽게' 될 것이다. 이것이 바울이 확신한 것이다. 그 당시 청중들은 높은 직위에 있는 자존심 강한 아테네 지식인들이었다. 하지만 바울은 그들에게 보이지 않는 하나님이 그들에게 사랑으로 다가오셔서 환영의 팔을 뻗고 계시다는 것을 보여 주었다. 성령의 말씀은 예리한 칼처럼 각 개인에게 날카롭게 다가왔다. 복음은 하나님의 '내'가 우리의 '나'에게 개인적으로 하시는 말씀이다.

다음으로 우리는 예수 그리스도가 치유자이심을 선포한다. 우리 주님은 자유를 선포하시고 그 자유가 무엇인지를 병든 자들을 치유하심으로써 보여 주신 분이시다. 복음은 하나님의 변호가 아니다. 하나님은 당신이 없으면 힘없는 마귀의 희생자가 될 우리를 보호하신다. 구속은 하나님의 기적적인 치유를 포함한다. 어떤 사람들은 치유는 복음에 따라오는 한낱 부속물로, 우연한 결과일 뿐이라고 생각한다. 그러나 절대 그렇지 않다! 치유는 복음의 메시지의 한 요소이다. 우리는 모든 사람들을 위해 완전한 복음을 선포한다. 육체적인 건강은 전체 패키지의 부분이요, 하나님의 특별한 선물이다.

> 기적이 없는 복음을 선포하면 기적이 일어나지 않는, 일부 불행한 교회들을 생산하게 된다.

복음은 기적 그 자체이며 당신은 복음에서 기적을 떼어놓을 수 없다. 기적이 없는 복음을 선포하면 기적이 일어나지 않는, 일부 불행한 교회들을 생산하게 된다.

복음은 죄진 영혼들만이 아니라 그들의

죄로 인해 육신의 고통을 안고 있는 죄진 사람들에게도 적용이 된다. 그래서 이런 말이 선포되었던 것이다. "성령의 나타남과 능력으로 하여"(고전 2:4). 만약 복음이 정신적이며 육체적인 것이 아니라면 어떻게 복음이 능력을 타나낼 수 있겠는가? 그리스도는 치유자이시며, 그의 치유는 영적으로, 육체적으로, 정신적으로 그리고 상황으로, 전 방위적으로 뻗는다.

치유에는 귀신을 쫓는 권세가 포함된다. 귀신들도 때로는 질병과 우울증 뒤에서 직접적인 영향을 미치기도 한다. 그렇지만 질병과 연약함이 모두 악한 것은 아니다. 예수님께서는 그 구분을 명확히 하셨다. "병든 자를 고치며 … 귀신을 쫓아내되"(마 10:8). 아픈 자를 고치기 위해 예수님께 임하였던 하나님의 기름부으심은 오늘도 동일한 목적으로 그분의 종들에게 임하신다. 병든 자의 치유를 과소평가하는 것도 잘못이지만 과대평가하는 것도 잘못이다. 인간은 언제나 어느 한쪽으로 치우칠 수 있다. 어떤 복음 전도자들은 오직 육체적인 치유에 관해서만 선포한다. 물론 믿음이 있는 곳에서는 놀라운 일들이 발생하지만 죄로부터 구원을 받은 메시지를 듣지 못한다면 온전한 육신이 무슨 소용이 있겠는가. 지옥으로 던져지는 것밖에는 없다. 그래서 우리는 우리 단체를 '치유의 십자군' 이라 하지 않고 '복음의 십자군' 이라고 이름하였다. 우리가 배의 한쪽에만 무거운 짐을 다 싣는다면 배는 전복되고 말 것이다. 치유하지 않으시는 예수님을 선포함은 구원하시는 예수님을 선포하지 않는 것만큼이나 성경적이지 못하다.

세 번째 요소는 물이 아닌 불의 성령으로 세례를 주는 세례자, 예수님이다. 그분은 그저 '방언'을 주시는 자이거나 영적 은사의 제공자가 아니다. 그분은 성령을 보내신다. 우리의 사역에서는 언제나 사람들이 성령 세례를 받도록 기도한다. 나는 이 놀라운 축복을 부끄러워하지 않는다. 나는 '사람들이 이해할 때까지' 그것을 어둠 속에 두지는 않는다. 그것은 복음의 일부분이며 나는 그리스도의 복음을 부끄러워하지 않는다. 사도 베드로는 자신의 첫 설교에서 성령의 은사를 포함한 전체적인 복음을 선포하였다. 나도 그렇다. 오순절은 그저 복음주의적인 것만이 아니라, 놀라운 은사이기도 하다! 교회가 성령 세례를 강조하는 한 성령은 전도와 선교를 자극할 것이다. 그것은 꽃과 같다. 성령 전도는 그 속에 영속적이며 확대되는 씨앗을 품고 있다.

마지막 피날레와 새로운 시작

국회의원들과 세계의 지도자들은 이 마지막 때의 그 모든 지식과 지혜를 가지고도 어떻게 해야 할지를 알지 못한다. 그러나 그리스도인들은 알고 있다. 순복음은 오늘날 대륙을 정복하기 위해 큰 걸음을 걸으시는 예수님을 보고 있다. 할렐루야! 그분은 골고다에서 왕관을 받으신, 왕 중의 왕이며 신 중의 신이 되실 때까지 그 위엄을 가지고 계실 것이다. 그분이 지금은 '몸으로는 떠나 있으실' 뿐이다. 우리가 전해야 하는 '바로 이 예수님'께서 돌아오실 것이다. 하찮은 왕들과 신들과 지배자들을 물리치고 세상은 그분의 영광으로 밝혀질 것이다.

그리스도인들은 이제 하나가 되어 예수님의 임재를 즐거워하나,

세상은 그에 무감각하여 죽어 있다. 곧 그분이 오시면 세상은 예수님이 다시 오셨다는 것을 알게 될 것이다. 예수님은 이 세상에 속하여 계신다. 그분은 세상에서 태어나셨고, 세상에서 사셨으며, 세상에서 죽으셨다. 그분은 자신이 속하신, 바로 자신의 소유인 이 세상으로 다시 오실 것이다. 그때에 사람들은 예수님을 받아들일 것이다.

우리는 이 사실을 우리의 메시지에서 빼놓을 수 없다. 전쟁에 시달려 겁에 질린 세상에서 이 메시지는 유일하게 소망이라는 단어를 나타낸다. 예수님은 세상의 소망이다. 우리는 이 세상에 도전한다. "말해 보라. 모든 것이 평화롭게 될 것과 당신이 결국에는 어떻게 될 것이라 생각하는가?" 세상에는 답이 없다. 대안이 없다. 세상이 부끄럽도록 만들라. 불신자에게는 소망이 없다. 우리는 예수님이라는 소망을 가지고 있다. 그분을 전파하라! 세상이 그분을 필요로 한다.

8장
_ 기적이 멈추었을 때

사도의 임무

만약 주님이 오늘날 사도를 원하신다면 지원자들이 넘칠 것이다. 얼마나 고귀한 직책인가. 하지만 사도가 진정 해야 할 일이 무엇인지를 알고 나서도 여전히 사도가 되길 원하는 사람은 얼마나 될까?

나는 사도의 직분이 관리이사의 책상에 앉아 있는 것이라고는 생각지 않는다. 사도는 '보내진 사람' 이라는 뜻이다. 그들은 무엇을 하도록 보내진 것일까? 먼저 그들은 전도자가 되기 위해 보내졌다. 그리고 전도를 하기 위해 고난을 받았다. 다시 한번 말하지만, 증거하고 전도하는 것은 우리의 특권이다. 우리는 사도들이 행했던 일을 하고 있다.

주님은 그의 첫 증인으로 열두 명을 지명하셨다. 그들은 복음을 세상에 소개하기 위해 보내어졌고, 그들을 뒤따르는 것이 우리의 과업이다. 사도로서의 그들의 특징은 전도를 시작한 것이다. 예수님은 그들을 가르치셨고, 그들은 그 가르침을 우리에게 전달해 주었다. 그들은 그 기초가 되었다. 우리는 그들의 이끌림을 받으며 걸어간다.

'사도'는 유명해지기 위한 명예로운 직함이 아니었다. 그것은 그들이 해야 할 바(가는 것)와 그들이 되어야 할 바(명예가 아닌 박해의 주요 목표가 됨)를 설명한다. 우리는 "하나님이 사도인 우리를 죽이기로 작정한 자 같이 미말에 두셨으매"(고전 4:9)라는 말씀을 알고 있다.

사도들은 신성하게 지명된 교회의 지도자들이 아니었다. 그들은 관리를 다른 사람들에게 맡겼다. 사도행전 15장에서 그런 일을 했던 사람인 야고보는 사도가 아니었다. 왜냐하면 사도 야고보는 이미 사도행전 12장에서 순교했기 때문이다. 우리는 명령을 내리는 사도에 관해서는 아무것도 읽을 수 없다. 그들의 특별한 명예는 "사도들은 그 이름을 위하여 능욕 받는 일에 합당한 자로" 여김을 받는 것이었고 그들은 그것을 기뻐하였다(행 5:41). 그리스도의 개척자로 받는 고난은 그들이 유일하게 즐겼던 높은 지위였다.

마가복음에서 사도의 직책은 설교와 치유 여행을 수행하였기 때문에 사용되었다. 신약성경 전체를 통해 계속해서 사도직은 한 가지를 의미했다. 복음의 선포가 그것이었다. 바울은, "그리스도가 … 복음을 전파하기 위해 나를 보내셨다"라고 말했다. 그는 로마인에게 보내는 그의 위대한 편지에서 사도의 직분을 이렇게 명확하게 진술하였다. "예수 그리스도의 종 바울은 사도로 부르심을 받아 하나님의 복음을 위하여 택정함을 입었으니"(롬 1:1).

이것이 그들이 가졌던 권위였다. 빌립이 사마리아에서 복음을 선포하고 다른 이들이 안디옥에서 전도를 하고 있을 때에 사도들은 진리의 수호자들로서 자신들이 이를 승낙해야 한다고 느꼈다(행 8:14, 10:22).

예수님은 그들에게 말씀하셨다.

"내가 천국 열쇠를 네게 주리니 네가 땅에서 무엇이든지 매면 하늘에서도 매일 것이요 네가 땅에서 무엇이든지 풀면 하늘에서도 풀리리라"(마 16:19).

베드로는 천국 접견인의 일종으로 천국문에서 열쇠 뭉치를 짤랑거리고 있지는 않는다. 그것은 말도 안 된다. 예수님께서 말씀하신 비유는 단지 베드로가 오순절에 복음을 선포하는 첫 사람이 될 것이므로, 믿는 자에게 천국문을 열어 주는 자가 될 것이라는 뜻일 뿐이다.

사실 주님은 그 열쇠가 오로지 베드로의 손 안에만 있지 않다는 것을 분명히 하셨다(행 1:8). 잠그고 연다는 약속은 믿는 자와 순종하는 자 모두에게 주시는 것이다(마 18:18). 푸는 능력은 하나님 말씀의 선포에 의해 발생한다.

사도들은 이러한 전도의 사명을 수행하는 것에서 영예를 얻었다. 그것은 신탁이었다. 그들은 왕의 보물에 대한 책임이 있다. 바울은 그에 관해 이렇게 썼다.

"이 교훈은 내게 맡기신바 복되신 하나님의 영광의 복음을 좇음이니라 나를 능하게 하신 그리스도 예수 우리 주께 내가 감사함은 나를 충성되이 여겨 내게 직분을 맡기심이니"(딤전 1:11-12).

그는 또한 "하나님의 종이요 예수 그리스도의 사도인 바울 곧 나의 사도 된 것은 하나님의 택하신 자들의 믿음과 경건함에 속한 진리의 지식과 영생의 소망을 인함이라 이 영생은 거짓이 없으신 하나님이 영원한 때 전부터 약속하신 것인데 자기 때에 자기의 말씀을 전도로 나타내셨으니 이 전도는 우리 구주 하나님의 명대로 내게 맡기신 것이라"(딛 1:1-3)라고 선언하였다.

그렇듯이 모든 사도들은 처음부터 끝까지 복음 전도자였다. 하지만 모든 복음 전도자들이 다 사도는 아니다. 그들은 매번 성경에서 '전도자'라는 명칭으로 구별되어 나타난다(행 21:8, 엡 4:11, 딤후 4:5). 하지만 복음 전도자들은 복음을 선포하는 것에서는 사도들의 명예를 나눈다. 그들은 사도의 주요한 책무를 가진다. 복음 전도자들은 사도의 또 다른 팔과 같다.

하나님은 우리를 위한 자리를 만드셨다

사도들은 자신들의 사명을 그저 특정한 직업 그 이상으로 생각했다. 주님께서 행하신 것과 같은 사역이었기에, 사도들은 서로 '함께 일하는 자'일 뿐만 아니라, 그들은 '하나님과 함께 일하는'(고후 5:19, 6:1) 하나님의 동역자였으며, 성부와 성자 그리고 성령의 천국 십자군의 일부였다. 하나님의 사역은 세상의 구속이며, 사도들은 그에 참여하도록 부름받았다. 우리도 그러하다. 하나님은 보통 사람들을 위한 자리도 마련해 두셨다.

사도들은 첫 번째 사명에서 함께하지 않은 다른 사람들이 어떤 일을 하는 것을 질투

> 사도들은 서로 '함께 일하는 자'일 뿐만 아니라, 그들은 '하나님과 함께 일하는' 하나님의 동역자였다.

하여 금하였으나, 예수님께서는 사도들을 타이르셨다(눅 9:49-50). 이후에도 그들은 복음 전도를 사도의 독점적인 권한이라고 생각했을 정도였다. 하지만 그들은 스데반과 바울과 같은 이들의 사역을 인정해야만 했다. 이들 전도자들이 진정한 사도의 후계자였다.

복음을 전하지 않는다면 불량한 사도직이라 아니할 수 없다. 복음을 선포하는 구체적인 사도의 책무를 수행하지 않는다면 그들은 불량한 사도의 후계자이다.

나는 하나님께서 나를 위해서도 자리를 마련하셨다는 것을 알리고자 한다. 아주 오래전, 나는 성령께서 어느 도시를 방문하라고 촉구하시는 것을 느꼈다. 그곳에는 두 교회가 있었기에 나는 그들에게 편지를 보내 협조를 요청했다. 나는 즉시 긍정적인 답장을 받았다. 그 후에 나는 다소 부정적인 소문을 들었지만 기도 가운데 이를 주님께 맡겨드리고 내가 가야 한다는 것을 확신하고 있었다. 9개월이 지나 나는 아내와 함께 예정된 집회에 하루 앞서 도착했다. 우리는 여러 가지를 의논하기 위해 목사님들을 만났다.

지금은 이런 토론보다 더 유익할 수 있었던 것이 있으리라 생각할 수 있다. 하지만 그 당시에는 내가 아무리 유익한 방향으로 대화를 이끌어가려 해도 이야기가 빙빙 돌기만 했다. 기운이 빠진 아내와 나는 결국 호텔로 돌아가서 조금 쉬기로 했다. 나는 베개에 머리를 대자마자 잠에 빠져들었던 것 같은데 하나님께서는 나에게 즉시 생생한 꿈을 주셨다. 그것은 비유였다. 나는 내가 잘 모르는 낯선 장소의 운동장에서 멀리뛰기 시합을 위해 그 두 목사님들을 만나고 있는 내 자신을 보았다. 두 목사님 중 한 분이 먼저 달려서 점프를 했는데 잘

하지 못했다. 그리고 다음 목사님이 그 뒤를 따랐는데 훨씬 더 잘했다.

이번에는 내 차례였다. 나는 달리기 시작했다. 그런데 뭔가 놀라운 것이 느껴졌다. 보이지 않는 손이 뒤에서 나를 밀어 주는 것 같았다. 나는 우아하게 하늘을 나는 듯하였다. 두 팔과 두 다리를 움직이며 달렸지만 발은 땅에 닿지도 않는 것 같았으며 속도는 놀라웠다. 그 다음 순간 도움닫기 선을 딛고는 뛰어올랐다. 그런데 어느덧 모래사장의 맨 가장자리에 서 있는 것이 아닌가. 놀라웠다! 올림픽 기록감이었다. 뒤를 돌아보자 두 분은 훨씬 더 뒤에 있었다. 꿈속에서 나는 팔을 높이 올리고 흥분하여 소리질렀다. "오, 하나님, 당신이 내게 자리를 만들어 주셨습니다!" 그 소리에 잠이 깨었다.

나는 이 꿈으로 성령의 위로를 받게 되었고, 그 이후로 격려를 얻었다. 이처럼 그분이 자신의 일로 우리를 보내실 때에는 우리를 위해 문을 열어 주신다. 그리고 이때 우리는 그저 가기만 하면 된다! 우리는 나의 그 꿈에서처럼 멋진 도약을 해야 할 것이다. 하지만 하나님의 손이 우리를 들어 올리시면 힘들지 않게 할 수 있다. 우리는 그분이 원하시는 장소에 발을 디뎌야 한다. 우리는 그곳에 도착할 것이다!

빈 그릇 채우기

교회들이 복음 전도자를 위해 항상 자리를 마련해 주기를 원하지는 않는다. 하지만 그래도 교회와 함께 일해야 함을 알고 있었다. 내가 계속해서 독립적으로 활동한다면 사람들은 그에 관련된 모든 것들을 보지 않을 수도 있다. 어쩌면 "그로서는 어렵지 않을 거야. 자신이 하는 일을 승인받을 책임도 지지 않으니 말이야"라고 생각할 수도 있다. 그래서 나는 교회들의 협력을 얻기를 원했다.

여기에는 다른 문제가 있는데, 그에 맞는 핵심 성경 말씀이 있다. 그것은 기름이 끊이지 않았던 엘리사의 유명한 이야기이다(왕하 4:3-6). 여기서 그 내용을 자세히 살펴보고자 한다. 하나님과 함께 일하는 것에 대한 중요한 원칙을 풀어 보일 것이다.

> "(엘리사가) 가로되 너는 밖에 나가서 모든 이웃에게 그릇을 빌라 빈 그릇을 빌되 조금 빌지 말고 너는 네 두 아들과 함께 들어가서 문을 닫고 그 모든 그릇에 기름을 부어서 차는대로 옮겨 놓으라 여인이 물러가서 그 두 아들과 함께 문을 닫은 후에 저희는 그릇을 그에게로 가져 오고 그는 부었더니 그릇에 다 찬지라 여인이 아들에게 이르되 또 그릇을 내게로 가져 오라 아들이 가로되 다른 그릇이 없나이다 하니 기름이 곧 그쳤더라."

여러 해 동안 아내와 나는 한 교단의 틀 안에서 사역하였다. 하나님은 우리를 축복하고 사용하셔서 전도를 위해 우리가 분투하도록 하셨다. 곧 우리 복음의 십자군은 성장하기 시작했다. 그러자 여러 성경 말씀을 통해 성령께서 나에게 무슨 일을 해야 할지를 보여 주셨다. 나는 기름이 여인의 접시와 병과 단지를 가득 채웠을 뿐만 아니라 이웃의 그릇도 채웠음을 알았다.

하나님은 말씀하시기를 "나는 네 집의 빈 그릇(예컨대, 내가 속한 교단)에 대한 부담을 가질 뿐만 아니라 네 이웃의 모든 빈 그릇에 대해서도 부담을 가지고 있다. 가서 그것들을 모아 그들의 빈 그릇도 채워 주어라" 하셨다.

"오, 내 이웃들은 절대 빈 그릇을 내게 주지 않을 것입니다. 그들은 내가 자신의 그릇을 훔쳐간다고 생각할 것입니다"라고 내가 답했다 [나는 목사님들은 대개 다른 설교자들이 자신의 교인들을 끌어갈 것이라고(양 훔치기) 생각한다는 것을 알고 있다]. 하나님은 이렇게 대답하셨다. "신뢰의 분위기를 쌓으라. 그러면 그들이 네게 채울 그릇을 빌려 줄 것이다."

그 지혜의 말씀은 이른 아침에 하나님과 만나고 있을 때에 주어졌고, 이 말씀은 내 생각을 완전히 변화시켰다. 사실, 내 인생의 방향까지도 바꾸어 놓았다. 내가 속하지 않은 교단의 교회들에 대한 부담이 새로 내 어깨에 지워졌다.

우리는 모두 하나님께서 자신에게 주신 단체의 지도력을 인정해야만 한다. 그것이 성경적이다. "하나님은 고독한 자로 가족 중에 처하게 하시며 … 오직 거역하는 자의 거처는 메마른 땅이로다"(시 68:6). 사람은 그 자신의 위상이나 신분이나 직업이 무엇이든 스스로 법이 될 수 없다. 눈이 손에게 "내가 너를 쓸데 없다"(고전 12:21)고 하지 못하며, 손이 몸에게 나 혼자 할 수 있다고 말할 수 없다. 사도들도 그런 태도를 갖지 않았다.

어부에게 배가 필요하듯 모든 사역자들에게는 교회가 필요하다. 복음 전도자는 스스로 파도를 넘어 항해할 수 없다. 하나님은 복음 전도자들을 교회에 놓으셨다. 전도자가 축복을 받아 재정적으로 독립적이 될 수는 있겠지만, 그것이 교회

> 어부에게 배가 필요하듯 모든 사역자들에게는 교회가 필요하다.

라는 반주자도 없이 독창을 불러야 한다는 의미는 아니다. 그는 하나님을 위해 세상을 얻으려는 열망에 불타오른다 하여도 자신의 어깨에 놓인 모든 손을 가볍게 털어버려서는 안 된다.

지상에서 인도받기 위해 천국의 지시를 받다

그 위대한 종 바울의 경우를 예로 들어보자. 박해자 사울(바울의 옛 이름)은 다메섹으로 가는 길에 하나님의 보좌에서 울리는 한 목소리를 들었다.

> "사울이 행하여 다메섹에 가까이 가더니 홀연히 하늘로서 빛이 저를 둘러 비추는지라 땅에 엎드러져 들으매 소리 있어 가라사대 사울아 사울아 네가 어찌하여 나를 핍박하느냐 하시거늘"(행 9:3-4).

그는 이것이 하나님의 방문임을 깨달았다. '히브리인 중의 히브리인'으로서 위대한 랍비 가말리엘(Gamaliel)의 발 밑에서 자라났던 그는 깊은 종교적 영성을 가지고 있었기에, 하늘로부터 오는 직접적인 계시를 받기 위해 천 번도 더 바라고 있었을 것이었다. 궁금한 마음에, 온갖 종류의 질문들이 들끓었다. 그런데 이제 진리의 순간이 찾아왔다. 그가 배운 것은 무엇일까? 하나님의 어떠한 뜻과 목적을 그에게 계시하시려는 것일까?

사실 그는 아무 말씀도 듣지 못했다. 단지, "네가 일어나 성으로 들어가라 행할 것을 네게 이를 자가 있느니라"라는 말씀뿐이었다. 성이라! 다메섹에는 예수를 그리스도로 믿던 '이단자'들을 감옥에 던져 넣으려던 사람들이 있었다. 그에게는 그들이 필요했기에 그는 다메섹에 가서 그 무리 중 한 사람이 되어야 했다. 그가 받을 첫 훈령은 천국의 목소리나 천사들이 아닌 그 사람들에게서 올 것이었다. 바울은 교회가 신자들이 무작위로 모인 무리가 아니라 살아 있는 그리스도의 몸이라는 것을 그리고 하나님께서는 바울이 그 교회를 무시하도록 허락지 않으신다는 기독교 진리를 처음으로 알게 되었다. "성으로 들어가라…." 하나님은 바울의 사역의 방향을 확인해 주셨다.

> 바울은 교회가 신자들이 무작위로 모인 무리가 아니라 살아 있는 그리스도의 몸이라는 것을 그리고 하나님께서는 바울이 그 교회를 무시하도록 허락지 않으신다는 기독교 진리를 처음으로 알게 되었다. "성으로 들어가라…." 하나님은 바울의 사역의 방향을 확인해 주셨다.

바울은 가서 다른 사람들의 지도력에 순종했다. 우리는 바울의 지혜와 겸손을 배워야 할 것이다. 천국에서 비치는 한줄기의 빛, 영혼의 조광, 진리의 계시를 가진 어떤 사람들은 모든 조언과 감독에서 벗어나 자기 도취에 빠진다. 그들은 '성에 있는' 그 사람들에게는 신경을 쓸 필요가 없다고 생각한다. 하지만 성에서 자신이 행할 바를 '이를 자가' 있다는 것과 도움을 받을 것이라는 것을 알아야 한다. 바울은 그리스도인이 된 초기에 올바른 방향을 제시받았으며, 그에게 동료 신자들의 교회는 힘과 지혜가 되었듯이 바울도 또한 교회에 그러했다. 그 결과 영광의 역사가 이루어졌던 것이다!

사실 우리는 모두 서로에게 의지하고 있으며, 만약 복음 전도자에게 교회가 필요하다면, 교회에는 복음 전도자가 필요하다. 손이 몸을 필요로 하듯 몸은 손을 필요로 한다. 우리는 남편과 아내처럼 서로를

8장 기적이 멈추었을 때 **151**

> 교회가 복음 전도자를 무시한다면 그를 속박하는 것이고, 복음 전도자가 교회를 무시한다면, 그는 생명선이 부착되지 않은 구명조끼와 같다.

보완하고 있다. 교회가 복음 전도자를 무시한다면 그를 속박하는 것이고, 복음 전도자가 교회를 무시한다면, 그는 생명선이 부착되지 않은 구명조끼와 같다.

하나님의 말씀을 듣고 하나님의 인도를 받은 나는 내 교단의 지도자들의 의견을 들었고 그들과 함께 하나님의 비전을 나누었다. 하나님은 나에게 축복을 주시어 그들은 나와 함께 은혜롭게 조화를 이루었고, 그들의 축복으로 나는 자유롭게 그들과 모든 교단의 경계를 넘어 전도를 하게 되었다. 그때 이후로 성령의 기름이 많은 그릇을 채우고, 수많은 귀한 사람들이 예수를 알기 위해 많은 교회로 몰려드는 것을 보았음을 증거할 수 있다. 하나님께 영광을!

기적이 멈췄을 때

과부의 기름 기적은 마침내 멈추었다. 왜 그랬을까? 하나님께서, "오늘 너에게는 이 정도면 족하다. 나는 끝없이 계속할 수는 없다"라고 말씀하셨을까? 하나님은 그들이 더 이상 그릇을 찾을 수가 없을 때에도 부어 주고 계셨다. 과부는 "어서 가서 어디서든 그릇이나 항아리를 좀 더 가져오너라. 끝도 없이 나오는 것 같구나"라고 했으나 하나님은 그들이 받을 수 있는 용량보다 더 많은 기적을 베푸셨다. 그리고 더 담을 그릇이 없어지자 그 기적은 끝이 났다.

기름 기적은 언제나 있을 것이다. 스가랴는 감람 나무에서 직접 흘러내리는 기름으로 인해 절대 꺼지지 않는 순금 등잔대를 보았다(슥 4

장). 성령으로 우리는 우리가 필요한 것을 공급받는다. 빈 마음이 있는 한, 그리고 우리가 하나님이 원하시는 곳으로 가는 한 우리의 갈 길을 방해하는 것은 아무것도 없으며, 기름은 계속해서 언제나 영원히 흘러넘칠 것이다.

> 어떤 사람들은 성령으로 세례를 받고도 그 경험이 일시적이고 그 기쁨이 멈추어 버릴까 봐 걱정한다. 기름부음은 영원히 거한다.

어떤 사람들은 성령으로 세례를 받고도 그 경험이 일시적이고 그 기름이 멈추어 버릴까 봐 걱정한다. 기름부음은 영원히 지속된다(요일 2:27). 하지만 우리가 우리의 작은 부엌에 있는 그 그릇으로만 활동한다면, 기름은 곧 멈추고 만다.

지금 바깥 세상은 온통 채움을 받기 위해 기다리고 있는데, 성령을 받으려고 매주 자신의 작은 교회에서 기도만 하고 있는 것은 아무 소용이 없다. 잠언 11장 24절 말씀은 "흩어 구제하여도 더욱 부하게 되는 일이 있나니"라고 선포한다. 모든 교회는 그 벽이 지구만큼이나 넓고 그 지붕이 땅의 모든 사람을 덮을 만큼 넓다는 것을 알아야 한다. 세상의 부흥이 당신의 부흥이 되도록 외치라! 지역 교회의 범위는 하나님께서 세계 교회에 보내신 사람들과 협력할 때 세계적인 교회가 될 수 있다. 그런 교회는 성령의 축복이 흘러넘칠 것이다.

우리가 자신의 문을 공고히 닫아건다면 우리는 하나님께서 교회에 세우신 일들과는 아무런 관련이 없게 된다. 소위 복음 전도자라는 우리는 하나님의 강을 헤엄쳐 나와야 한다. 집회가 사교적인 클럽이 되어서는 안 된다. 독일의 고색창연한 쾰른 성당에는 관광객들을 대상으로 한 이런 안내가 붙어 있다. "이 교회는 박물관이 아닙니다."

모든 교회는 사명을 감당하는 본부가 되어야 한다.

찻숟가락만한 사람들

나는 이스라엘의 그 여인의 아들들에 대해 생각해 보았다. 그들은 거리를 황급히 내려가 사람들에게 묻고 다녔을 것이다. "항아리나 접시나 기름을 담을 수 있는 그릇을 좀 빌릴 수 있을까요?" 그들은 그릇을 빌리기 위해 오고 갔다. 어쩌면 어떤 트집 잡기 좋아하는 사람들은 "그릇을 얼마나 많이 빌리는 거요?"라고 불평할지도 모른다. 또 어떤 사람들은 자신의 큰 그릇은 잃어버릴까 봐 뒤에 숨겨 둔다. 마치 설탕 한 컵을 달라고 하면 찻숟가락으로 한 번에 한 숟가락씩 아껴가며 주는 것과 마찬가지이다. 자신의 그릇을 감추거나 빌려 주기를 거절하는 사람들은 그 기름이 흐르는 것을 멈추는 데 일조를 하는 사람들이다. 그런 이기심이 기적을 멈추게 한다. 우리는 부흥의 축복이라는 기적을 돕는 자가 되거나 우리 작은 부엌에 있는 찻숟가락 정도로 제한하는 자가 될 수도 있다.

> 어떤 사람들은 자신의 큰 그릇은 잃어버릴까 봐 뒤에 숨겨 둔다. 마치 설탕 한 컵을 달라고 하면 찻숟가락으로 한 번에 한 숟가락씩 아껴가며 주는 것과 마찬가지이다. 그런 이기심이 기적을 멈추게 한다.

우리 모두는 다른 사람들과 함께 일해야 한다. 어떤 사람들은 비판을 하겠지만, 그렇다고 물러나서는 안 된다. 과부의 아들들은 어머니가 무슨 생각을 하고 있는지 알았기에 미소를 짓고 기름을 담을 그릇을 빌리러 다녔던 것이다.

하나님은 우리에게 기름 몇 방울이 아니라 기름의 강줄기로 부어 주시고자 하신다. 예수님은 가나의 결혼식에서 포도주를 만드셨을 때 몇 잔을 채울 정도로 만드시지 않고 몇 주 동안이나 마실 수 있을 만큼 충분히 많은 양을 만드셨다. 원한다면 포도주로 목욕도 할 수 있을 정도로 많아 신랑신부는 그 많은 포도주로 무얼 해야 할지도 모를 정도였다. 예수님은 많은 사람들을 먹이시고도 열두 광주리에 가득 차서 남을 정도로 음식을 주셨다.

교회가 과도하게 조심스러워 복음 전도자가 자신의 그릇을 가져가 버릴까 봐 지원을 하지 않는다면 그런 교회에는 풍성함이 없을 것이다. 나는 성령의 목소리에 순종한 이후 그런 풍성함을 경험했다. 나는 '성령으로 보냄받았'으며, 그리스도의 온전한 몸과 조화를 이루어 사역하기 시작했다. 그것은 댐의 수문을 연 것 같았으며, 우리는 그 물줄기와 같은 하나님의 끝없는 은혜를 나누었다. 우리가 우리 자신의 작은 둥지만을 보호하고 계산한다면 그 강은 다른 곳으로 물줄기가 돌아가 버린다. 섬 사람들은 고립되고 마는 것이다! 축복의 홍수를 원하는가? 그렇다면 강이 흘러넘치도록 하자!

복음 전도자의 주도권

때로 사람은 사탄에 의한 적을 만나기도 한다. 이는 악마적인 적대 세력이다. 그때 하나님의 기름부음은 '멍에를 끊는 것'이며 그 기름부음은 하나님의 종을 보호하심이다. 종종 적과의 전투에서 적의 문으로까지 쳐들어가면서 나는 마귀의 세력에 둘러싸여 있다는 것을 깨닫곤 했다. 하지만 그 악의 세력들은 또한 하나님의 천사들에 의해 둘러싸여 있었다! 그래서 나는 그 기름부음이 없다면 이들 세력은 마치 한 떼의 늑대들같이 한순간에 나를 삼켜 버리려고 준비하고 있다는 것을 알게 되었다. 적들과 비판자들은 낙담에 빠뜨리려 하지만 기름부음받은 자는 이에 지지 않는다.

마귀는 울부짖는 사자와 같다고 성경에 써 있지만, 나는 삼손을 삼키려고 웅크리고 울부짖던 사자를 떠올린다. 삼손은 딤나로 가던 길에서 이 어린 사자를 만났다(삿 14:5-6). 그 사자는 이스라엘의 기름부음받은 사사인 삼손을 알지 못했다. 사자는 그 일생의 최후의 순간을 맞이하였다. 사자의 포효는 대개 인간을 혼비백산하게 하여 몸을 돌려 도망가게 한다. 그렇기에 그들은 쉽게 인간을 뒤에서 덮쳐 잡을 수 있는 것이다. 하지만 삼손이 그 포효를 들었을 때에는 다른 일이 벌어졌다. 하나님의 영이 그에게 힘 있게 임한 것이었다.

하나님의 영이 인간에게 임하면 새로운 일이 생기기 시작한다. 사람들은 마귀에 저항하고 마귀는 그들로부터 도망하게 된다. 당신에게 용기가 부족한가? 성령의 도움을 받으면 당신은 담대하게 된다. 우리는 늑대들 중에 있는 양과 같다. 하지만 그 양은 공격을 하는 쪽이다. 우리는 전갈을 밟고 폭풍치는 파도 위를 걸어갈 힘을 가지고 있다. 그런 성령을 경험하면 우리는 의심과 지성의 조화 그 이상이 된다. 우리가 그분 안에서 살면 우리는 지휘권을 소유하여 마귀를 도망가게 하고 육신과 정신 그리고 영혼의 구원을 이루게 된다.

그래서 원래 삼손은 사자에 의해 희생될 뻔했지만 도망가지 않았다. 도망가는 먹잇감을 뒤쫓는 것은 사자들의 아침 식사의 입맛을 돋우는 일이다. 하지만 이 남자는 사자를 향해 섰다. 이 맹수는 맹수 같은 인간을 마주하게 되었다. 그의 어깨를 향해 포효하면서 사자는 슬쩍 물러서려 했으나, 이미 너무 늦어 버렸다. 괴력의 손이 사자를 번쩍 들어 올렸다. 나중에 사자의 시체는 벌집이 되었다. 삼손은 맨손으로 '사자를 염소 새끼를 찢음 같이' 찢었다.

교회는 절대 방어를 목적으로 세워지지 않았다. 지옥의 문은 침공되어야 한다. 공격이 최선의 방어이다. 마귀의 침략을 막기 위해 기다리지 말고 전투의 흐름을 바꾸어 마귀의 영역에 대한 공격을 단행하라!

예수님은 천국을 방어하기 위해 세상에 오신 것이 아니라 마귀의 일을 없애기 위해 전쟁에서 승리하는 자로 오셨다. 그리스도는 적의 진지를 전장으로 만들고 지옥을 침공하여 거칠 것 없이 적병을 몰아내어, 마귀를 쓰러뜨리고 사탄을 수세에 몰아 자비를 베풀지 않으시고 그 사악한 놈의 머리에 치명상을 입혀 아무 쓸모가 없도록 만드셨다. 사탄은 '살아서 지상에서 평안히 지내고' 있는 것이 아니다. 예수님께서 치명상을 입히셨다!

그것이 바로 전도를 예수님의 이름으로 하는 이유이다. 독사의 미끈거리는 꼬리가 있는 곳마다 하나님의 백성들은 날선 칼을 들고 그 마귀를 추적해야 한다. 그에게 여유를 주지 말라. 왜냐하면 우리는 "우리를 사랑하시는 이로 말미암아 우리가 넉넉히" 이기게 된다(롬 8:37). 진리를 수호하는 최선의 방법은 타협 없이 선포하는 것이다. 우리는 하나님이 하신 말씀에 대해 사과하기 위해 부름받은 것이 아니라 선포하기 위해 부름받았다. "성령의 검 곧 하나님의 말씀을 가지라"(엡 6:17). 다윗이 자신이 죽인 골리앗의 칼에 대해서 말하듯이 "그 같은 것이 또 없다"(삼상 21:9). 마귀를 이기기 위해서는 복음을 선포하라. 당신의 고함소리로는 결코 그를 겁주어 쫓아내지는 못할 것이다. 당신의 칼을 사용하라.

복음 전도자의 전념

누군가가 복음 전도자에게 이렇게 물었다. "왜 당신은 언제나 '거듭나야 합니다' 라고 말하시나요?" "왜냐하면 당신은 거듭나야 하기 때문이지요"라고 그가 대답했다.

복음 전도자라면 선포할 다른 메시지를 찾지 않는다. "복음을 전하지 않으면 나에게 화가 있으리라!" 그는 다른 복음 전도자들과 함께 모여 "우리가 무엇을 선포할지 의논하자"라고 말할 필요가 없다. 왜냐하면 모든 전도자들은 그 문제에 관한 한 한 점의 의심도 없기 때문이다. "회개하고 복음을 믿으라!"(막 1:15). 그에 대해서는 재고할 여지가 없다. 그보다 더 나은 메시지는 없다.

> 복음 전도자는 두 마음으로 나뉨 없이 시간에 쫓기듯 하는 사람이다. 복음 이외에는 이 지상의 어떤 것, 명예와 돈, 인기 혹은 생명 그 자체도 문제가 되지 않는다.

복음 전도자의 목표 1

복음 전도자는 교회에게 있어 세상을 위한(눅 24:47) 선물이 된다(엡 4:11). 진정한 복음 전도자는 그 자신의 왕국을 세우는 데에는 관심이 없다. 그의 목표는 두 가지이다. 첫 번째이자 최우선의 목표는 그의 사역이 예수 그리스도의 지역 교회들을 세우는 일에 관련되는 일이어야 한다는 것이다. 그가 하는 모든 일은 이와 같은 목적을 가져야 한다. 즉, 하나님의 살아 있는 말씀이 선포되는 교회로 사람들을 데려오는 목적이다. 규모가 크거나 아무리 성공적인 집회라 하더라도 교회와 교회의 성장이라는 내용으로 이행되지 않는다면 무의미하다.

예수님은 우리에게 선한 사마리아 사람의 이야기를 복음 전도자들을 위한 교훈으로 들려 주신다. 한 사람이 예루살렘에서 여리고로 가다가 강도를 만나 쓰러져 있다. 다른 사람들, 제사장과 종교 지도자들은 그냥 지나쳐 갔으나, 사마리아 사람이 그를 발견하여 보호해 주었다. 사마리아 사람은 그 사람의 상처를 기름과 포도주로 치료한 후 그를 자신이 타고 있던 나귀에 태우고는 여관으로 데려갔다. 그 여관에서 그 사람은 간호를 받고 건강해졌다(눅 10:33-35).

우리가 인생에서 상처 입고 쓰러진 사람을 일으켜 세우고 나면 그 다음은 도와줄 다른 사람을 구해야 한다. 그 사마리아 사람은 그런 도움을 여관에서 구하였고, 그곳에서 피해자는 건강을 회복하도록 간호를 받았다. 복음 전도자는 교회에서 이를 구한다. 그곳에서 회심자들은 양육을 받아 믿음을 세워간다. 그곳에서 그들은 진정한 사도가 될 수 있다. 길가에 그런 여관들을 두신 하나님께 감사하자. 그리고 마귀의 희생자가 된 사람들을 구한 복음 전도자들을 인해 하나님께 감사하자. 회복기의 초심자들을 돌보는 교회(여관)는 복음 전도자(사마리아 사람)가 없이는 아무런 사업도 할 수 없다.

이는 낚시와 같다. 우리 복음의 십자군 활동 중에 나는 항상 우리 전도자들은 그물을 가지고 와 지역 교회의 보트를 사용한다고 말한다. 그들과 함께 우리는 많은 고기를 잡을 수 있다. 그리고 우리는 떠난다. 우리는 그 잡은 고기를 그곳에 넘겨주고 간다. 우리는 우리의 그물을 흔들어 수리하고 말린 다음 다른 곳으로 가서 손을 빌린다. 복음 전도자는 하나님 왕국이 곳곳에 세워지는 것을 보는 기쁨의 보답 외에는 그 자신을 위해서는 아무것도 얻지 않는다.

복음 전도자의 목표 2

복음 전도자의 두 번째 목표는 선포하는 것이다. 그는 사람들이 듣거나 듣지 않거나 복음을 선포한다. "이 천국 복음이 모든 민족에게 증거되기 위하여 온 세상에 전파되리니 그제야 끝이 오리라"(마 24:14). 지역 목사는 이 말씀대로 사역할 수 없다. 하나님은 분명 다른 종에게 맡기신다. 하지만 모든 사람은 선포에 대한 비전과 의무를 가진 사람과 마음과 영혼을 함께해야 한다.

영적 작용

먼저, 복음은 선포되어야 뉴스가 됨을 말하고자 한다. 복음은 또한 선포되어야만 힘이 된다. 복음 선포는 영적인 작용이다. 기도는 힘을 가져오지만 선포는 그것을 방출한다. 복음 선포는 전구를 소켓에 끼우는 것과 같다. 복음은 말해지지 않으면 사용될 수 없다. 선포는 절대적으로 하나님의 계획에 속한다. 사람들을 다른 방식으로는 구할 방법이 없다. 이는 초자연적인 과정이다. 하나님은 온 인류를 위해 복음을 마련하셨다. "하나님의 지혜에 있어서는 이 세상이 자기 지혜로 하나님을 알지 못하는고로 하나님께서 전도의 미련한 것으로 믿는 자들을 구원하시기를 기뻐하셨도다"(고전 1:21). 사람이 바다에서 고기를 잡기 위해 그물을 던져야 하듯 복음 선포는 하나님을 기쁘시게 한다. 왜냐하면 고기가 해변가로 뛰어오르는 일은 일반적으로 없기 때문이다.

예수님은 이렇게 말씀하셨다. "지금 잡은 생선을 좀 가져오라"(요 21:10). 먼저, 고기를 잡아야 한다. 그 다음은 그 고기를 가져온다. 만약 교회들이 전도자가 선포하도록 하게 한 것 외에는 손가락 하나 까닥하지 않고, 잡은 고기를 가져오기 위해 아무런 노력도 하지 않는다면, 주님께서 의도하신 그러한 절차들은 깨어지고, 전기 회로는 끊어진다.

하지만 그리스도가 지적하셨듯, 어떤 마을에서는 말씀이 받아들여지지 않을 것이지만 그래도 여전히 말씀은 선포되어야 한다(마 10장). 이를 예수님께서는 씨 뿌리는 자의 비유를 들어 예시하셨다(마 13:3-23). 뿌려진 모든 씨앗이 다 성공하지는 않으며, 어떤 것은 전혀 싹이 나지 않을 수도 있다. 왜 그럴까? 씨앗(말씀)이나 씨 뿌리는 자(예수님)에게는 아무런 문제가 없었다. 문제는 그 씨앗이 떨어진 곳에 있었던 것이다. 어떤 곳에서는 그 땅의 문제로 인해 아무것도 생산치 못한다. 씨 뿌리는 자에게 있어 굳어져서 메마른 흙은 기분을 상하게 한다. 하지만 실망치 말라. 다른 곳에서 시도해 보라. 어떤 설교자들은 잃어버린 자들에게 제자도를 설교하거나 이미 회심한 자에게 구원받을 것을 설교하기 때문에 아무런 결과를 낳지 못한다. 결과가 없다면 그에게는 비난이 아니라 도움이 필요하다. 세상적인 감각의 성공은 없다. 그리고 칭찬은 교회가 받는다. 하지만 우리는 이루어야 할 소명이 있으며, 언제나 성공으로 그런 소명이 적절히 수행되었는지를 시험할 수는 없다. "너는 말씀을 전파하라 때를 얻든지 못 얻든지 항상 힘쓰라 범사에 오래 참음과 가르침으로 경책하며 경계하며 권하라"(딤후 4:2).

실패가 정해진 것은 아니다. 하나님은 추수할 밭에 우리를 보내셨지, 우리의 귀중한 노동력을 콘크리트 바닥이나 사막에서 낭비하도록 하시지는 않으셨다. 그는 다발로 묶어 추수하도록 하셨다. 비가 와서 땅이 촉촉해지기를 기다리라. 때가 오면 우리는 온 세상으로 가서 모든 피조물에게 복음을 선포해야 한다. 어떤 이들은 들을 것이고 어떤 이들은 듣지 않을 것이다. 복음이 온 세상에서 선포되어지면 그때 예수님께서 오실 것이라고 예수님께서 말씀하셨다. 수확의 주님! 그러므로 일하여 예수님이 오실 때를 앞당기자!

3부 개인의 추진력

9장
_ 에스겔에게서 배우는 수영 강의

    1991년, 예수님을 위한 크나큰 승리가 서아프리카 국가인 토고의 수도, 로메에서 벌어졌다. 산 전체가 수많은 사람들로 가득 찼고, 그들은 모두 예수님을 구주로 영접하였다. 인구 43만 5천 명의 시에서 단 한 번의 집회에 20만이나 되는 인파가 몰려들었다.

    물론 이는 매우 흥분되는 일임에 틀림없다. 하지만 어떻게 하면 전 세계가 이렇듯 효과적으로 전도되는 것을 볼 수 있을까? 주님께서는 그것이 가능하다고 보신 것이 분명하다. 주님은 우리에게 "모든 족속으로 제자를 삼아"(마 28:19)라고 명령하셨다. 모든 족속이라! 나는 하나님께서 인류를 위한 전도에 큰 계획을 가지고 계시다고 확신한다.

    나는 거듭해서 말씀으로 돌아가 이 일을 이해하려고 주님께서 내 눈을 열어 주시도록 기도했다. 한번은 익숙한 말씀 구절을 접하게 되었다. 하나님의 영이 나에게 임해 그 진리의 구절이 내 영혼에서 폭발한 것이다. 그것은 구약 선지자였던 에스겔에 의해 쓰여진 말씀이었다.

에스겔은 예수님이 태어나기 500년도 더 이전 바벨론의 유대인 포로였다. 하나님은 종종 그에게 환상을 통해 말씀하시곤 했다. 그것들이 그의 책에 기록된 것으로, 이런 말씀도 거기에 있는 것이다. "하나님의 이상 중에 나를 데리고 그 땅에 이르러 나를 극히 높은 산 위에 내려 놓으시는데"(겔 40:2). 그 환상 중에 "모양이 놋 같이 빛난 사람 하나가 손에 삼줄과 척량하는 장대를 가지고" 있었다. 에스겔은 이 사람이 예루살렘 산 위에서 새 성전을 측량하고 있는 것을 보았다. 그곳이 언젠가 예수님께서 하나님께 예배드릴 곳이었다.

성전을 측량하고 에스겔에게 그곳에 있어야 할 물건들과 율법과 실제 제물들과 예배에 관해 지시하고 난 후 그 사람은 에스겔을 다시 동쪽으로 향한 성전의 문으로 데리고 간다. "그 문지방 밑에서 물이 나와서 동으로 흐르다가 전 우편 제단 남편으로 흘러 내리더라"(겔 47:1). 에스겔은 다시 북쪽 문의 바깥으로 이끌리어 요단 강을 향한 바깥 길에 이르렀다. 거기서 에스겔은 성전의 오른쪽에서 흘러나오고 있는 물을 보았다. 에스겔 47장 3-7절을 함께 읽어보자.

"그 사람이 손에 줄을 잡고 동으로 나아가며 일천척을 척량한 후에 나로 그 물을 건너게 하시니 물이 발목에 오르더니 다시 일천척을 척량하고 나로 물을 건너게 하시니 물이 무릎에 오르고 다시 일천척을 척량하고 나로 물을 건너게 하시니 물이 허리에 오르고 다시 일천척을 척량하시니 물이 내가 건너지 못할 강이 된지라 그 물이 창일하여 헤엄할 물이요 사람이 능히 건너지 못할 강이더라 그가 내게 이르시되 인자야 네가 이것을 보았느냐 하시고 나를 인도하여 강 가로 돌아가게 하시기로 내가 돌아간즉 강 좌우편에 나무가 심히 많더라."

이 구절의 첫 부분에서 에스겔은 마른 땅에서부터 영광의 강물로 가게 된다. 많은 사람들이 이것이 성령의 생수가 흐르는 장면이라는 것에 동의한다. 굉장한 경험이리라! 차가운 종교의 건조함과 무생명에서 소용돌이치는 성령의 실존으로 가게 되었다. 구원의 이런 측면을 알게 된다는 것은 그 얼마나 큰 감동인가! 이런 감격은 특별하고 이해할 수 없는 것이다. 카리스마파가 전 세계에서 계속해서 성장하고 있는 것도 놀랄 일은 아니다.

이 놀라운 환상에서 하나님은 나에게 우리가 영적으로 침체되길 바라지 않는다면 반드시 알아야 할 중요한 숨은 교훈을 보여 주셨다.

발목 깊이는 하나님의 최소이다

주의 깊게 천 규빗을 4번을 재는 천사는 하나님의 사람을 단계적으로 이끌었다. 첫 번째 단계는 '발목 깊이'의 물로 데려가는 것이었다.

성령의 권능과의 직접적인 접촉은 절대적으로 놀라운 경험이지만 '발목 깊이'는 하나님으로서는 최소임을 잊지 말아야 한다! 많은 그리스도인들이 이정도 깊이에 자리를 잡아 버린 듯한 것은 비극이다. 주차하려는 차량을 따라가 봐야 어디에도 갈 수 없다는 충고는 현명한 것이다. 주차하려는 목사나 교인을 따르지 말라. 이는 하나님의 최소에 안주하지 말라는 뜻이다. 자신의 경험을 발목 깊이도 안 되는 사람들과 비교할 수는 있겠지만, 그런 얕은 물과 당신의 위치를 비교할

> 주차하려는 차량을 따라가 봐야 어디에도 갈 수 없다는 충고는 현명한 것이다. 주차하려는 목사나 교인을 따르지 말라. 하나님의 최소에 안주하지 말라.

것이 아니라 당신이 도달할 수 있는 깊이의 물과 비교하도록 하라. 하나님 안에서 큰 잠재력을 가진 많은 사람들이 유아 풀장에서 나오지 않고 있다.

한번은 성령 세례를 믿지 않는 사람들의 기도 모임에서 설교를 해달라고 초청받은 적이 있었다. 나는 최선을 다했으나 무척 어려웠다. 그 사람들은 그저 눈만 껌벅이며 아무 말도 없이 그 자리에 앉아 나를 쳐다볼 뿐이었다. 기도를 조금 했으나 그저 그것뿐이었다. 나는 그 모임을 나서며 이렇게 결론지었다. "3인치 깊이의 물에서 수영하기란 힘들구나." 불행히도 이는 많은 그리스도인들의 상태이기도 하다. 그들은 첨벙거리기는 하지만 진전이 없다. 그 이유는 단지 바닥에 발이 닿아 있기 때문이다. 일이 온통 힘들고 지치기만 하는 것도 무리는 아니다.

찰스 스펄전(Charles Haddon Spurgeon)은 이렇게 쓰고 있다. '일부 그리스도인들은 자신의 배를 너무 낮은 영의 강에 띄웠기 때문에, 그 배는 천국으로 가는 내내 밀물에 의해 움직여지지 않고 자갈이 깔린 바닥을 긁고 간다.'

이런 악몽은 피해야 한다.

좌절한 일꾼들이 많다. 그들은 뼈가 보이도록 일할 정도로 헌신되어 있다. 하지만 별로 달라지는 것이 없다. 왜 그런가? 왜냐하면 그저 물가에서만 노를 젓고 있기 때문이다. 이들은 "네 스스로 해라"라는 신념을 가진 사람들이다. 그들은 자신이 아는 한도 내에서 최선을 다하고 난 다음에 '기도로 물을' 준다. 이들은 누가복음 5장 4절에서 깊은 곳으로 나아가라는 예수님의 지시를 따르지 않았다. 예수님은 지금도 물가에 서서 우리에게 얕은 물을 떠나 깊은 곳으로 나아가라고 손짓하신다. 누가 그럴 용기를 가졌는가?

> 그리스도인의 성공은 성령충만에 있다!

오순절의 방법은 무엇인가? 예수님께서는 우리가 예수님 자신보다 더 위대한 일을 할 것이라고 말씀하시면서 우리에게 성령을 보내주실 것을 약속하셨다(요 14:12-17). 이는 그분이 그 일을 하실 것이라는 뜻이다. 주님은 우리에게 쥐어짜야 나오는 치약 같은 영적인 생존만 가능할 정도의 능력을 건네주시지 않았다. 보통 그리스도인의 삶은 이러하다. "저는 시냇가에 심은 나무가 시절을 좇아 과실을 맺으며 그 잎사귀가 마르지 아니함 같으니"(시 1:3).

나는 이렇게 소리 질러 말한다. 그리스도인의 성공은 성령충만에 있다! 할렐루야! 하나님의 은혜로 나는 그 비밀을 보았다. 성령의 깊은 물로 들어가는 것이다. 일단 그 물길을 타게 되면 당신은 즉시 변화될 것이다.

하나님의 개인적인 접근법

에스겔의 이 장면을 그려볼 때에 나는 그 측량하는 잣대를 가진 사람이 왜 에스겔을 한 번에 천 규빗씩 4단계에 걸쳐 데리고 갔는지가 궁금했다. 하나님이 말씀하시면 나는 뛰어오를 그런 사람이다. 그런데 왜 한 번에 4천 규빗의 점프를 택하지 않았을까? 성령은 이 영적인 수영 강의를 가르쳐 주셨다.

하나님 아버지는 그 자녀에 대한 이해가 깊으신 분이다. 그분은 우리를 한 번에 '깊은 끝까지 던져' 버리지 않으신다. 영적 성장과 성숙에는 시간이 걸린다. 그분의 일은 개인에 대한 사랑이다. 천사는 먼저 '측량' 하고 난 다음 움직이도록 지시를 받았다. 그와 같은 방법으로 우리를 축복하시는 주님은 우리의 개인적인 능력도 측량하시고 우리를 이끄신다. 에스겔이 한 번 갈 때마다 4천 규빗을 이끌려 갔다면 그는 아마 물에 빠져 버렸을 것이다. 하지만 4단계로 나뉘어 깊은 물에 들어갔기 때문에 전진할 수 있었다.

주님은 우리를 온유하게 다루신다. 그분은 우리가 전진하기를 원하시지만 성급하게 몰아가시지는 않는다. 그렇기에 우리는 겁을 집어먹거나 머리만 뜨거워지지 않는 것이다!

수영을 배우다

성경의 이 말씀을 생각하고 있던 어느 날 하나님이 내게 말씀하셨다. "수영한다는 것이 무슨 뜻인지 알고 있느냐?" 글쎄, 나는 수영에는 자신이 있었기 때문에 알고 있다고 생각했다. 하지만 진짜 알고 있었을까? 성령은 내가 전에는 생각지도 못했던 어떤 것을 보도록 인도하셨다. 그분은 말씀하셨다. "수영을 할 때에 너는 다른 환경 속으로 들어가게 된다. 새로운 법칙이 작동되는 것이다. 이때 너는 강물에 네 자신을 온전히 맡겨야 한다. 그러면 그 물이 너를 데려갈 것이다."

나는 이제는 안다. 나는 성령 안에서 수영하고 있다. 성령의 물은 나를 실어간다. 성

> 나는 성령 안에서 수영하고 있다. 그의 물은 나를 실어간다. 성령이 나를 들어올린다. 수영은 당신의 발에서 무게를 없애 준다. 그것은 당신의 등에는 휴식을 그리고 관절에는 휴가를 줄 것이다. 일은 그분이 하신다.

령이 나를 들어올린다. 수영은 당신의 발에서 무게를 없애 준다. 그것은 당신의 등에는 휴식을 그리고 관절에는 휴가를 줄 것이다. 일은 그분이 하신다.

그렇다면 진짜 문제는 무엇인가? 진짜 문제는 당신이 당신 자신의 힘과 능력을 의지하고, 당신의 자아에 의존하는 것이다. 당신은 가슴으로 당신을 품을 수 있는 그 강을 옆에 두고도 강둑을 따라 터덜터덜 걸어간다.

하나님께서 인간을 위해 일하고자 하실 때에도 하나님을 위해 일하고 있는 사람들이 많다. 그분은 우리가 그분을 위해 죽을 만큼 열심히 일하기를 원치 않으신다. 언젠가 한 사람의 묘비명에 이렇게 써 있는 것을 보았다. '그의 인생은 오직 일이었다.' 나는 '이건 사람의 묘비명이 아니라 당나귀의 묘비명이군' 이라고 생각했다.

하나님은 우리가 짐을 지는 동물이나 일하는 로봇이 되게 하지 않으셨다. 그분은 원하셨다면 짐마차를 끌 말들을 얼마든지 창조하셨을 것이다. 하지만 주님께서 당신과 나를 생각하셨을 때에는 노예와는 다른 무엇인가를 마음속에 두고 계셨다. 우리의 아버지께서는 식탁에서 교제와 만찬을 즐기며 그 자녀들과 함께 그분이 가진 모든 것을 나눌 아들과 딸들을 원하셨다. "내 것이 다 네 것이로다"(눅 15:31).

이제는 그리스도인의 삶의 부정적인 이미지를 바꿔야 할 때이다. 그리스도인이 된다는 것은 그저 고개를 숙이는 것이라고 느끼고 있는가? 당신은 절대 좋은 사람이 아니라고 느끼고 있는가? 당신은 자신이 생활 속에서 기도나 봉사, 사랑이 부족하거나 혹은 성경을 잘 모른다고 느끼고 있다. 성령에 의해 태동된 영광의 강 속에 있을 수 있는 데도 불구하고 당신은 의무감에 휩싸여 있다. 물속에 있으면 얼마든지 떠 있을 수 있다. 하나님 안에서 당신은 단순한 승리자 그 이상이 된다.

우리는 종종 감옥에서 통치자로 탈바꿈한 요셉과 같다. 그것이 모든 성경을 통해 보여 주시는 하나님의 원칙이다. 우리는 견디기만 해야 하는 것이 아니라 기독교의 삶을 즐기도록 해야 한다. 나는 하나님이 나에게 주시기 원하시는 것의 겨우 5퍼센트만을 관리하면서 천국에 있기를 바라지는 않는다. 그럴 만한 가치가 없다. 나는 95퍼센트에 관심이 있다. 우리는 하나님의 마음과 소명을 이해해야 한다. 그분이 에스겔을 최소에서 최대로 이끄셨던 것처럼 그분은 우리가 허락만 한다면 우리도 인도하실 것이다.

생명의 강

성경은 바다에 관해서는 별 말이 없다. 바울은 파선을 당했었고 요나는 하나님의 부름에서 도피하기 위해 바다로 달려갔지만, 일반적으로 말해서 성경은 항해 서적이 아니다. 요한계시록 21장 1절에는 이렇게 진술하고 있다. "바다도 다시 있지 않더라."

성경에서 바다는 인류 전체와 악인들과 그들이 어떻게 살았는지에 관해 보여 주는 그림이다. 이사야는 이렇게 썼다. "악인은 능히 안정치 못하고 그 물이 진흙과 더러운 것을 늘 솟쳐내는 요동하는 바다와 같으니라"(사 57:20). 오늘날 우리가 보는 바다는 생활 쓰레기, 오염된 주사 바늘과 아기 종이 기저귀와 버려진 양주병들로 가득하여 파도에 밀려온 그 쓰레기들을 해변으로 밀어내는 바다이다. 그리고 그

물은 우리가 먹는 물고기들을 죽이거나 변종을 만들어 낼 만큼 강한 산업 화학물질로 가득하다. 이 오염된 물이 날마다 반복하여 오고 가면서 우리가 숨겨놓았다고 생각하는 쓰레기들을 다시 파도에 실어 나른다.

반면, 성경에는 강에 관한 언급이 많다. 요한계시록 22장 1절은 "수정 같이 맑은 생명수의 강을 내게 보이니 하나님과 및 어린 양의 보좌로부터 나서"라고 한다. 강은 흐른다. 그 물은 결코 같은 물이 아니라 계속해서 신선한 물이 흐른다.

능력의 강

에스겔은 환상 중에 깊은 물을 헤엄쳤다. 이 비밀을 알게 된 사람들은 모두 자신의 삶과 사역이 변화될 것이다. 몇 년 전 복음 사역에 대해 좌절한 한 목사님이 나를 찾아왔다. 그는 방금 정신과 의사를 만나고 왔으며 더 이상 교인이 50명인 교회의 짐을 질 수 없다고 말했다. 그 짐이 그에게는 너무 무거웠다.

"성령 세례를 받으셨나요?" 내가 물었다. "아니요." 그가 대답했다. "우리 교단은 성령 세례를 믿지 않아요."

하나님의 최대란 실제로 무엇인가? 내가 하나님의 최대에 도달했다는 주장을 하는 것은 아니다. 하지만 분명 그 과도기에 있다! 나는 "믿음으로 믿음에" 이르며 "영광으로 영광에" 이르는 바울과 같다(롬 1:17, 고후 3:18). 이것이 성령적인 진보이다.

신비로운 일

하나님은 아침마다 새로운 것을 예비하신다. 에스겔은 헤엄을 쳐서 강둑으로 되돌아왔지만 이는 신약의 서술에서 자주 사용된 점강법(Anti - Climax : 문체가 차츰 약해지는 표현법 - 역자주)이 아니다. 왜냐하면 그는 성령으로 충만해졌기 때문이다. 이처럼 일단 강 안에 있으면 강이 우리 안에 있게 되기 때문에 이 '생수의 강물' 이 우리 가슴속에서 용솟음칠 것이다.

이 경험으로 선지자 에스겔은 변화되었다. 그는 강둑에 올라 놀라서 바라보았다. "강 좌우편에 나무가 심히 많더라"(겔 47:7). 그가 강에 들어갈 때에는 없었던 무엇인가를 그는 보았다. 나무들이었다! 이것이 이 장에서의 위대한 진리이다. 즉, 하나님이 하나님의 강에서 에스겔을 변화시키시는 동안 에스겔 주변의 전체적인 조망도 바꿔놓으신 것이다. 이처럼 기름부음받은 자와 기름부음받은 교회와 함께 상황들도 변한다.

> 하나님이 하나님의 강에서 에스겔을 변화시키시는 동안 에스겔 주변의 전체적인 조망도 바꿔놓으신 것이다. 이처럼 기름부음받은 자와 기름부음받은 교회와 함께 상황들도 변한다.

나는 에스겔이 육체적으로 이스라엘에 있었고 그곳에 나무를 심으려고 노력을 하며 눈물로 물을 주었지만 나무 심기에 실패했을 것이라고 상상한다. 하지만 하나님께서는 인간들은 수년이 걸려도 할 수 없는 일을 잠깐 사이에 해내실 수 있다는 것을 에스겔에게 보여주셨다. 이것이 오늘 우리의 신앙이다! "이는 힘으로 되지 아니하며 능으로 되지아니하고 오직 나의 신으로 되느니라"(슥 4:6).

성령 안에서 성령과 함께 흘러가는 사람들은 매일 경탄하게 될 이유를 가진다. 하나님은 기적을 행하실 것이다. 그러므로 하나님을 찬양하라. 하나님 안에서는 어떤 것도 줄어들지 않는다. 모든 것이 날마다 더욱 놀랍게 될 것이다.

거룩한 에너지

주목할 만한 사항 한 가지가 더 있다. 그 나무들은 이미 잘 익은 열매를 맺고 있었다. 에스겔이 성령의 강의 깊이를 발견하는 동안 하나님은 지체치 않으시고 나무들을 심고 기르셨다. 그분은 시간의 창조주이시기에 그분이 원하시면 기간도 단축하실 수 있으시다. "그 실과는 먹을 만하고"라고 하시는 말씀을 12절에서 읽는다. 그것은 마치 그 과일이 그를 내려다 보고, "에스겔아, 이리로 오라. 네 스스로 요리할 필요가 없다. 하나님이 너를 위해 식탁을 차려놓으셨다. 부엌을 더 이상 어지럽히지 말라! 영양을 고루 갖춘 식사가 너를 기다리고 있다!"라고 부르는 것 같았다.

얼마나 놀라운 일인가! 갑자기 하나님의 사람은 성령의 동반자가 되었으며, 지금도 그러하다. 머리에서 김이 날 정도로 고민할 필요가 없다. 더 이상 어두운 곳에서 더듬거리지 않아도 된다. 이것이 인생의 경이이며 성령 안에서의 목회이다. 이것이 우리가 주님을 위해 세상을 얻을 방법이다. 성령 전도는 하나님을 위해 우리 세대를 얻게 한다! 그것은 성령의 촉구하심에 우리가 순종하고 그분의 인도를 따라 깊은 수영을 할 만한 곳으로 나아갈 때 시작된다.

우리의 영역

어떤 그리스도인들은 언제나 '광야에' 있다. 그들은 깊은 한숨을 내쉬며 이렇게 말한다. "나는 다른 광야의 경험을 하고 있어요." 성령의 강에 있지 않은 그리스도인은 그 본연에서 벗어나 있다. 그는 물을 벗어난 물고기와 같다. 우리는 비록 하나님께서 강물이 흐르는 땅을 약속하셨지만 40년 동안 광야생활을 했던 이스라엘 민족처럼 사막의 거주자가 되도록 부름받지 않았다. 그리스도는 신자들에게 예외가 아니라 자연적 환경의 일부인 강물을 약속하셨다.

우리는 강둑에 앉아서 강물이 흘러가는 모습을 넋 놓고 바라보는 사람이 아니라 강 안에 있는 사람이 되어야 한다. 사람들은 자신의 상황에서는 승리하는 신자의 삶을 살 수가 없다고 자주 말한다. 아프리카의 한 청년은 그의 조부모와 부모들이 모두 주술사이기 때문에 그곳에서 예수님과 함께 살기가 불가능하다고 말했다. 성령이 계시지 않는다면 어느 누구도 이런 죄 많은 세상 어디에서도 승리의 삶을 살 수는 없다. 우리가 어디를 가든지 그분이 계신다. 우리는 그분과 함께 움직이며 그분과 함께 산다(행 17:28). 그는 우리를 둘러싸고 영향을 주시는 분이시다. 우리는 그리스도를 닮아가도록 세례를 받는다. 우리는 하루면 말라버릴 작은 풀장이 아니라 하나님의 강에서 수영을 한다.

이런 의문이 생길 수도 있다. "사람이 달에서 살 수 있나요?" 그에 대한 답은 '아니오'와 '네'가 동시에 가능하다. 사람은 있는 그대로는 달에서 살 수 없다. 하지만 적절한 우주복을 입고 달에 도착한다면 그곳에 잠시는 머물 수 있을 것이다. 우주복은 지구에서와 같은

아프리카 사역

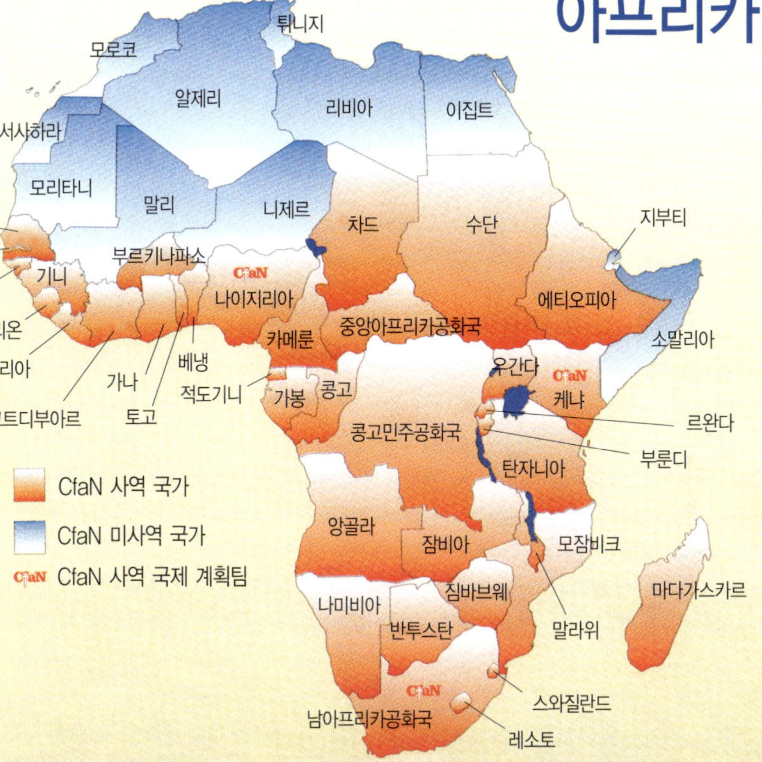

애니 & 라인하르트 본케 부부와 CfaN 국제 계획팀

▲ 모든 우상과 인간의 뼈까지 공식적으로 불태웠다.

▼ 그녀는 열 달 동안 마비되었었지만 이제는 걸을 수 있다.

아이를 갖지 못했던 이 남자의 부인은 1987년 집회에서 기도받은 후 이 아름다운 소녀를 얻었다.

컨퍼런스에 참가한 8,000명의 사람들이 하나님의 말씀을 듣고 있다.

주변 지역에서 사람들이 300대의 버스를 타고 왔다.

수단의 수도인 하르툼에서 열린 부활절 축제에 최소 210,000명의 사람들이 참석했다.

하나님을 찬양하라!
이 소녀는 생전 처음으로 듣고 말하게 되었다!

나아지리아의 라고스에

하나님의 말씀이...

한 번의 집회에 1,600,000명의 사람들이 참석했다.
그리고 6일간 계속된 집회에서 4,000,000명의 사람들이
예수 그리스도를 믿기로 결심했다.

30,000여 명의 목사들이 컨퍼런스에 참석했다.

사람들은 이 CfaN 컨테이너 위에서도 예배를 드렸다.
「이제 당신은 구원받았다」(Now that You are Saved)라는
책 4만부가 참가자들에게 나누어졌다.
68세인 이 노인은 암을 고침받았다.
◀ 컨퍼런스에 참석한 모든 사람들이
「믿음」(FAITH)이라는 책을 선물로 받았다.

시에라리온의 프리타운

나이지리아의 이바단

1,300,000명 이상의 사람들이 모여
하나님의 말씀을 들었다.

라고스 집회 때 기도를 받은 후 믿음을 갖게 된
비넷 아이예그수시(Binat Aiyegsusi)부인과 그녀의 아이

구원의 능력

컨퍼런스에 참석한 74,000명의 사람들

시력이 회복되어 기쁨으로 가득한
매튜 코라윌(Matthew kolawole) 씨

6일 동안 열린 집회에서
1,100,000명 이상의 사람들이
예수 그리스도를 믿기로 결심했다.

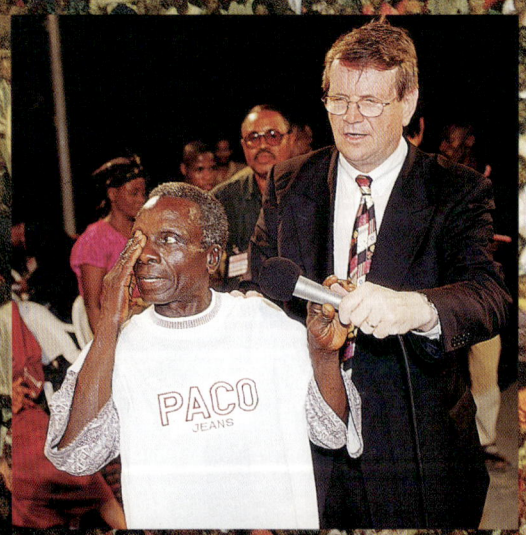

이 남자는 고침받아 완전히 볼 수 있게 된 것을 간증하고 있다.

이제 그는 목발 없이도 걸을 수 있게 되었다.

잠비아 대통령
프레드릭 칠루바(Fredrick Chiluba)

케냐 대통령
다니엘 아랍 모이(Daniel T. arap Moi)

감비아 대통령
야햐 자메(Yahya Jammeh)

베냉 대통령
마티유 케레쿠
(Mathieu Kerekou)

"또 너희가 나를 인하여 총독들과 임금들 앞에 끌려 가리니 이는 저희와 이방인들에게 증거가 되게 하려 하심이라"(마 10:18).

나이지리아 대통령 올루세군 오바산조
(Olusegun Obasanjo)

말라위 대통령 바킬리 물루지
(Bakili Muluzi)

부르키나파소 대통령 블레즈 콤파오레
(Blaise Comparoé)

레소토 국왕 레트시에 3세(Letsie III)

공기를 공급한다. 이런 우주복을 입은 우주인은 달의 표면에서 걷고 뛰고 달릴 수 있다.

당신이 성령 안에 있지 않는 한 성공적인 그리스도인의 삶을 기대할 수는 없다. 왜냐하면 그것이 하나님께서 당신이 살도록 마련해 놓으신 방법이기 때문이다. 중요한 사실은 우리가 어디에 있든 우리는 성령 안에 있을 수 있다는 것이다. 지옥의 음험한 숨결이 느껴지는 최악의 장소에 있더라도 우리 자신은 하나님 안에서 감싸여져서 천국의 공기를 마실 수 있다. "지존자의 은밀한 곳에 거하는 자는 전능하신 자의 그늘 아래 거하리로다"(시 91:1). 그분은 어떤 경우에라도 우리가 거주할 곳이다.

성령 안에 있을 때 우리는 불안하지 않고 정복당하지 않으며 승리에서 승리로 이어질 것이며, 우리의 인생은 하나님 안에 계신 그리스도와 함께할 것이다. 내가 아는 유일한 성공의 공식은 성령 안에서 움직이는 사람, 성령 안에서 움직이는 교회, 성령 안에서 움직이는 일꾼들과 복음 전도자들, 목사들과 교사들, 바로 이것뿐이다. 우리는 하나님의 영 안에서 예수님을 위해 세상을 얻을 수 있다.

10장
_ 열정의 힘

"그리스도의 사랑이 우리를 강권하시는도다"(고후 5:14).

사랑의 법칙

법은 예수님의 입에서 사랑이 된다. 하나님이 시내 광야의 호렙산에서 돌판에 새겨 주신 십계명의 처음이자 모든 것이 예수님에게는 이렇게 집약되었다.

"예수께서 가라사대 네 마음을 다하고 목숨을 다하고 뜻을 다하여 주 너의 하나님을 사랑하라 하셨으니 이것이 크고 첫째 되는 계명이요 둘째는 그와 같으니 네 이웃을 네 몸과 같이 사랑하라 하셨으니"(마 22:37-39).

시내 광야의 목소리는 간절하였으나 이스라엘은 시작부터 하나님을 오해하였다. 호렙은 전능자의 엄숙한 무게 아래 진동했다. 강력한 임재의 장면이었지만 그것은 열정의 힘이었다(출 19:16-19).

사랑의 권리

그 말씀으로 돌을 태우시는 하나님은 진정 어떤 분이신가? 그분은 자신을 밝히시며 자신의 권리를 명령으로 지키도록 하셨다. 그분은 사랑의 권리를 가지고 계신다.

"나는 너를 애굽 땅, 종 되었던 집에서 인도하여 낸 너의 하나님 여호와로라"(출 20:2).

바로 그런 분이시다! 그의 법칙은 사랑의 법칙이다. "소멸하시는 불"이신 하나님은 또한 연민으로 소멸하는 불이시기도 하다(신 4:24). 그분은 감사치 않는 노예 무리들을 종의 신분에서 구원하기 위해 내려오셨다. 그분은 이스라엘에게 나라를 주고 새로운 국가를 건설하도록 하셨다. 그러한 책무는 그분 편에는 지치지 않는 대단한 인내를 요구한다.

사랑의 이미지

나는 종종 하나님이 인간을 만드셨을 때 천사들과 함께 그분의 생각을 나누지 않았을까 상상한다. 그러셨다면 지혜의 그 영들이 망설이지 않았을까? "그렇게 연약한 육신의 피조물을?"이라고 천사들은 아마 회의적이었을 것이다. "루시퍼(반역 천사장 - 역자주)가 그들을 우롱하지 않을까? 그 마귀와 그 무리들이 그들을 파멸시키기 위해 계략을 꾸미지 않을까?"

모든 지혜의 하나님은 무슨 일이 일어날지 알고 계셨다. 인간에게서 태어난 첫 사람은 그의 형제를 살해할 것이다. 하지만 하나님은 최종 전략을 가지고 계셨다. 그것은 하와에게서 시작하여 모든 여인들에게 이어질 것이었다. 그들의 본능은 미리 프로그램되어 있었다. 여성들의 본성 안에는 어머니의 마음이 심겨질 것이고, 사람의 가장 순수한 형태이며, 결코 보답을 바라지 않는 애정이 형성될 것이다. 그것은 가족을 통해 걸러져서 표준을 설정하게 될 것이다. 그러면 하나님의 위대한 비밀 계획이 이스라엘의 고난을 통해 서서히 펼쳐질 것이다. 그것은 마침내 하나님의 가슴에서 난 아들에 이르러 모습을 드러낼 것이었다.

"하나님이 세상을 이처럼 사랑하사 독생자를 주셨으니" (요 3:16).

> 인간에게 있는 하나님의 이미지는 죄의 폭풍우가 물을 뒤엎고 그 영상이 뒤틀리기 전까지는 사랑의 이미지이다. 하지만 하나님은 만홀히 여김을 받지 않으셨다. 하나님은 모든 사람들을 위해 가지고 있던 모든 것을 투자하셨다.

인간에게 있는 하나님의 이미지는 죄의 폭풍우가 물을 뒤엎고 그 영상이 뒤틀리기 전까지는 사랑의 이미지이다. 하지만 하나님은 만홀히 여김을 받지 않으셨다. 하나님은 모든 사람들을 위해 가지고 있던 모든 것을 투자하셨다. 복음은 인간의 귀를 축복하였다. 복음은 그분의 마음이며, 피조물을 위해 고민하신 그분의 염려를 보여 준다.

우리를 위해 그리고 우리에게

전도는 그분의 복음을 통해 우리를 사랑하시는 하나님이라는 한

문장으로 정리된다. 선포되는 모든 메시지는 사랑의 날개를 달아야 한다. 우리는 하나님이 나누어 주신 사랑으로 사람들을 사랑한다. 시대를 통해 열정으로 살던 사람들이 온 종족과 민족에게 그리스도와 그의 구원

> 인간 영혼에 있는 하나님의 사랑은 인간의 동기보다 백배 이상 멋지고 고결하다.

을 선포하기 위해 죽었다. 같은 성스러운 힘으로 인간의 가장 멋진 작품인 교회, 자선 단체, 병원, 고아원, 문명이 생겨났다. 인간 영혼에 있는 하나님의 사랑은 인간의 동기보다 백배 이상 멋지고 고결하다.

하나님의 임재가 호렙산을 떠나자 뭐가 남았던가? 처음 답은 출애굽기 21장 5-6절, 노예제도에 관한 다른 사랑의 법에서 찾을 수 있다. 노예는 신분도, 권리도 전혀 없지만, 일정 기간의 노예 기간을 채우면 주인을 떠날 권리를 가지고 있었다. 하지만 노예가 결혼을 한다면 주인과의 계약 기간이 끝나더라도 법적으로 아내를 데려갈 수는 없었다. 그는 영구적인 노예 신분으로 그의 주인의 밑에서 살 때에만 아내를 데리고 있을 수 있었다.

게다가 주인과 있겠다고 결정한 노예는 그의 복종의 외적 표식을 하기 위해 고통의 절차를 견뎌야 했다. 거기에는 이런 의식이 치러졌다. 주인은 노예를 집의 현관문으로 데려와서 그의 귓불을 출입문 문지방에 대고 대못을 박았다. 즉각 못은 제거되지만 남은 흉터는 그 남자가 주인과 사는 것을 선택했다는 외면적인 상징이 되었다. 그 흉터는 그의 귀와 문, 두 군데에 남게 되었다. 마치, "나는 아내를 사랑하여 나 자신을 그녀에게 준다"라고 말하는 것 같다.

하나님의 사랑의 서사시

그 노예는 하나님이 인류에 대해 가지신 사랑의 사건을 비유한 것이다. 예수님도 그의 신부이자 그분의 몸인 당신과 나를 구속하기 위해 손과 발에 못 박히셨다(고전 12:27, 엡 5:25-27). 우주의 위대한 왕이 자신을 낮추어 우리를 위해 노예가 되셨다. 그리스도는 그 자신을 우리를 위해 주셨다. 하나님은 사랑이시다. 모든 것이 그 사랑을 위함이다. 우리가 태어난 이유는 사랑하고 사랑받기 위해서이다. 모든 사랑들 중에서 하나님의 그 사랑을 아는 것이 모든 비밀 중의 비밀이다. 그 비밀을 알면 당신은 인생의 의미에 대한 해답을 가지고 있는 것이다. 사랑 없는 복음은 모순이다. 물 없는 바다요, 빛이 없는 태양이며, 달지 않은 꿀이고, 속 없는 빵이다. 그 복음은 우리를 위한 하나님의 무한한 사랑의 표현일 뿐, 그 이상은 아니다.

창세기에서 요한계시록에 이르기까지 사랑의 서사시는 영원에서 영원으로 움직인다. "내가 무궁한 사랑으로 너를 사랑하는고로"(렘 31:3). 호세아는 하나님의 외침을 들었다. 이스라엘은 마침내 그들의 오랜 역사의 밤으로 들어가 버렸다. 호세아는 성스러운 고뇌의 메아리를 알도록 허락되었다. "에브라임이여 내가 어찌 너를 놓겠느냐 이스라엘이여 내가 어찌 너를 버리겠느냐"(호 11:8).

예수님은 오직 아버지가 하시는 일만 하신다고 말씀하셨다. 예수님께서 병든 자를 고치시거나 다른 일을 행하실 때 우리에게 주신 유일한 설명은 언제나 같았다. 그분의 긍휼이었다. 사랑은 부활한다. 사실, 우주의 법칙은 사랑이다.

사랑의 나이아가라 폭포

나는 어떤 천사도 하나님께 왜 우리와 같은 존재를 창조하시고 악을 선택하여 그분의 마음을 찢어 놓을 자유를 주셨을까 물어보았을 것이라고는 생각지 않는다. 천사들은 그런 문제를 알아보기를 갈망할 것이다. 예수님은 그분의 고통에도 불구하고 자신을 사랑의 나이아가라 폭포에 쏟으셔야 했다. 게다가 그럴 만한 자격도 없는 자들에게 그런 사랑을 베푸는 것보다 더 선한 것이 있을까? 이것이 하나님께서 "사랑하시는 자 안에서 우리에게 거저 주시는바"(엡 1:6)이다.

지옥은 끔찍하고 불가사의한 곳이다. 우리의 취미생활을 위해 주어진 곳이 아니다. 그렇다면 우리는 왜 죄인들의 운명에 관해 들어야 할까? 그 이유는 우리의 가장 깊은 동정심을 불러일으켜 조심 없는 사람들을 걱정하여 경고하도록 우리를 독려하기 위해서 지옥에 관한 정보를 주는 것이다.

하나님 얼굴에 드러난 사랑의 표현

예수님은 성경 안에서 그 어느 누구보다 지옥에 관한 말씀을 더 많이 하셨다. 그리고 사실 성경에서 이야기한 지옥에 관한 거의 모든 말들은 그분이 하셨던 말씀이다. 나는 예수님께서 지옥에 관해서 어떻게 말씀하셨을 것인지 들어보고 싶다. 그분이 "화 있을찐저…"라고 바리새인에게 말씀하셨을 때 어떤 모습을 하셨을까? 그분의 목소리 톤은 어떠했고, 그 눈의 눈빛은 어떠했으며, 피조물에 대한 고뇌의 몸짓은 어떠하셨을까? 분명 어떤 배우도 그것을 흉내 내지 못할 것이다. 그분의 경고는 끝없이 깊은 신성한 마음에서 솟아나는 것이 었기 때문이다. 우리 마음에 있는 그분의 사랑만이 그분의 경고에 담긴 깊은 긍휼을 우리 목소리에 실어 줄 수 있다.

사랑의 동기

사랑은 하나님의 아들이 우리 중에 오시게 된 동기이다. 성경의 이 익숙한 말들을 보자. "저는 그 앞에 있는 즐거움을 위하여 십자가를 참으사 부끄러움을 개의치 아니하시더니"(히 12:2). 성경을 잘 아는 사람들은 "즐거움을 위하여"에 있는 '위하여' 라는 말을 '대신에' 라고 바꾸는 것이 더 옳다고 한다. 그 뜻은 '기쁨을 찾기 위해' 라는 말이 아니라, '기쁨을 희생하고' 라는 뜻이다. 십자가 후에 예수님은 이미 그분의 소유였던 것만을 되찾으셨다. 예수님은 하나님을 세 번 찬양한 후에 자신의 왕관을 십자가와 맞바꾸셨다.

우리는 다시 요한복음 13장 1절에서 예수님께서 '세상을 떠나' 가실 때가 왔다는 것을 읽을 수 있다. 하지만 그분은 가지 않으셨다. 그분은 수건을 두르고 제자들의 발을 씻기시고 유다가 가서 자신을 배신하게 두셨다. 그는 골고다로 가는 길을 가셨으며 마귀에게 잡힌 모든 자들을 위한 몸값이 되셨다. 그와 같은 절에서 요한은 그 이유를 설명한다. "세상에 있는 자기 사람들을 사랑하시되 끝까지 사랑하시니라." 예수님은 사역을 다 마치지 않으시고는 아버지께로 돌아가지 않으셨다. 그분은 십자가로 가심으로써 사랑이란 단어에 새로운 정의를 내리

> 그분은 십자가로 가심으로써 사랑이란 단어에 새로운 정의를 내리셨다.

셨다. 십자가 이전에, 사랑은 적절한 잣대가 없었다. 그러나 십자가 이후에는 십자가 그 자체가 사랑을 측량할 수 있는 궁극적인 방법이 되었다.

긍휼의 예화

나는 성경의 '긍휼'(Compassion)이란 단어에 매료된다. 이 단어는 하나님과 예수님이 마음속에 있을 때에만 사용되는 독특한 말이다. 이는 '가난한 자를 향한 감정'을 뜻한다. 다음은 긍휼이 사용된 한 예이다.

예전에 한 아버지가 있었다. 그는 날마다 길을 내다보면서 기다리고 또 기다렸다(눅 15:11-32). 그의 단 둘뿐인 아들 중 하나가 집을 떠나 먼 외국에서 지내고 있었던 것이다. 그 아버지는 천국의 우리 하나님 아버지의 표상이다. 그 아버지는 매일같이 멀리 있는 언덕을 내다보며 오늘은 아들이 나타나지 않을까 하고 기다린다. 그리고 바로 그 때가 오자 그 아버지는 달리고 또 달렸다!

나는 그 아버지가 그 이전에는 달리지 않고 그냥 가만히 있었을까 생각해 보았다. 하지만 사랑은 그 아버지로 하여금 아들이 마음을 바꾸어 집으로 돌아오기도 전에 이미 그 아들에게로 달려가도록 했다. 얼마나 놀라운 이야기인가! 예수님 자신의 이야기 외에는 가장 위대한 이야기이다. 이 안에는 여러 가지 교훈이 들어 있다. 예컨대, 그 아들은 돼지들 틈에서 지내다가 가진 옷이라고는 몸에 걸친 그 한 벌 밖에 없는 옷을 돼지우리의 악취가 나는 그대로 입고 집으로 돌아왔다. 하지만 그 아버지는 '목을 안고 입을 맞추었다.' 그 냄새를 모두 받아들인 것이다! 깊은 애정과 긍휼이 밀어내고 싶은 충동을 이기게 하였다.

사랑은 관계를 회복한다

그의 큰아들이 이 씻지도 않은 부랑자와 의절했던 것이 그렇게도 놀랄 일일까? 그는 냉소를 머금고 아버지에게 이렇게 말했다. "당신의 이 아들은…." 그가 들었던 답은 이렇다. "이 네 동생은…." 사랑은 모든 관계를 다시 세운다. 그것이 복음이다. 큰 형은 동생이 돈을 매춘에 낭비했다고 비난하였다. 그러나 그것은 자신의 생각이었다. 그런 말은 언급되지 않았다. 하지만 아버지는 그런 추궁이 사실인지 아닌지를 따져보려 하지 않았다. 그는 아들의 죄가 무엇인지 묻지 않았다. 단지 아들의 입장만을 보았다. 여기 잃어버렸던, 죽었던 아들이 사랑받기 위해 다시 살아왔다. 시간은 걸렸지만 어쨌거나 돌아왔다. 탕자라면 누구나 할 만한 예상되는 행동이다. 그 아버지는 용서할 수 있다. 이것이 회복의 기회를 제공했다. 이것이 '긍휼'이라는 단어를 보여 주는 복음이다.

나는 '긍휼'이라는 단어가 육체적인 반응을 의미한다는 것을 알고 나서는 이 이야기를 더 잘 이해하게 되었다. 그것은 우리가 어떤 감정을 가지게 되면 그 감정이 신체 체계를 통과하여 충격을 받은 대로 내부 장기와 연관이 된다. 우리는 "속이 뒤집힌다"라거나, "심장이 멈춘 것 같다"라는 말을 한다. 이것이 바로 예수님이 사람들을 볼 때 가지셨던 상한 감정을 설명하는 단어이다. 예수님은 긍휼로 마음이 움직이셨다(마 9:36). 그것은 단순히 자선을 베푸는 행위가 아니었다.

위험에서 그 자녀를 구해내는 아버지나 어머니의 저항할 수 없는 본능이었다. 어떤 면에서 예수님은 그 자신을 도울 수도 없으셨지만 돕지도 않으셨다. "저가 남은 구원하였으되 자기는 구원할 수 없도다"(마 27:42).

그것만이 예수님이 우주의 병듦과 인간의 고통의 바다가 삶의 어쩔 수 없는 사실로 받아들여지고, 때로는 질병이 하나님의 심판으로 여겨지는 사실에 마음 아파하셨다는 것을 설명한다. 하나님의 영광과 하나님의 아들되심의 확인과 같은 일들이 그리스도의 병든 자를 기적적으로 치유하심에서 연유한다는 것은 분명 진리이다. 하지만 그것이 예수님께서 병을 고치신 이유는 아니다. 치유의 목적은 치유 그 자체에 있었다. 내가 손가락이 있다는 사실을 증명하기 위해 피아노를 치는 것이 아니다. 물론 그것이 사실이긴 하지만 음악을 좋아하기 때문에 피아노를 치는 것이다. 음악의 목적은 음악이다. 선의 목적은 선이다. 결과는 그저 부수적인 효과에 불과하며 하나님의 본성에 따른 우연일 뿐이다.

예수님께서 그분의 자비를 베푸심으로 얻을 수 있는 것이 무엇일까? 그분은 자신의 이익을 위해서 그런 일들을 하실 필요가 없으셨다. 예수님은 왜 잊혀진 바닷가에 던져진 잡동사니 같은 인간들이 누워 있는 베데스다에 가셨을까? 왜 죽은 자를 만나러 나인성으로 가셔야 했을까? 그분 자신에게는 이익이나 유익의 가능성이 전혀 없었다. 사실 예수님께서는 망해버린 자들에게 위험할 정도로 이끌리셨

> 예수님은 긍휼로 마음이 움직이셨다. 그것은 단순히 자선을 베푸는 행위가 아니었다. 위험에서 그 자녀를 구해내는 아버지나 어머니의 저항할 수 없는 본능이었다.

> 예수님께서는 망해버린 자들에게 위험할 정도로 이끌리셨다. 그것이 결국은 예수님을 잔혹한 죽음으로 몰아갔지만 그것은 고려할 만한 것이 아니었다. 그분은 무슨 일이 있어도 자신의 치유의 손길을 깨어진 인생에게로 가지고 가셨다. 우리는 예수님의 눈에서 긍휼을 읽는다.

다. 그것이 결국은 예수님을 잔혹한 죽음으로 몰아갔지만 그것은 고려할 만한 것이 아니었다. 그분은 무슨 일이 있어도 자신의 치유의 손길을 깨어진 인생에게로 가지고 가셨다. 우리는 목자가 없는 양 같은 무리들을 바라보는 예수님의 눈에서 긍휼을 읽는다. "예수께서 나오사 큰 무리를 보시고 불쌍히 여기사 그 중에 있는 병인을 고쳐 주시니라"(마 14:14).

그리고 나서 예수님은 제자들을 불러 이와 같은 일을 하라고 보내셨다. 긍휼을 보이시던 그분의 사역이 그들의 일이 되었다. 그것은 제자들이 전하는 예수님의 긍휼이었다. 하지만 그들이 그것을 알았을까? 그리고 우리는 느끼고 있는가? 제자들은 자신들에게 능력이 생겨 마귀들이 자신들에게 순종하는 것을 보고는 흥분하여 들뜬 마음으로 돌아왔다(눅 10:17). 그들은 구원받은 자들에 대한 언급을 하지 않을 뿐더러 이제 자유하게 된 귀한 사람들이 구원을 받게 되었다는 만족함에 대한 언급도 없다.

고통당하는 자가 여전히 고통을 당하고 있다면 실망하게 되듯이 예수님도 그러하시다. 사실, 예수님이 그렇게 느끼지 않으셨다면 우리도 그런 감정을 가지지 않을 것이다. 그분은 또한 죄의 결과를 경감시키기 위해 치유하시며, 우리를 구원하신 이유와 동일한 이유로 죄도 용서하신다. 그분은 다른 방법으로는 만족하실 수가 없다. 주님에게 깊은 만족감을 주는 것은 사랑, 보살핌, 구원, 치유이다. 그러나 그분은 그것에서 아무런 다른 것도 취하지 않으신다.

사랑의 용광로

하나님은 소멸하시는 불이시다. 그분은 피조물을 위해 타오르는 용광로인 오직 사랑이시다. 우리가 복음을 전할 때마다 우리도 그러해야 한다. 우리는 기적을 구경하기 위해 치유하는 것이 아니다. 하나님은 공연 산업을 경영하시는 분이 아니시다. 그분은 자신의 이름을 드러내기 위해 세상에 오지 않으셨다. 만약 그러셨다면 그분의 관객은 그를 위한 못을 만들었을 뿐이다.

> 하나님은 소멸하시는 불이시다. 그분은 피조물을 위해 타오르는 용광로인 오직 사랑이시다.

그분은 나무를 만드셨지만 인간은 그 나무들의 우아함을 벗겨내고 예수님을 조롱거리로 만들기 위해 흉한 십자가로 바꾸었다. 그분은 인간을 창조하시고 가룟 유다도 창조하셨다. 그를 매달았던 그 나무와, 그분을 찔렀던 그 쇠와, 그분을 배신했던 유다를 처음부터 그들이 어디에 쓰일지를 완전히 아시면서 만드셨다. 그래도 그분은 자신이 지불해야 할 결과적인 비용이 어떠하든 간에 인간의 유익을 위해 나무를 만드셨고 쇠를 만드셨다.

다함없는 사랑

우리는 그분과 같은 동기를 가져야 한다. 하나님의 사랑이 성령에 의해 우리 마음에 비취었기에 그것이 가능하다. 그분은 우리를 사랑하셔서 우리가 다른 이들을 사랑할 수 있도록 하신다. 우리의 사역 뒤에 어쩌면 불완전한 동기가 있을 수도 있다. 결국 우리의 일은 불로 시험을 받게 될 것이다. 자아를 위한 행위는 사랑의 금과 은과 같은 보석이 되지 않고 지푸라기와 땔감과 그루터기가 될 것이다(고전 3:12-13).

혹시 보여 주기 위해 기적의 힘을 갈망하고 있지는 않은가? 간혹 보여 줄 기회만을 노리는 '마귀적인 사냥꾼'이 있다. 당신은 기도와 위대한 신앙의 사람으로 알려지고자 하는가 아니면 자신의 영성을 드러내고자 하는가? 예수님은 그런 사람들은 이미 자신의 상을 받았다고 말씀하셨다(마 6:2).

사랑에는 이유가 있을 수 없다. 사랑은 궁극적인 것이다. 하나님이 이스라엘에게 말씀하실 때에 그분은 아무런 이유 없이 사랑하신다고 말씀하셨다. 그 사람들이 위대한 민족이기 때문이 아니었다. 그들은 가나안에서 쫓겨난 사람들보다 더 작았다. 하나님은 그 자신의 사랑으로 인하여 이스라엘을 사랑하신다고 말씀하셨다. 사랑의 이유는 사랑이며, 하나님은 사랑이시다(신 7:7-8). 사랑은 하나님이 아니지만 하나님은 사랑이시다.

나는 예수님에게 매료되었다. 그분은 베데스다의 연못에서 한 남자를 고치시고는 가서 자신이 누구인지 말하지 말라고 이르셨다. 그런 치유를 행하셔서 예수님에게 돌아오는 이익은 무엇이었는가? 아무런 영광도 명예도 없었다. 오히려 문제와 박해를 가져올 뿐이었다(요 5장). 그분은 듣지 못하는 자의 손을 붙잡고 마을 밖으로 인도해 내셔서 그분이 기적을 일으키는 것을 아무도 보지 못하도록 하셨다. 그는 보지 못하는 자에게도 이와 같이 하셨다. 그분의 전 사역에 대한 유일한 설명은 그 사람들을 사랑하셨다는 것이다.

깊은 긍휼

그리스도의 사역은 가능하다. 하지만 그분의 긍휼의 깊이까지만이다. 나는 마지막 생각에 잠겼다. 예수님이 나사로의 무덤가에 서셨을 때 눈물을 흘리시게 만든 것은 무엇이었을까? 나는 생각했다. '하지만 분명 예수님은 이것이 가장 위대한 기적이며, 부활이 될 것임을 알고 계셨다. 그분은 사실 빛나는 얼굴을 하셔야 되지 않았을까?' 하지만 우리가 성경에서 읽을 수 있는 내용은 이러하다. "예수께서 그의 우는 것과 또 함께 온 유대인들의 우는 것을 보시고 심령에 통분히 여기시고 민망히 여기사 가라사대 그를 어디 두었느냐 가로되 주여 와서 보옵소서 하니 예수께서 눈물을 흘리시더라 이에 유대인들이 말하되 보라 그를 어떻게 사랑하였는가 하며 그중 어떤 이는 말하되 소경의 눈을 뜨게 한 이 사람이 그 사람은 죽지 않게 할 수 없었더냐 하더라 이에 예수께서 다시 속으로 통분히 여기시며 무덤에 가시니 무덤이 굴이라 돌로 막았거늘"(요 11:33-38).

> 그리스도의 사역은 가능하다. 하지만 그분의 긍휼의 깊이까지만이다.

왜 우셨을까? 예수님은 이곳에서 모든 비통한 자의 고뇌를 보셨기 때문이다. 죽음은 그저 그분의 친구 나사로에게만 영향을 미친 것이 아니었다. 예수님이 그런 깊은 감정을 보여 주신 것은 그분 자신의 상황 때문이 아니었다. "예수님은 자신의 슬픔에는 눈물을 흘리지 않으시고 나의 슬픔을 위해서는 피 같은 땀을 흘리셨다"라고 작사가

인 찰스 H. 가브리엘(Charles H. Gabriel)은 썼다. 예수님은 매 순간 인류를 사망으로 몰고 가는 공포의 왕을 모든 장례식장에서 보신다. 예수님께서 사망의 동굴로 내려가셔서 이기신 것은 이런 깊은 긍휼을 소유하셨기 때문이었다.

이것이 사랑이요 복음이며, 우리 교회가 되어야 할 바이다. 이것이 세상이 기다리는 복음이다.

11장
_ 기름부음받은 비전문가

어렸을 때 여러 번 듣던 성경 이야기가 있다. 우리는 그것을 '아이들 이야기'라고 유치하게 생각할 때까지 들었다. 하지만 사실 성경의 모든 이야기 중에서도 가장 강력한 하나님의 말씀을 담고 있다. 그것은 사무엘상 17장에 나와 있는 다윗과 거인 전투사 골리앗의 대결 이야기이다.

우리는 하나님의 교훈을 머리로만 익혀서는 안 된다는 것을 기억해야 한다. 우리 지능지수는 영성과는 아무 관련이 없다. 다윗은 매우 어린 나이에 이 진리를 발견했다. 그는 하나님의 영감으로 가득한 영적 천재 중의 하나였다. 다윗이 엘라 골짜기에서 경탄할 업적을 이룬 이 이야기에는 일반적인 진리들이 들어 있다. 영적 전투에서 창과 칼이 되는 주요한 요소들을 살펴보자. 우리는 그리스도인의 사역과 전쟁이 이 유명한 전쟁 이야기에서 잘 표현되고 있음을 볼 수 있다. 여기에 숨은 진리로 인해 승리가 가능해진다. 그 진리는 다윗의 비밀이 아니라 주인이신 하나님의 비밀이다.

이 비밀들이 분별하기 어렵다고 한다면 과장일 것이다. 관련된 몇 가지 요인들만 거론해 보는 것만으로도 충분히 파악할 수 있다. 다윗의 힘은 동일하게 중요한 두 가지 요인, 즉 믿음과 기름부음에 있다. 하지만 우리는 이 정도로 멈출 수 없다. 이 이야기에는 네 종류의 사람들이 등장하는데, 나는 그들을 식별할 적당한 명칭을 붙여보고자 한다.

기름부음받은 비전문가 - 다윗
기름부음받지 않은 전문가 - 이스라엘의 겁에 질린 전투사들
이전에 기름부음받은 전문가 - 사울 왕
기름부음받은 자에 적대하는 전문가 - 골리앗과 바리새인

기름부음받은 비전문가

다윗은 전문적인 투사는 아니었지만 기름부음받은 자였다. 그는 이스라엘 군대에도 속해 있지 않았다. 그는 전투와는 전혀 관련이 없었다. 성경은 이 점을 우리에게 강조한다. 그의 일은 집 밖에서 양을 치는 일이었다. 그는 숨이 막힐 듯한 무모한 행동으로 전 군대 앞에 불쑥 나타났다. 하지만 하나님의 기름부음으로 바로 그가 할 일의 자격을 얻은 셈이었다. 사실, 다윗은 원래 아버지로부터 특별한 음식을 받아 큰 형들에게 음식 바구니를 전달하러 온 길이었다.

기름부음받은 다윗은 놀랍게도 이 지점에서는 심부름꾼이었다. 기름부음받은 심부름꾼. 하나님의 기름부음받은 자는 심부름도 마다하지 않아야 한다. 작은 일에도 성실하다면, 하나님은 우리를 훨씬 큰 지도자로 삼으실 것이다. 하나님의 기름부음은 일꾼 중에서도 가장 하찮은 자에게 일어날 수 있다.

다윗은 아마 엘라 골짜기에 오기 전에는 전투나 전투장을 본 적이 없었을 것이다. 그는 기름부음받은 비전과 하나님에 대한 끝없는 믿음을 가지고 있었다. 하지만 이스라엘 군대의 군인들은 그가 보기에는 겁에 질린 투사들이었다. 그 군대에는 믿음과 승리의 정신이 빠져 있다는 것이 눈에 띄었다. 비탄과 재난의 기운이 감지되었다. 그가 질문을 하려고 입을 연 순간, 맏형인 엘리압과 마주쳤다. 다윗은 17살의 막내였고 엘리압은 전문가요 군대의 대장이었다. 엘리압은 또한 사무엘이 기름붓지 않은 사람이었다. 그는 기름부음받지 않은 전문가였던 셈이다. 엘리압은 기름부음받지 않은 전문가로 된 군대 전체를 대표한다. 오늘날 얼마나 많은 사람들이 자신들이 하나님의 군대에 속해 있다고 믿고 있을까? 우연히도 엘리압은 우리가 앞으로 보게 될 그런 종류의 신앙을 가지고 있던 인물이었다.

기름부음받은 자와 받지 않은 자 사이에 마찰이 생겼다. 화가 난 엘리압에게 다윗은 사포와 같이 껄끄러운 존재였다. 나는 여기서 이 두 종류의 사람, 엘리압 유형과 다윗 유형의 차이점을 지적하고자 한다.

기름부음받은 자와 받지 않은 자의 차이점

다윗은 골리앗을 보았다. 그리고 그의 입에서 하나님을 모독하는 말을 들었다. 엘리압은 차분하게 그 말을 들었다. 하지만 다윗은 다른 반응을 보였다. 하나님의 기름부음받은 자는 속에서 열이 나기 시작했다. 그때에 이스라엘의 기름부음받지 않은 전문가들의 마음은 두려움으로 차게 얼어붙었다. 그 두 사람 사이엔 분명한 구분이 있으며 오늘날도 여전히 그렇다. 기름부음은 사람에게 두려움이 없도록 만드는 담대함을 준다. 기름부음은 학술적인 신앙과 불타는 신앙에 차이가 있도록 한다. 경고하는데 그 한 쪽의 신앙은 언제나 다른 한 쪽의 신앙을 불편하게 할 것이다. 놀라지 말라. 그것은 아주 오래된 이야기이다.

엘리압에게 나름대로 이유가 있다는 것은 분명했다. 하지만 그로 인해 그는 이스라엘과 블레셋 군의 전력을 저울질하게 되었다. 그는 다른 지원군은 보지 못했다. 엘리압은 전투 상황에서 전문적인 평가를 할 수 있었고 이스라엘이 이길 가망은 없다고 생각했다. 이 직업 장교는 자신을 골리앗과 비교하여 자신을 뒤에 놓았고 골리앗이 거인이라고 생각했다. 반대로 믿음의 사람이었던 다윗은 정신적으로 골리앗을 이스라엘의 하나님 다음에 놓고 블레셋을 하찮게 여겼다. 믿음과 두려움이 대조될 때 어떤 일이 발생할까? 다윗은 자신의 편에 하나님이 계시다는 것을 알고 그의 영혼은 신성한 비분강개를 느꼈다. 그것은 기름부음이라는 다른 사람들에게는 알려지지 않은 자원을 가지고 있었기 때문이었다. 그의 내면에 있는 믿음의 눈은 여호와를 향했다. 하나님의 기름부음은 그를 승리에 목마르도록, 진지한 기대로 흥분하게 만들었다. 그는 그저 소망하고 기도하는 그 이상을 했다. 그 기름부음은 앞으로 일어날 일의 '보증'이었다.

> 엘리압은 자신을 골리앗과 비교하여 자신을 뒤에 놓았고 골리앗이 거인이라고 생각했다. 반대로 믿음의 사람이었던 다윗은 정신적으로 골리앗을 이스라엘의 하나님 다음에 놓고 블레셋을 하찮게 여겼다.

보통 사람들이 생각하는 것과는 달리 믿음의 전쟁터에서는 '적에 대한 연구'가 그다지 필요치 않다. 사무엘상 17장은 골리앗이 가진 무기의 무게와 크기를 상세히 묘사하고 있다. 하지만 기름부음받은 비전문가 다윗이 연구하고 고려했던 것은 그것이 아니었다. 그것은 기름부음받지 않은 전문가가 연구하던 것이었다. 그것은 적에 대한 멋진 지식의 조각이긴 했으나 그들에게는 조금도 도움이 되지 않았다. 비록 골리앗이 다윗보다 백배나 더 강했다 하더라도 그것으로 인해 다윗이 겁을 먹진 않았을 것이다. 그는 하나님께서 무슨 일이든 하실 수 있음을 알고 있었다.

> 비록 골리앗이 다윗보다 백배나 더 강했다 하더라도 그것으로 인해 다윗이 겁을 먹진 않았을 것이다. 그는 하나님께서 무슨 일이든 하실 수 있음을 알고 있었다.

엘리압은 분명 똑똑한 청년이었다. 선지자인 사무엘마저도 그에게 반했었다. 처음에 사무엘은 그가 좋은 왕이 될 것이라고 생각했다. 하지만 하나님께서는 이렇게 말씀하셨다. "그 용모와 신장을 보지 말라 내가 이미 그를 버렸노라"(삼상 16:7). 왜 그러셨을까? 우리는 그 이유를 알아야 할 것이다.

인간의 눈에 다윗은 고려할 만한 가치도 없었다. 단지 가장 어리고 팔팔한 십대 소년이었을 뿐이었다. 하지만 하나님은 "이가 그니 일어나 기름을 부으라"라고 하셨다. 다윗은 붉은빛을 띤 얼굴을 가진 유다 지파 출신의 알려지지 않은 소년이었다. 대제사장 가슴받이의 붉은빛이 도는 보석처럼, 앞으로 왕이 될 자에 걸맞는 얼굴이 붉은 자였다.

11장 기름부음받은 비전문가

다윗에 대한 하나님의 사랑은 그의 일곱 명의 다른 기름부음받지 못한 형제들의 사랑을 받지 못하도록 만들었다. 그리고 지금, 대치 국면에 있던 엘리압은 화나 가서 모든 사람들을 대변하여 다윗을 다그쳤다. "들에 있는 양들은 누구에게 맡겼느냐." 다윗은 자신의 양을 소홀히 하지 않았다. 그는 일꾼의 손에 양들을 맡겨 두었다. 하나님의 기름부음은 자신이 맡은 의무를 소홀히 하도록 허락지 않는다. 다윗은 하나님의 뜻에 맞는 일이라면 비록 일상적인 평범한 의무도 다 했던, 하나님의 마음에 합한 자였다. 기름부음받은 비전문가 다윗은 엘리압의 형편없는 잔소리들에 방해를 받을 수는 없었다. 말도 안 되는 자는 엘리압 자신이었다.

성령의 기름부음은 이제 다윗의 의분을 정점에 이르도록 하였다. 현대적으로 비유하자면, 다윗의 신앙은 달리는 엔진과 같고 하나님의 기름부음은 그 위에 달린 터보 기관과 같다. 그는 너무 빨리 적에게 돌진하지 않기 위해서 핸드브레이크를 잡아당겨야 했다. 그는 단지 의식에 불과한 것은 모두 무시했다. 골리앗을 상대할 자가 아무도 없다면 그를 상대할 자도 아무도 없을 것이었다. 다윗은 하나님의 이름으로 그 일을 할 것이었다. 왜냐하면 그는 이스라엘의 하나님은 나태함이 불가능하시다는 것을 알고 있었다! 군대는 다윗을 외부인으로 생각했으나 그는 하나님에게 있어 내부인이었다.

> 군대는 다윗을 외부인으로 생각했으나 그는 하나님에게 있어 내부인이었다.

이전에 기름부음받았던 자와의 대면

어쩌면 다윗은 군대 정책에 대한 의문을 가짐으로써 자신의 한계를 넘었을지도 모른다. 하지만 길고 짧은 것은 사울 왕의 장막에서 알게 되었다. 아마 잘못인지는 모르겠으나 누군가가 가드에서 온 챔피언을 상대해야 할 때라고 그는 말했다. 기름부음으로 인해 다윗은 자신의 믿음 그 이상으로 담대하게 말할 수 있게 되었다.

다윗은 골리앗이 그날 군대의 목표일 뿐 아니라 자신의 적임을 인식했다. 지상의 모든 사람들, 심지어 어린이들에게도 절대적인 적이 있다. 군인이거나 군인이 아니거나, 그 적을 없애는 것이 모든 사람들의 일이다.

그것이 오늘날 마귀에 대한 진실이다. 하나님의 나라는 교회 헌금으로 고용되는 전문가들로만 운영할 수는 없다. 기름부음받은 비전문가들이 필요하다. 마귀는 누구에게나 골칫거리다.

전투에는 군수 물자와 자금이 필요하다. 비록 돈이 헌신의 대체물이 되지는 못하지만 다윗은 다소 필요 물자를 가지고 왔다. 하지만 다윗은 더 이상 구경꾼으로 지켜보고만 있을 수는 없었다. 그가 기름부음받은 이유가 무엇이겠는가? 모든 사람이 뭔가 해야 한다는 것은 알고 있었지만 누가 그것을 하겠는가? 적극적인 사람들의 손은 다윗을 앞으로 밀어내면서도 골리앗이 그를 찍소리 못하게 만들어버릴 것이라는 것을 의심치 않았다. 그렇게 해서 이스라엘은 교착 상태를 깨뜨릴 것이었다. 다윗이건 누구건 아무라도 문제될 건 없었다. 그는 희생양으로 제공될 것이었다. 그러면 이스라엘은 본 전투에서 이길 수 있었다. 이제 사울 왕의 장막에 들어가서 무슨 일이 벌어지나 살펴보자.

한 순진한 시골 소년이 들어와서 이스라엘의 보호자가 되겠다고 제안했을 때, 사울이나 그 장군들에게는 그 말이 분명 농담으로 들렸을 것이다. 하지만 사실, 선지자 사무엘이 목동 다윗에게 기름부었을 때 사울 왕은 이미 하나님에게는 이전 사람이 되어 있었다. 새로 기름부음받은 자와 이전에 받았던 자가 서로 얼굴을 마주하고 눈과 눈을 바라보고 섰다. 사울은 다윗을 장난스럽게 쳐다보았다. 하지만 다윗은 강력한 성령의 기름부음으로 인해 떨리고 있었다. 이전에 기름부음받은 자는 기름부음받지 않은 자들의 여론 주도자가 된다. 그리고 그런 조합보다 더 위험한 것은 없다. 사울은 이렇게 말했다. "너는 골리앗의 상대가 못 돼! 네가 지금 누구와 상대해야 하는지 알기나 하는 거냐? 그가 얼마나 큰지 보지 못했느냐? 너는 전투에 대해서는 하나도 몰라. 그는 평생을 전사로 지냈단 말이다."

> 이전에 기름부음받은 자는 기름부음받지 않은 자들의 여론 주도자가 된다. 그리고 그런 조합보다 더 위험한 것은 없다.

언제나 다른 사람들을 밖으로 밀어내려는 자들과, 자신이 하고 싶지 않은 일에 다른 사람을 밀어 넣으려는 자들이 있다. 엘리압은 다윗에게 겁을 주어 쫓아버리려 했다. 하지만 불을 얼어붙게 할 수는 없다. 사울은 다윗을 자기 대신 싸우도록 전쟁터로 보내려 했다. 군대에서 투표를 한다면 99.9퍼센트는 다윗에 반대표를 던졌을 것이다. 99.9퍼센트라고 말한 이유는 다윗이 자신에게 던진 한 표가 있었을 것이라고 생각하기 때문이다. 하지만 다윗은 민주적으로 선출되기를 기다리지 않았고, 그런 인기도를 생각하고 있지도 않았다. 예수님은 말씀하셨다. "너희가 서로 영광을 취하고 유일하신 하나님께로부터 오는 영광은 구하지 아니하니 어찌 나를 믿을 수 있느냐"(요 5:44).

이전에 기름부음받았던 자

이제, 모든 이전에 기름부음받았던 자들의 대장은 한때 '덮는 그룹'이었던 이전에 기름부음받았던 사탄이다. 굉장한 사실이다. 에스겔 28장 14-17절을 읽어보자.

> "너는 기름 부음을 받은 덮는 그룹임이여 내가 너를 세우매 네가 하나님의 성산에 있어서 화광석 사이에 왕래하였었도다 네가 지음을 받던 날로부터 네 모든 길에 완전하더니 마침내 불의가 드러났도다 네 무역이 풍성하므로 네 가운데 강포가 가득하여 네가 범죄하였도다 너 덮는 그룹아 그러므로 내가 너를 더럽게 여겨 하나님의 산에서 쫓아 내었고 화광석 사이에서 멸하였도다 네가 아름다우므로 마음이 교만하였으며 네가 영화로우므로 네 지혜를 더럽혔음이여 내가 너를 땅에 던져 열왕 앞에 두어 그들의 구경거리가 되게 하였도다."

그리고 이사야는 이렇게 기록하고 있다.

> "너 아침의 아들 계명성이여 어찌 그리 하늘에서 떨어졌으며 너 열국을 엎은 자여 어찌 그리 땅에 찍혔는고 네가 네 마음에 이르기를 내가 하늘에 올라 하나님의 뭇별 위에 나의 보좌를 높이리라 내가 북극 집회의 산 위에 좌정하리라 가장 높은 구름에 올라 지극히 높은 자와 비기리라 하

도다"(사 14:12-14).

어떤 의미에서 마귀는 믿음을 가지고 있었다. 야고보서에 따르면 "귀신들도 믿고 떠느니라"(약 2:19)라고 했다. 하지만 기름부음은 사탄에게서 떠났고, 한때 걸출했던 존재의 사악한 껍데기를 남겨놓았다.

사울 왕은 동일한 조건을 가졌지만, 가여운 존재를 반영한다. 사탄이 예수님을 죽이려고 했던 것처럼 사울은 곧 기름부음받은 다윗의 뒤를 쫓았다. 두 경우 모두 나라가 위태했다. 이전에 기름부음받은 자는 언제나 하나님의 기름부음받은 자를 박해할 것이다. 하나님과 동등해지려는 마음을 가진 사탄은 기름부음을 탈취당했다고 생각한다(빌립보서 2장 6절을 보라). 하지만 정작 '하나님과 본체'이신 예수님은 그렇지 않다. 사도 바울은 이렇게 말을 잇는다. "오히려 자기를 비어 종의 형체를 가져 사람들과 같이 되었고 사람의 모양으로 나타나셨으매 자기를 낮추시고 죽기까지 복종하셨으니 곧 십자가에 죽으심이라 이러므로 하나님이 그를 지극히 높여 모든 이름 위에 뛰어난 이름을 주사"(빌 2:7-9). 예수님을 주신 하나님을 찬양하자!

다윗은 사울을 만났을 때에도 위축되지 않았다. 그는 분명 전문적인 군인으로 싸워본 경험은 없지만 들짐승들과는 싸워보았다. 육식동물들은 언제나 다윗의 가축 떼를 따라다녔다. 곰과 사자는 다윗을 만나지 않았더라면 좋았을 것이다. 골리앗은 전투 기계요 인간 탱크였지만 다윗의 눈으로 보면 그 점은 과녁이 커서 맞추기에 좋을 뿐이었다. 하나님과 함께하는 다윗은 전신 무장한 군인 같았다. "내가 주를 의뢰하고 적군에 달리며 내 하나님을 의지하고 담을 뛰어 넘나이다"(시 18:29).

다윗과 함께하신 하나님에게 있어 골리앗의 도전은 하나님의 명예 문제였다. 골리앗은 단순히 인간이나 이스라엘 군대에 도전장을 던진 것이 아니었다. 그는 "사시는 하나님의 군대를 모욕"(삼상 17:36) 하였다. 그것은 골리앗의 실수였다. 물론 단순한 실수가 아니라 자신의 목숨을 걸게 된 그런 대실수였다. 다윗이 해야 할 일은 무슨 일이든 잘될 수밖에 없었다. 하나님은 다윗이 성공하기를 바라셨다. 믿음은 할 수 있다고 말해 주었고, 기름부음은 다윗에게 그 열심을 더욱 강하게 충전시켰다.

사울의 무기

사울은 골리앗과 대결해야만 했다. 우리는 그가 이스라엘에서는 가장 큰 사나이였다고 알고 있다. 게다가 그는 왕이었고, 하나님의 기름부음을 알고 있던 자였다. 힘센 장군이던 아브넬도 있었다. 그 두 사람은 자신들 대신 다윗이 그 일을 하도록 했다. 사실, 사울이 먼저 한 일은 기름부음받지 못한 전문가들이 주로 그렇듯이 하나님께서 블레셋 군대의 저 거대한 투사와의 싸움에서 승리하도록 하실 것이란 믿음을 가지고 있는 시골뜨기 소년을 은근슬쩍 비웃은 것이다. 사울의 생각에 다윗은 세상을 모르는 자였다. 형들의 점심 심부름꾼인 다윗이 골리앗에게 도전을 하다니, 말도 안 되는 듯이 들렸다.

그래서 사울은 미소를 지으며 자신의 용감한 장군들에게 눈을 찡긋하고는 다윗에게 자신의 귀한 무기를 주었다. 우스꽝스러운 모양이었다. 사울의 반밖에 되지 않는 다윗이 자신에게 맞지도 않는 군복에 싸여 두 군대 사이를 행진한다니!

가죽 군복을 살펴보자. 가죽과 청동으로 겹겹이 댄 어깨는 다윗의 몸보다 6인치나 더 길었다. 쇠로 된 갑주는 그를 짓눌렀고, 청동 투구는 다윗이 고개를 옆으로 돌리면 같이 돌아가지 않고 따로 놀았다. 다윗의 허리는 겨우 29인치인 반면 사울의 허리는 44인치였다. 사울의 칼은 너무 길어서 땅바닥에 끌려 작은 다윗이 걸려 넘어질 듯했다. 골리앗이 싸우다 죽는 것이 아니라 웃다 죽을 판이었다!

기름부음이 끓어오를 때

골리앗의 반응은 어땠을까? "사람을 보내어 나로 더불어 싸우게 하라"라고 벽력같이 소리 질렀다(삼상 17:10). 그는 이스라엘의 응답을 기다렸다. 틀림없이 이스라엘 군인 중 가장 잘 싸우는 사람일 것이라고 그는 추측했다. 그때 그 영웅이 마침내 이스라엘의 힘센 장군들 틈에서 모습을 드러내었다. 두 군대들의 함성 소리와 함께 모습을 드러낸 자가 겨우 샌들을 신고 들을 달리던 목동의 옷을 그대로 입은 애송이라는 것을 보고 골리앗은 자신의 눈을 의심할 수밖에 없었다. 다윗의 무기라고는 막대기와 조그만 물매였다. 골리앗은 모욕감을 느꼈다. 이스라엘은 나를 개로 생각하고 막대기와 물매를 든 애송이를 보냈단 말인가?

다윗의 믿음은 분명했다. 하지만 골리앗은 바로 그 하나님의 영에 대적하였다. 목동 소년의 가슴에는 보이지 않지만 기름부음받은 기름이 끓어오르기 시작했다. 더 이상 지체할 수 없었다. 사무엘상 17장 48절에서 다윗이 하나님의 시위를 떠난 화살같이 블레셋의 대장을 향해 '빨리 달렸다'는 것에 주목하라. 기름부음받지 않은 전문가들은 안전한 장소에서 지켜보고 있을 뿐이었다.

골리앗은 다윗에게 쉰 목소리로 경고를 발했다. 반대로 이스라엘 군사의 목소리는 나중에 사울의 마음을 위로해 줄 감미로운 테너의 목소리였다. 어쩌면 엘리압과 함께 비웃던 사람들은 "다윗, 골리앗에게 노래를 불러 줘라. 아마 그가 울면서 집으로 돌아갈지도 몰라"라고 야유했을지도 모를 일이다. 하지만 그 말들이 골리앗을 진정시키진 못했다.

어쨌거나 이스라엘의 수천 명 군인들이 발끝을 세우고 지켜보며 소리를 질러댔다. 군인들은 소리를 많이 지른다. 방패에다 창을 문지르며 수백 명 이상이 한꺼번에 질러대는 소리는 상당한 위협이 된다. 하지만 골리앗은 쉽게 물러날 사람이 아니었다.

믿음의 문제라면 전 군인들이 모두 믿음을 가지고 있었다는 사실을 잊지 말라. 다윗은 그들이 가졌던 믿음 그 이상은 아니었다. 그들은 언약궤를 가지고 있었다. 그것만이 아니라 이스라엘 사람들은 하나님의 선택된 백성이었다. 그들은 그 사실을 노래했고, 시를 외웠으며, '전쟁에 능한 하나님'이라 했다. 그들은 땅이 흔들릴 정도로 노래를 불렀다. 그렇지만 그 모든 것에도 아무도 싸우려고 하지는 않았다. 그들에게 믿음은 있었지만 행동은 따르지 못했다. 반대로 기름부음받은 다윗은 하나님의 영이 자신을 뒤흔드는 것을 느꼈다.

현대의 하나님의 군대가 이런 모습은 아닐까? 그분의 군대는 다른 모든 것을 하면서도 전투는 꺼리고 있지 않은가? 전도 이외에는 모든 것을 하는 그런 모습 말이다. 이스라엘은 조직하는 데 시간을 보냈다. 하지만 그것이 다였다. 그들은 무기에 광을 내고 누가 지도자가 되어야 할 것인가로 말씨름을 하였고, 틀림없이 군대의 조직이나 정책 그리고 방법론에 관해 토론했을 것이다. 하나님의 군대도 이와 같을 수 있다. 주로 조직의 이러저러한 점을 다듬고 교회의 질서를 토론하면서 골리앗과 맞선 이스라엘과 같이 '힘을 가진' 백성이라 주장하지만, 실제로 하나님을 위해 적극적으로 전도하지는 않는다.

하나님의 총알

다윗은 그 군인들이 해야 할 일을 하였다. 그는 싸웠다. 그것뿐이었다. 하지만 주목해 보자. 그는 자신의 수동적인 믿음을 능동적인 믿음으로 바꾸었다. 그는 믿었기 때문에 그 거인을 저지할 수 있었다. 그는 전문적인 무기를 쓰는 대신 자신에게 익숙한 물매와 돌을 사용했을 뿐이었다. 양 떼를 지키며 수년간 단련해온 전문성으로 다윗은 아마 50야드 떨어진 곳에서 머리카락도 맞출 수 있었을 것이다. 하지만 골리앗과 같은 거인을 상대하는 것은 또 다른 문제였다.

그 문제의 핵심은 이것이다. 믿음을 신념과 혼동하지 말라. 기억할 것은 하나님의 일을 하기 위해서는 하나님의 기름부음이 있어야 한다는 사실이다. 적을 상대했던 군대에서 유일한 신자가 하나님의 기름부음을 받았던 사람이었다는 것은 우연이 아니다.

> 믿음을 신념과 혼동하지 말라. 기억할 것은 하나님의 일을 하기 위해서는 하나님의 기름부음이 있어야 한다는 사실이다. 적을 상대했던 군대에서 유일한 신자가 하나님의 기름부음을 받았던 사람이었다는 것은 우연이 아니다.

그것이 하나님이 원하시는 바이다. 믿음의 사람과 기름부음. 기름부음받은 자는 믿음과 행동이 일치할 것이다. 그 믿음을 가진 사람은 하나님을 믿기 전에는 결코 하지 않았을 불가능한 것을 시도하게 된다.

우리는 평범한 일을 하면서 하나님을 신뢰할 수 있다. 다윗은 비범한 일을 하면서 하나님을 신뢰했다. 그것이 하나님의 영으로 기름부음이 있을 때 나타나는 믿음의 모습이다. 우리는 불가능한 일에서도 믿음을 가질 수 있다. 그러므로 행동에 나서라!

나로서는 물매의 돌이 얼마나 강한지는 알 수 없다. 하지만 기름부음받은 자가 던진 돌은 총알 같은 힘이 있다고 믿는다. 그 돌은 골리앗의 이마를 맞추어 그가 넘어지게 만들었다. 이 앳된 승리자는 골리앗의 칼로 최후의 일격을 가하였다.

당신의 말이 하나님의 말씀이라면 모든 논쟁에서도 훨씬 큰 무게가 실릴 것이라는 것을 기억하라. 그 말들이 보호받지 못하는 사람들을 붙잡을 것이다. 나는 수천 명의 사람들 앞에서 복음을 선포할 때에 하나님께 의존한다. 하나님은 어떤 말씀이 그들에게

> 당신의 말이 하나님의 말씀이라면 모든 논쟁에서도 훨씬 큰 무게가 실릴 것이라는 것을 기억하라.

가장 맞는 것인지를 알고 계신다. 전문가인 대적 골리앗은 모든 위험에 대비하고 있었지만 물매의 돌에는 미처 대비하지 못했다. 하나님은 마귀가 펄쩍 뛰어오를 놀랄 일들을 많이 준비하고 계신다. 마귀는 하나님께서 누구를 어떤 방식으로 택하실 것인지 알지 못한다. 우리가 성령 안에서 움직이면 우리는 언제나 마귀의 아킬레스건을 찾아

내어 그를 패배시킬 수 있다.

기름부음받은 비전문가인 다윗은 적극적인 믿음에 기대어 영광스러운 승리를 거두었다. 그러자 용감하지만 기름부음받지 않은 모든 이스라엘의 전문가들이 용기를 내어 이미 도주 중인 블레셋의 뒤를 쫓았다! 이것은 종류가 다른 믿음인 것이 분명하다.

마침내 기름부음받은 전문가가 되다

다음 이야기를 하지 않는다면 불공평한 것이 될 것이다. 얼마 지나지 않아 다윗은 곧 '전문가'가 되었다. 그것도 기름부음받은 전문가가 되었다. 하나에 오랜 시간 집중한 사람은 어느 때인가는 자격을 갖추게 된다. 오랜 숙련 기간이나 일상적인 의례에 의존하면서도 다윗은 시편 132편 17-18절에서 하나님이 말씀하신 바와 같이 성령을 통한 영적 각성을 유지했다.

> "내가 거기서 다윗에게 뿔이 나게 할 것이라 내가 내 기름 부은 자를 위하여 등을 예비하였도다 내가 저의 원수에게는 수치로 입히고 저에게는 면류관이 빛나게 하리라 하셨도다."

그 '등'이 계시의 영이며, 성령이다. 다윗은 늘 새로운 영의 통찰력을 받았다. 그는 성령의 기름부음에 의지하여 자신의 주이자 하나님을 의지하였다. 하나님은 우리를 문제에서 구원하기 위해 기적을 베푸시는 것이 아니라 자신의 이름을 영화롭게 하기 위해서 기적을 일으키신다.

믿으라. 그리고 행동하라. 당신의 기름부음을 확신하며, 찬송가의 가사에 나오듯 주께 말씀드리라. '나로 달리게 하시면 불가능한 일을 위해 노력하리.' 하나님은 행동하는 백성과 함께 일하신다.

12장
_ 전쟁의 무기

우리는 전 세계가 하나님의 권능으로 흔들리는 것을 보고 있다. 우리는 하나님이 하시는 일, 예컨대 토고라는 아프리카 국가에서 일어난 일들을 보았다. 전국이 로메라는 수도에서 있었던 우리 복음 집회에 대해 알고 있었다. 밤마다 우리의 집회가 전국 TV 방송 뉴스의 첫째가는 뉴스가 되었기 때문이다! 더욱이 더 놀랄 만한 일은 우리 집회가 있었던 기간은 걸프전이라는 전 세계적인 뉴스거리가 있었지만, 다리를 못 쓰던 자가 걷고 맹인이 눈을 뜨게 되었다는 보도가 최우선순위가 되었던 것이다.

서방의 정부들은 이 땅에서의 하나님의 활동에 회의적이 되고 있지만 아프리카에서는 그렇지 않다! 나는 여러 번 아프리카 국가의 의회에서 연설할 특혜를 받기도 했다. 그리스도의 대사인 나는 복음 선포하기를 부끄러워하지 않으며 입법부의 회의장에서 담대히 제단의 부름을 전했다. 하지만 나는 구제를 멈추지 않고 아픈 자를 위해 기도하였다. 안수 사역을 위해 줄을 서서 기다리고 있는 수상의 관료들을 발견하여 나와 우리 팀이 놀란 경우가 끊이지 않았다! 우리가 섬기는 하나님은 얼마나 위대하신가! 나는 하나님을 제한하지 않겠다고 결심했다.

물론 누구보다 나는 이 모든 것들이 인간이 하는 것이 아니라 하나님의 역사이심을 인정한다. 사람들은 이렇게 묻는다. "당신의 성공의 비밀은 무엇입니까?" 아무튼 그들은 이렇게 표현한다. 사실 어떤 것도 복음의 효과에 견줄 만한 것은 없다.

이것이 나의 계시록이며 바울도 복음은 능력이라고 말했다(롬 1:16). 나는 예수 그리스도를 통한 구원이 분명하게 선포될 때 영혼을 구원하는 복음의 효력을 확신한다. 우리가 예수 그리스도는 여전히 치유자이심을 담대히 선포할 때 마치 팝콘이 튀듯 기적이 일어날 것이다.

오락, 정치 그리고 다른 것들이 군중을 모으겠지만 복음과 비교할 만한 자석은 없다. 복음은 값싼 인기물이 아니라 놀라운 권능으로 전 지구상에서 수백만 명을 아름다운 동료애로 불러들인다. 어떻게 그런 일이 일어날까? 답은 세상을 이기는 전도, 성령 전도가 바로 그것이다.

> 세상을 이기는 전도, 성령 전도가 바로 그 것이다.

성령 전도는 하나님이 이 과업을 위해, 소위 성령의 은사라고 하는 하나님이 주신 무기를 사용한다(성령의 은사는 잃어버린 자를 얻는 데에 너무나 중요하고 핵심적이라 다른 책에서 은사의 목적과 그것들이 어떻게 흐르게 하는가를 설명하기도 했다).

나는 우리의 성공이 기름부음받은 음악과 찬양, 기름부음받은 선포 때문만은 아니라고 확신한다. 우리는 첫 사도들이 했던 그 이상을 해야 한다. 신약에는 그것들이 잘 나타나고 있다. 그것들은 가시화된 진리이다.

하나님의 역사는 무엇인가? 그것은 회심이나 치유만이 아니다. 그것들에는 계시, 예언, 초자연적 지식, 지혜, 분별력, 꿈과 이상 그리고 사탄의 권세를 누르는 권위가 포함된다. 이것들이 우리 사역과 집회의 일면들이며, 수십만 명을 불러모으는 데에 일조했다고 우리는 믿는다. 사람들은 단순한 말 그 이상의 무언가를 볼 때 영적인 것의 실존에 눈을 뜬다. 성령의 은사는 이 같은 경험을 제공한다.

본 장에서 나는 이런 무기들, 즉 은사의 영광스러운 잠재력을 강조하고자 한다. 하나님이 주신 이러한 수단으로 무력한 영혼은 담대해질 수 있고 방어적인 사람은 공격적이 될 수 있다. 하나님은 우리에게 대사 임명장을 수여하려 하신다. 그분이 보내는 사람에게 그는 그분의 놀라운 능력과 권세를 주신다.

많은 신자들이 영적 은사를 갈망하지만 대개는 그것을 사용하기를 두려워한다. "내가 틀렸으면 어쩌나?"라고 그들은 이유를 단다. 하지만 최악의 실수는 하나님의 무기를 사용하지 않는 것이다. 몇몇 핵심 성경 말씀을 기억해 보자.

"오직 너는 마음을 강하게 하고 극히 담대히 하여"(수 1:7).
"여호와를 경외하는 자에게는 견고한 의뢰가 있나니"(잠 14:26).
"네가 그리스도 예수 안에 있는 은혜 속에서 강하고"(딤후 2:1).
"신령한 것을 사모하되 … 예언하기를 사모하며"(고전 14:1, 39).

성령의 은사의 증거에 관하여 오랫동안 나를 황홀하게 하였던 구약 말씀이 있다. 신약의 진리와 함께 이 구절은 하나님께서 어떻게 물살을 돌려 하나님의 대적들을 대하셨는지에 대한 명쾌한 그림을 그려 준다.

"엘리사가 죽을 병이 들매 이스라엘 왕 요아스가 저에게로 내려가서 그 얼굴에 눈물을 흘리며 가로되 내 아버지여 내 아버지여 이스라엘의 병거와 마병이여 하매 엘리사가 저에게 이르되 활과 살들을 취하소서 활과 살들을 취하매 또 이스라엘 왕에게 이르되 왕의 손으로 활을 잡으소서 곧 손으로 잡으매 엘리사가 자기 손으로 왕의 손을 안찰하고 가로되 동편 창을 여소서 곧 열매 엘리사가 가로되 쏘소서 곧 쏘매 엘리사가 가로되 이는 여호와의 구원의 살 곧 아람에 대한 구원의 살이니 왕이 아람 사람을 진멸하도록 아벡에서 치리이다"(왕하 13:14-17).

선지자와 요아스 왕

이스라엘의 왕 요아스는 나라에 재난이 닥쳐 위태롭게 되었을 때 아직 젊어 경험이 없었다. 시리아 군대가 그를 향해 진군하고 있었지만 그는 그 군대에 맞설 수 있는 것이 아무것도 없다는 것을 깨달았다. 그는 패배와 심지어는 자신이 죄수가 되는 무서운 꿈에 시달렸다. 죽음의 가능성조차 그를 두렵게 했다. 그는 근심으로 죽을 지경이었다. 하지만 잠깐! 절망 가운데 있는 그를 도와줄 하나님의 사람이 어디엔가 있지 않았을까? 막다른 곳에 이른 사람이라면 누구라도 그러하듯이, 대통령과 거지라도 하나님을 향해 힘을 합칠 것이다.

요아스는 이스라엘의 나쁜 왕들 중 하나이다. 하지만 위기의 순간에는 그도 역시 하나님의 선지자인 엘리사를 기억해 내었다. 왕은 이제 약 80세가 된 엘리사를 방문하기로 했다. 그는 연륜이 있는 근엄한 이 사람에게 입에 발린 찬사로 접근했다. 그는 엘리사의 이스라엘에 대한 공헌을 "이스라엘의 병거와 마병"이라고 부르고는 "그 얼굴에 눈물을 흘리며" 선지자가 자신의 눈물을 보도록 하면서, "내 아버지여 내 아버지여" 하고 울었다. 기가 막힌 쇼였다!

하지만 실상 요아스는 엘리사가 죽어가고 있기에 울었던 것이 아니라 자신이 죽을지 모르기 때문에 운 것이었다. 늙은 엘리사는 성령의 촉구하심에 따라 얼핏 보기에는 이상하게 보이는 지시를 왕에게 내렸다. 그는 단순히 왕에게 활과 화살을 잡으라고 시켰다(나는 엘리사가 "네 손수건을 집어라"라고 말해도 좋았겠다고 생각한다. 엘리사는 요아스가 눈물로 사람의 마음을 움직이려는 것을 이미 잘 알고 있었을 것이다).

하나님도 감동되지 않으셨다. 즉 사람들이 단지 자신만을 위한 동정심으로 울고 있을 때 하나님은 그 사실을 알고 계신다고 말할 수 있다. 어떤 사람들은 다른 사람들로부터 상담받는 시간이 길면 길수록 좋다고 생각한다. 만약 진정으로 그들이 자기 자신을 안다면 문제가 되지 않을 경우도 종종 있다. 그들은 어린 시절의 정신적 상처의 희생자들인 것 같다. 하지만 그들은 상담을 전공한 지도자들에게 임상 실험의 대상이 될 뿐이다. 그 불쌍한 당사자들을 돕기 위해 할애된 시간들이 사실은 그 문제를 그들의 의식 더 깊숙한 곳으로 몰아가서 자신들이 매우 특별한 고난을 가지고 있기에 하나님의 능력도 자신을 도울 수가 없을 것이라는 생각에까지 몰아갈 위험이 있다. 하지만 하나님께는 아무것도 어려운 것이 없다.

우리의 일은 자기 연민에 빠져 있는 그리스도인들의 응석을 받아 주는 것이 아니다. 우리의 목표는 그들에게 안정제를 투여하는 것이 아니라 그들을 깨우는 것이다. 사람들은 자신을 벗어나 죽어가는 세계의 필요를 알아야 한다. 주의하라! 이것이 마귀의 허무는 전략이다. 마귀는 자신의 인격적인 문제를 해결하지 못하는 사람들이 그들의 귀중한 시간을 낭비하도록 한다. 말만 무성한 귀중한 시간을 잃어버린 자를 얻는 데 투자할 수 있어야 한다.

그렇다. 엘리사는 영을 분별하는 은사를 행사하고 있었다. 그는 또한 지혜로운 말을 하였다. 그에게는 국가의 재난이 닥쳐왔을 때 왕의 눈물을 위해 손수건을 가져다줄 시간이 없었다. 그는 환자를 다그치는 질문에 의존하지 않았다. 무엇이 필요한지는 명확했다. 하나님의 말씀으로 왕의 존재에 대한 형식을 갖추지 않고 엘리사는 바로 핵심으로 들어갔다.

> 우리의 일은 자기 연민에 빠져 있는 그리스도인들의 응석을 받아 주는 것이 아니다. 우리의 목표는 그들에게 안정제를 투여하는 것이 아니라 그들을 깨우는 것이다. 사람들은 자신을 벗어나 죽어가는 세계의 필요를 알아야 한다.

"활과 화살을 잡으소서." 이 말은 어쩌면 퉁명스럽게 들렸을지 모르지만 적들이 쳐들어오는 순간에 활과 화살이라는 대답밖에 할 수 없었다. 군인 정신이 필요했다. 요아스는 자신을 잊고 남자다워져야 했다.

떨고 있는 성자, 승리의 성자?

우리의 무기는 어디에 있나? 바울은 이렇게 쓰고 있다. "네 속에 있는 하나님의 은사를 다시 불일듯하게" 하라(딤후 1:6). 그는 '불일듯하게'라고 지시한다. 바울이 사용한 그 단어는 캠프파이어에 불을 피우듯 불과 관련이 있으며, '불을 켜다', '불꽃을 피우다'라는 뜻을

12장 전쟁의 무기 **215**

가진다. 식어지지 말라! 그 불을 살리라! 죽어 가는 불씨에 부채질을 하라.

우리가 보듯, 요아스는 그 속에 성령의 불이 약한 나약한 왕이었다. 그는 적에 대항하기 위해 창고에서 무기를 꺼내 드는 대신, 겁에 질려 엘리사에게 "나의 아버지 나의 아버지"라고 부르며 울었다. 엘리사는 그가 행동하였더라면 더 칭찬하였을 것이다.

우리에겐 우리의 무기가 있다. 마귀는 그리스도인이 그 무기를 사용하지 못하게 막으려고 최선을 다한다. 금세기 초에 오순절이 하나님의 창고문을 열자 거의 전 교회가 경각하여 일어섰다. 그때까지 설교자들은 성령의 능력이 아닌 인간적인 수단에 의존했을 때가 잦았다.

교회 안에 있는 많은 사람들과 의사들은 하나님의 치유에 반대한다. 그들은 '실망한' 사람들과 즉각 치유되지 못한 자들을 양산해 놓았다. 그 사람들은 의사들이 수백만의 환자들을 실망시키고 있다는 사실을 쉽사리 잊어버린다. 무덤에 누워 있는 거의 대부분의 사람들은 먼저 의사에게 갔었지만, 아무도 모든 병원의 문을 닫으라는 바보 같은 요구는 하지 않았다! 교회 안에 있는 어떤 사람들은 치유되지 않은 사람들이 있다는 이유로 신적 치유에 반대하고, 병든 자에게 아무런 사역도 하지 않는다. 이런 식으로 모든 사람들이 치유가 되지 않고 있다. 긍휼과 성경에 대한 순종은 다 어디로 간 것일까?

다른 은사들도 공격을 받고 있다. '지식의 언어'가 먼저 오순절파와 카리스마파 전도자에 의해 회복되고 나자, 많은 사람들은 그 사역을 '유사 강신술'이라 선언했다. 하나님이 그런 놀라운 일들을 하지 말아야 할 이유가 무엇인가? 사실, 강신술과 점쟁이는 하나님이 하시려는 일을 흉내 내는 것에 지나지 않는다. 성령의 은사는 그런 신비주의가 생산할 수 있는 그 어떤 것보다 훨씬 위대하다. 가짜가 있는 곳엔 반드시 진짜도 있기 마련이다.

영적인 어떤 사람들은 다른 사람들의 비난이 두려워 자신의 활과 화살(은사, 즉 영적 무기)을 구석에 두어 먼지가 쌓이게 한다. 또 어떤 이들은 동료 신자로부터의 말에 상처를 입었을 것이며 그래서 예언이나 방언과 통역의 은사를 포기해 버렸을 수도 있다. "하나님의 은사와 부르심에는 후회하심이 없느니라"(롬 11:29). 그렇기에 하나님께서 그것들을 다시 돌려달라고 하시지도 않건만, 사람들은 그 은사를 '잃어' 버렸다.

하나님의 말씀을 들으라. 당신이 영적 은사를 버려두었던 그곳으로 돌아가서 하나님께 용서를 구하라. 절망하지 말라. 은사는 비록 잠을 자고 있지만 아직 거기에 있는 것은 분명하다. 빨리 눈물을 씻고 '활과 화살을 들어라!'

하나님의 순간을 위해 기다림

집회에 들어갈 때 나는 내 활과 화살을 챙겨간다. 활은 이미 시위가 당겨져 있다. 나는 마음속으로 이렇게 기도한다. '주님, 당신이 지정하신 목표물은 무엇입니까? 지식의 말씀은 어디에 있습니까? 어느 방향으로 성령의 기름부음이 흘러갑니까? 오늘의 주요 기적은 어디에 있을까요?' 바로 이것이 내가 화살의 시위가 당겨져 있다고 할 때의 의미이다. 나는 성령이 명령하시는 곳으로 쏠 태세를 갖추고 있다.

요아스 왕은 불쌍한 인물이었다. 분명 투사로 훈련을 받았지만 자신의 활과 화살을 잡지 않았다. 그는 왕답지 못하게 울고 있었기에 정확히 볼 수가 없었다. 그는 적의 위협에 너무 겁에 질려 손을 떨었다. 하지만 그때 뭔가 놀라운 일이 발생하여 모든 것을 바꿔 놓았다.

엘리사는 자신의 손을 왕의 손 위에 올려놓았다. 이는 하나님이 우리를 어떻게 대하시는지를 알게 하는 위로의 장면이다. 결국 성령의 은사를 작동하는 것은 우리가 아니라 우리를 덮으신 하나님의 손이다. 예컨대, 에스라는 "하나님의 선한 손의 도우심을 입어"(스 7:6, 9, 28, 8:18)라고 반복해서 말한다. 그리고 강건케 된 것은 에스라가 유일한 사람은 아니었다. 성경은 "주 안에서와 그 힘의 능력으로 강건하여지고"(엡 6:10)라는 증언으로 가득하다. 하나님께 영광을! 흥분되는 일임에 틀림없다.

하나님의 활과 화살이라는 은사를 가지는 것과 그것을 사용하는 것은 서로 다른 문제이다. '선지자'는 그들이 선지자이기 때문에 입술을 열어서는 안 되었다. 하나님의 손길이 닿은 하나님의 명령의 순간이 있다.

아프리카에는 타조의 알을 발견한 코끼리의 재미있는 이야기가 있다. 하루는 어미 타조가 강으로 물을 마시러 갔다. 코끼리가 밖으로 나와 있는 알들을 보고는 그 큰 코 밑으로 눈물을 흘렸다. "어떻게 어미가 이렇게 무책임하게 알을 보호하지 않고 놔둘 수 있을까? 어미가 돌아올 때까지 내가 도와줘야겠다." 그래서 코끼리는 어머니의 정성으로 알을 품으려 했다. 물론 불쌍하게도 알은 다 부서져버렸다. 그리스도인들에게도 이런 경우가 있지 않을까?

엘리사의 손에는 힘이 들어갔다. 왕은 눈물을 닦았고 두려움을 씻어 버렸다. 성스러운 자신감이 들었다. 우리도 이 같은 경험을 할 수 있다. 나에게도 그런 경험이 여러 번 있었다. 불현듯 적을 이겼다는 것을 알게 될 것이다. 기적적인 일들이 발생할 것이라는 것을 확신한다. 기름부음이 굴레를 깨고 있다. 우리는 하나님이 그분의 영원한 아들을 통해 공급하시는 힘 안에서 강건해질 수 있다.

"창문을 열라"

엘리사는 그 다음 요아스에게 이렇게 말했다. "창을 여소서." 당신은 은사의 무기와 기름부음을 가지고 있다. 그것으로 무엇을 할 것인가? 창문을 닫아놓은 채 화살을 날릴 수는 없다. 그러니 문을 열고 준비하여 기회를 만들라. 주변을 정돈하고 행동을 취할 수 있도록 바닥을 깨끗이 하라. 내 말은 요아스가 엘리사의 말을 들었듯이 그 문제에서 성령의 말씀에 귀 기울이란 뜻이다. 일상적인 것들과 '공식적인 경로'와 예의조차 잠시 제쳐두고, 하나님이 말씀하신다면 그 일을 행하라! 예수님께서 말씀하실 때에는 누구도 당신을 막지 못할 것이다.

내가 15살이었을 때 하나님이 처음으로 그분의 손을 내게 놓아 나를 특별한 방법으로 사용하셨던 적이 있었다. 북부 독일에 있는 아버지가 목회를 하시던 교회에서 기도 모임에 참석하던 중이었다. 하나님의 권능이 나를 덮쳤을 때 우리는 모두 무릎을 꿇고 기도하고 있었다. 나는 마치 내 손이 전기에 감전된 듯이 느껴졌다. 분명히 하나님이 내 마음에서 '일어나서 네 손을 C 자매에게 놓아라' 라고 하시는 말씀을 들었다.

나의 아버지는 매우 엄격하신 분이었기에 결과를 생각하면 거의 기절할 지경이었다. 어떻게 내가 일어나서 저 아가씨에게 내 손을 얹을 수가 있을까? 내가 망설이자 하나님은 전압을 올리신 것 같았고 나는 죽을 것만 같았다. 나는 서서히 머리를 들고 C 자매 쪽을 바라보았다. 나는 가능하면 눈에 띄지 않게 하기 위해 바닥을 기어가듯 했다. 그리고 재빨리 일어나서 내 손을 그녀의 머리에 올렸다. 그 순간 나는 하나님의 권능이 내 손에서 빠져나가 그녀의 몸으로 들어가는 것을 느꼈다.

아버지는 나를 보고 있었고 그의 낯빛은 좋지 않았다. 그는 그녀에게 직접 다가갔다.

"라인하르트가 당신에게 무슨 짓을 했나요?"

"오!" 그녀가 대답했다. "라인하르트가 내 머리 위에 손을 올리자 마치 전기가 내 몸을 통과하는 것 같았고 나는 치유가 되었습니다!"

하나님의 지시대로 그녀에게 갔던 그 일로 인해 나는 교훈을 하나 얻게 되었다. "창을 여소서." 요아스가 그렇게 하자 그 다음 지시가 떨어졌다.

활을 쏘라!

엘리사는 흥미롭게도 "목표를 조준하라!"고 말하지 않았다. 조준할 것은 아무것도 없었다. 하나님은 그저 쏘기만을 원하셨다! 나는 이에 큰 위로를 얻는다. 하나님의 화살은 자동 조준이 되어 절대 목표를 놓치는 일이 없다! 그것들은 마치 크루즈 미사일처럼 미리 프로그램 되어 있다. 어떤 심장도 그 화살을 피해갈 수는 없다. 이 얼마나 놀라운 발견인가? 당신이 이 원칙을 간직한다면, "나는 무엇을 기다리고 있는가? 완벽함인가?"라고 말할 것이다. 하나님이 우리가 하기를 바라시는 것은 순종뿐이다.

> 하나님의 화살은 자동 조준이 되어 절대 목표를 놓치는 일이 없다! 그것들은 마치 크루즈 미사일처럼 미리 프로그램 되어 있다. 어떤 심장도 그 화살을 피해갈 수는 없다.

예컨대, 하나님이 지식의 말씀을 주셨다면 나는 그것이 맞는 것인지 혹은 수정되어야 하는지 알려고 노력할 필요가 없다. 하나님은 우리가 아는 것보다 더 잘 알고 계신다. 내 의무는 화살이 활을 떠나도록 놓아, '구원의 화살'이 되게 만드는 것이다. 하나님의 영은 홀로 인간 정신의 깊이를 재실 수 있다. 하나님은 지나치지 않으실 것이다. 성령은 모든 사람의 역사와 그들의 가장 은밀한 생각도 잘 아신다. 우리의 합리적인 정신으로는 실제 목표물을 보지 않고 기회의 열린 창문을 통해 화살을 날리는 것이 항상 쉽지만은 않을 것이다. 만약 그렇게 하는 사람이 있다면 그 결과는 놀라운 것이 된다. 존 H. 새미스(John H. Sammis)의 노래가 새삼스럽다. '믿고 순종하라. 예수 안에서 행복하기에 다른 길은 없으리. 믿고 순종하는

것 외에는.'

이 엄청난 경험 중의 하나는 내 동생과 관련되었던 것이다. 우리는 함께 신실한 부모님의 아들들로 자라났다. 하지만 동생은 예수님을 따르길 원치 않았다. 우리가 성인이 되어 그는 자신의 직업을 가지고 나름대로의 인생을 엮어나갔다. 시간이 흘렀고 나는 그의 아내가 그를 떠났으며 동생의 가장 친한 친구마저 암으로 세상을 떠났다는 사실을 모르고 있었다. 그의 삶은 그에게 아무런 의미가 없게 되었다. 그러던 어느 날 밤 생생한 꿈을 꾸었다고 한다. 그는 높은 다리 위를 걷다가 미끄러져 떨어지며 비명을 질렀다. 깨어보니 온몸이 땀으로 함빡 젖어 있었다.

후에 그는 이렇게 말했다. "나는 내 인생에서 처음으로 하나님께 기도하고 싶은 열망으로 불타올랐어. 어렸을 때 배웠던 '환난 날에 나를 부르라 내가 너를 건지리니'(시 50:15)라는 성경 말씀을 떠올렸어. 그래서 무릎을 꿇고 기도했지. '하나님, 당신은 제가 당신이 존재하신다는 것조차 몰랐다는 것을 알고 계십니다. 하지만 형 라인하르트는 당신의 종 아닙니까. 그를 통해 당신이 살아 계시다는 표적을 나에게 보여 주세요'라고."

그날 밤 나는 6천 마일이나 떨어진 남아프리카에 있었다. 나는 그의 어려움을 알지도 못했고 그가 자신의 목숨을 끊으려 하고 있다는 것도 몰랐다. 그동안 우리 둘 사이에는 거의 대화가 없었기 때문이다. 하지만 새벽 아주 조용한 시간, 나도 무서운 꿈을 꾸었다. 나 또한 동생이 안개 속에서 높은 다리를 위태롭게 걷고 있는 것을 보았다. 그 다리는 안전 손잡이도 없었기에 그가 중심을 잃고 떨어지지는 않을까 겁이 났다. 그는 그 안개 속으로 계속해서 걸어갔다. 나는 온 힘을 다해 그의 이름을 불렀다. 그런데 다음에 들리는 소리는 헤아릴 수 없이 깊은 곳에서 울부짖는 목소리였다. 그것은 동생의 목소리였다.

온몸이 땀에 젖어 깨어난 나는 하나님께 이렇게 물었다. "하나님, 이게 무슨 뜻입니까?" 하나님이 대답해 주셨다. "네 동생은 영원으로 가는 다리를 건너고 있다. 네가 믿음 없는 그에게 경고를 하지 않는다면 나는 네 손에서 그의 피를 요구할 것이다." 하나님에 대한 경외심이 나를 덮쳤다. 나는 그에게 짤막한 편지를 썼다. 사실, 편지를 쓰기 전에 내 마음에 큰 갈등이 있었지만, 나는 그에게 내 꿈 이야기를 했다. 또한, 나는 동생에게 예수 그리스도를 자신의 구주로 영접하도록 간청했다.

1987년 성탄절 하루 전날, 나는 그의 답장을 받았다. 예수님께서 놀랍게 그의 영혼을 구원하셨다는 것이었다. 할렐루야! 그는 자신의 죄가 용서받았다는 것을 알게 되었다. 그는 이렇게 쓰고 있었다. "나는 매일 하나님과 함께하고 있어. 그분이 내 모든 문제를 해결해 주셨어." 나는 그 편지를 받고 감정을 다스릴 수가 없어 기쁨의 눈물을 흘렸다.

이 얼마나 놀라운 성령이신가! 그의 은사는 얼마나 힘이 있는가! 그것들은 하나님의 강력한 무기이다. 우리는 우리가 그 은사들을 부끄러워하여 그것들을 사용하지 않을 때 마귀의 손아귀에서 놀아나게 되는 것이다. 만약 내가 그 편지를 쓰지 않았더라면 어떻게 되었을까? 만약 내가 동쪽 창문을 열고 어둠 속으로 화살을 날리지 않았더라면 어떻게 되었을까? 나는 합리적인 결심으로 그렇게 한 것은 아니었다. 하지만 그럼에도 그 화살은 정확히 조준되었다.

예수님의 이름으로 당신에게 말하거니와, 창문을 열라! 그리고 당신의 두려움은 밀쳐 놓아라! 믿음으로 순종이 당신의 긴장된 마음을 다스리도록 하라. 하나님께서 그분의 놀라운 방법을 당신을 통해 사용하시도록 하라! 그리고 당신에게 이러한 지혜가 있도록 하라. "오직 위로부터 난 지혜는 첫째 성결하고 다음에 화평하고 관용하고 양순하며 긍휼과 선한 열매가 가득하고 편벽과 거짓이 없나니"(약 3:17).

기뻐하라!

요아스가 여닫이창을 통해 화살을 쏘자 엘리사에게 어떤 일이 생겼다. "이는 여호와의 구원의 살 곧 아람에 대한 구원의 살이니 왕이 아람 사람을 진멸하도록 아벡에서 치리이다"(왕하 13:17). 요아스는 이를 믿었고, 그런 확신이 주는 힘으로 앞으로 나아갔다. 그는 아람을 세 번이나 이겨 이스라엘의 잃었던 도시들을 회복하였다.

하나님과의 만남이 요아스 왕의 진로를 바꾸어 놓았다. 그것이 하나님과의 만남에서 일어나는 일이다. 하나님이 사용하시는 사람들은 그런 만남을 가지게 된다. 그들은 종교적인 일상에서 나와 성령의 바람 속으로 들어온다. 누구나 그런 만남을 가질 수는 있지만 그런 믿음으로 돌파할 수 있으려면 간절해져야 한다. 가장 기본은 바로 하나님의 기름부음이다. 당신이 그 기름부음을 받을 때까지 다른 모든 것은 가정에

> 하나님이 사용하시는 사람들은 … 종교적인 일상에서 나와 성령의 바람 속으로 들어온다.

불과하다. 당신이 하나님의 명령을 받게 되면 순종하지 않는 것이 가정이 된다.

끓는점

요아스와 엘리사의 이야기는 주목할 만하다. 여기에서 설명하는 대로 우리에게 위대한 진리를 알려 준다. 그 이야기에는 또 다른 면이 있다. 요아스는 더 잘할 수도 있었다. 우리는 선지자 엘리사가 그에게 화살을 집으라고 하면서 "땅을 치소서"라고 했다는 것을 계속해서 읽게 된다. 그는 그래서 마지못해 세 번 친다. "하나님의 사람이 노하여 가로되 왕이 오륙번을 칠 것이니이다 그리하였더면 왕이 아람을 진멸하도록 쳤으리이다 그런즉 이제는 왕이 아람을 세번만 치리이다 하니라"(왕하 13:19).

선지자의 손이 그의 손 위에 있었음에도 불구하고 왕의 나약한 의지가 드러난다. 요아스는 대담하지 못했다. 땅을 세 번 친 것은 흐릿하고 나태한 기질의 전형이다. 강한 의지를 가진 사람이라면 그런 사소한 일도 잘 해내기 위해 그리고 확실하게 하기 위해 땅을 여러 번 거듭해서 쳤을 것이다.

하나님은 아무리 작은 명령이라도 자신이 하는 일에 자신이 가진 모든 것을 거는 적극적인 영혼을 사랑하신다. 하나님의 명령은 어떤 것도 중요치 않은 것이 없다. "무릇 네 손이 일을 당하는대로 힘을 다하여 할찌어다"(전 9:10). 당신이 어떠한 사람인가는 큰 전투에서만 아

> 가장 기본은 바로 하나님의 기름부음이다. 당신이 그 기름부음을 받을 때까지 다른 모든 것은 가정에 불과하다. 당신이 하나님의 명령을 받게 되면 순종하지 않는 것이 가정이 된다.

니라 작은 전투에서도 나타난다. 당신이 곰이나 사자로부터 도망하는 사람이라면 골리앗을 죽일 수 없을 것이다.

만일 당신이 당신의 전부를 하나님과 그분의 명령을 위해 드린다면 하나님은 당신을 위해 많은 일을 하실 수 있다. "무슨 말씀을 하시든지 그대로 하라"(요 2:5).

요셉을 생각해 보자. 보디발의 집에서, 감옥에서 그리고 애굽의 수확을 담당했을 때 그는 모든 것을 그 일에 투신하였다. 그것이 그가 애굽의 총리가 된 이유였다. 당신이 할 수 있을 때에 할 수 있는 일들을 행하라. 그리고 어디에 있든지 행하라. 그러면 하나님은 당신이 더 많은 것을 담당하게 하실 것이다.

내가 아버지의 기도회에서 내 손을 병든 자매에게 올렸을 때 나는 중요한 것을 알게 되었다. 성령의 은사는 먼 미래의 일을 예비하기 위한 것이 아니라 오늘 사용하기 위한 것이다.

하나님의 손이 당신을 안수한다면, '활과 화살을 들라! 창문을 열라! 그리고 화살을 쏴라!'

4부
성공

13장
_무능한 자가 될 것인가, 중요한 자가 될 것인가?

살아 계신 예수님의 표적은 텅 빈 교회가 아니라 텅 빈 무덤이다. 예수님이 돌아가신 궁극적인 목적은 뒷골목 전도가 아니다.

어떤 사람들은 모든 종류의 사람들을 불러 모으는 성공적인 교회는 영적일 수가 없다고 한다. 우리의 비전은 무엇인가? 궁지에 몰리신 하나님? 자선운동을 하시는 하나님? 겨우 통의 밑바닥을 긁고 있는 초라한 교회?

창세기에서 요한계시록에 이르기까지 그런 그림은 보이지 않는다. 하나님의 종들은 역사의 흐름을 바꾸어 놓았다. 바울은 로마 교황 펠릭스가 떨게 만들었으며, 로마의 집정관인 베스도, 아그립바 왕, 버니게 여왕 그리고 수많은 높은 관료들에게 "이 일은 한편 구석에서 행한 것이 아니로소이다"(행 26:26)라고 말할 수 있었다. 예수님은 이스라엘 나라와 그 지배자들에게 도전하셨으며, 승천하신 후에는 전 세계가 같은 도전을 받았다. 바울은 네로 황제 앞에서도 증거하였다.

당신의 하나님은 허구인가? 그분은 무능력한 분이신가? 아니면 그분은 실체이며 전능하신 분이신가?

나의 하나님은 아무도 주의를 기울이지 않는 작은 신자들의 집단의 하나님이 아니시다. 우리가 믿는 하나님은 위대한 스스로 있는 자이시며 바로를 무색케 하신 하나님이시다.

> 성경은 성공 이야기이다. 전진이 없는 복음은 우리가 말씀에서 읽는 복음과는 정확히 반대되는 생각이다. 성경은 교회 앞에 모든 반대와 악에 맞서 전진하는 계획을 세운다.

성경은 성공 이야기이다. 전진이 없는 복음은 우리가 말씀에서 읽는 복음과는 정확히 반대되는 생각이다. 성경은 교회 앞에 모든 반대와 악에 맞서 전진하는 계획을 세운다.

우리는 이 세상에서 많은 반대 세력을 만났다. 마귀는 어떤 지역에서는 전혀 도전받지 않고 다스리고 있다. 우리는 온갖 종류의 적개심과 거짓 종교와 주술과 범죄 그리고 다양한 죄를 만난다. 하지만 복음은 그 마귀를 이겼다. 셀 수 없이 많은 사람들이 승리하신 왕 예수를 따르기 시작했다. 정부들은 우리 복음 사역을 지원하고 있으며, 때로는 우리에게 공항에서부터 집회 현장까지 공식 경찰 호위를 제공하기도 했다. 또한 세 국가의 의회에서 연설하도록 초대받기도 했다.

다음 몇 장에서 나는 하나님의 사역을 위한 축복을 기대하도록 격려하려고 한다. 다른 것은 하나님의 말씀이 될 수 없다. 성경은 결코 우리가 쇠퇴하는 데에는 위안을 주지 않는다. 하나님의 종들은 승리를 위해 헌신한다. 나는 종종 이렇게 말하곤 한다. 우리는 "승리하도록 운명지어졌다." 오순절은 부흥이다.

출애굽기, 신명기, 여호수아, 사무엘, 열왕기와 역대서를 읽어 보면 성공의 원칙들을 발견하게 될 것이다. 물론 거기에는 실패담들도 있다. 우리는 이 성경들을 자세히 들여다 볼 것이다. 먼저 여호수아를 볼 것인데, 그 책은 '성공서'라고 이름 붙여야 마땅하다. 그 다음 우리는 요나단, 요셉, 발람 등 성경의 인물들을 살펴보려 한다.

14장
_ 성공으로 가는 7단계

어떤 사람들에게는 소망이 있지만 여호수아 같은 사람들에게는 목적이 있었다. 이스라엘 온 세대가 바람은 가지고 있었지만 소망 가운데 죽어갔다. 그들은 차골(Wishbone : 새의 흉골 앞에 있는 두 갈래로 난 뼈, 식사 후 접시에 남은 이 뼈를 두 사람이 서로 잡아당겨 긴 쪽을 얻은 사람은 소원을 성취한다는 말이 있다 - 역자주)은 가지고 있었지만 척추는 없었다. 여호수아는 그런 '소원들'을 땅으로, 도시로, 집으로 그리고 소유물로 바꾸었다.

믿지 못한 이스라엘은 구슬피 울면서 광야에서 죽어갔다. 믿음을 가진 여호수아는 약속의 땅인 부유한 가나안에서 포도주를 마시며 식사를 하였다.

하나님께서 "가라"고 말씀하신 지 40년이 지났지만 여호수아는 아직도 "일어나 가라!"라는 말씀을 가슴에 품고 있었다. 그는 3일 안에 갔지만, 이스라엘은 포기하였다. 그들에게 약속의 땅은 환상의 땅이었다. 그러나 여호수아는 450년간의 오래된 꿈을 사실로 만들었다.

하나님께서 그에게 위임을 하신 이후 여호수아는 기다리지 않았다. 적절한 때가 오긴 했지만 그 적절한 때란 여호수아에게는 항상 즉시였다. 쇠는 뜨거울 때 쳐야 하는 것이 아니라 쇠가 뜨거워질 때까지 쳐야 하는 것이다. 그는 특별한 날을 기다리지 않았다. 여호수아는 때를 만들었다. 여호수아는 40년 동안 기다리던 일이 일어나도록 승리를 키워 나갔다. 그리고 그가 결심을 하자 그 일이 일어났다. 역사의 문이 그의 손에 의해 활짝 열렸던 것이다.

그의 성공 뒤에 있는 일곱 가지 요인들을 여호수아서의 맨 첫 장에서 살펴보기로 하자. 일곱 가지 성공 요인들은 그의 마음에 놓여 있는 것이지 주변 상황에 있는 것이 아니다. 그것이 사람들마다 결과가 달라지는 이유이다. 성공은 우리 안과 하나님의 말씀에 있는 것이지 우리의 상황에 있는 것이 아니다.

> "여호와께서 모세의 시종 눈의 아들 여호수아에게 일러 가라사대 내 종 모세가 죽었으니 이제 너는 이 모든 백성으로 더불어 일어나 이 요단을 건너 내가 그들 곧 이스라엘 자손에게 주는 땅으로 가라"(수 1:1-2).

가야 할 때는 장례식으로 시작되었다. 이스라엘을 이끌어야 할 사람은 이제 죽었다. "이제 가라." 하나님은 지시하셨다. 하나님께서 "내 종 모세가 죽었으니 너는 지금은 갈 수 없다. 너는 애굽으로 돌아가는 것이 좋겠다"라고 하실 것이라고 예상했었다. 위기의 시간이었다. 하지만 그런 때가 하나님의 때이다. 하나님은 위기의 때에 죽음에서 생명을 이끌어 내시고 역사를 이루시는 것을 매우 기뻐하신다.

그리고 여호수아가 있었다! 모세는 늘 위대한 인물 중의 하나였다. 그는 왕자로 자라난 수재에다, 타고난 지도자로, 조직가로, 작가로 지구상에서는 다른 어떤 사람보다 더 하나님의 후광을 가지고 있던 인격의 사람이었다. 여호수아가 어찌 이 거인에 비교될 수 있겠는가? 그리고 이스라엘은 어떻게 반응했겠는가? 아마, "여호수아는 자신을 뭐라 생각하는 거지? 그래봐야 그는 겨우 모세의 수종자에 지나지 않지 않는가! 그가 우리를 인도한다고?!"라고 반응했을 것이다.

모세는 그들을 가나안으로 이끌어야 했지만, 그는 그의 모든 정신력과 영적 위치에도 불구하고 결코 이루지 못했다. 그런데 그보다 못한 사람이 그 일을 해내겠다니…. 여호수아에게 답은 모세가 이미 여호수아가 하지 못할 일을 다 이루어 놓았기에 모세가 하지 못한 일을 자신이 할 수 있다는 것이었다. 모세는 그에 앞서 있던 사람이었고 놀라운 사역을 해내었기에 여호수아가 이제 그 땅을 차지할 수 있었다. 모세는 그가 할 수 있는 모든 일을 했다. 여호수아가 가나안으로 가는 마지막 발걸음을 옮겨 놓지 않는다면 그는 모세를 실패하게 만들게 될 것이었다.

위인들이 우리 앞에 있었다. 그들의 자리를 차지하기에는 우리가 너무 작게 느껴지기 쉬울 것이다. 사람들은 묻는다. "새로운 바울과 베드로는 어디 있지요? 현대의 루터(Luther)와 웨슬리(Wesley)는 어디 있지요?" 하지만 하나님은 오늘날 그 사람들을 원하지 않으신다. 그분은 우리를 원하신다. 그것이 우리를 만드신 이유이다.

이제 여호수아의 때가 왔다. 그는 가나안을 위해 거룩하게 지명된 사람이었다. 마치 모세가 여호수아를 위한 길을 예비하였듯이 교회 역사의 위대한 인물들은 우리가 예수님이 오시기 전에 마지막 힘을 낼 수 있도록 우리를 위해 모든 것을 준비해 놓았다. 우리는 그들을 실망시켜서는 안 된다.

우리에 앞서 갔던 용감한 사람들이 자유를 위해, 성경과 진리 그리고 성령을 위해 싸웠다. 그들은 피로 산 유물을 우리에게 남겨 놓았다. 그들의 놀라운 자원들이 이제는 우리의 것이다. 우리는 그들이 남겨 놓은 것을 차지하면 된다. 그들에 비하면 아주 보잘것없는 사람으로 느껴진다 하여도, 우리는 예수님께서 그의 제자들에게 "이보다 큰 것"(요 14:12)도 할 것이라고 하셨던 말씀을 기억하면서 거인들의 횃불을 흔들 수 있다.

기독교의 거인들이 그들의 일을 해내었듯이 우리는 이제 우리의 일을 한다. 그들은 세계를 복음화하지 못하고 다만 그 길을 열어 두었다. 바울은 죽었고 리빙스턴도 죽었다. 하나님은 우리에게 말씀하신다. "이제 일어나서 들어가 그 땅을 차지하라." 그들이 하지 못한 일을 우리는 할 수 있다. 할렐루야! 그들의 마음속에 있던 비전이 바로 우리 앞에 펼쳐졌다. 예수 그리스도를 위한 세상이 바로 그것이다. 우리는 우리의 열등감을 벗어던져야 한다. 어떤 이들은 과거의 그리스도인들과 비교한다. 이 말을 항상 기억하라. 인간의 위대성은 어느 시대에나 하나님에게만 있다. 그것이 모세가 하지 않았던 일을 모세의 하나님을 가지고 있었던 여호수아가 할 수 있었던 이유이다.

> 우리에 앞서 갔던 용감한 사람들이 자유를 위해, 성경과 진리 그리고 성령을 위해 싸웠다.

> 이 말을 항상 기억하자. 인간의 위대성은 어느 시대에나 하나님에게만 있다.

1단계
하나님 안에서 당신이 위대할 수 있음을 깨달으라

성경에서는 이 놀랍고 모든 것을 포함한 진술을 두 번이나 하고 있다. "하나님으로서는 다 할 수 있느니라"(마 19:26, 막 10:27). 이 진술에 쓰이는 단어 '으로서는'(With)을 주목하라. 하나님과 함께한다면 당신에게 모든 것이 가능하다.

하나님이 여호수아에게 약속하신 것은 무엇이었는가? "너희 발바닥으로 밟는 곳을 내가 다 너희에게 주었노니"(수 1:3).

여호수아는 아라비아의 종마를 타고 가나안으로 입성한 것이 아니라 하나님의 약속에 근거하여 진군하였다. 하나님이 그 약속을 모세에게만 하신 것은 아니었다. 하나님은 그 땅을 아브라함과 이삭과 야곱 그리고 요셉에게 주셨다. 이스라엘은 그 약속을 상속하였다. 하지만 약속은 그 사람들의 육체적인 후손들을 위해서 성취될 것은 아니었다. 아브라함의 '믿음'의 후손들만이 그 약속의 땅을 주장할 수 있었다.

아브라함의 육체적인 후손의 전 세대는 불신앙으로 다른 곳에서 죽었다. 갈렙과 여호수아 이 두 명만이 진정한 아브라함의 자손들이었다. 믿음이 없는 사람들은 광야에서 모두 죽었으며 두 명의 믿음의 자녀는 살아서 후에 믿음의 제2세대를 이끌고 갔다. 그들은 그 땅을 밟음으로 차지했다. 그들은 그저 그 땅의 권리 증서에 만족하지 않았다. 그들은 자신의 소유지로 들어왔다.

2단계
다른 이에게 말씀하신 하나님의 약속은 모두 믿음으로 우리의 것이 될 수 있다

그것들은 우리의 필요에 맞추어 만들어진 맞춤 약속이다. 그것들은 마치 하나님이 개인적으로 당신에게 나타나셔서 말씀하신 것처럼 당신을 위한 약속이다. 당신에게 있는 유일한 조건은 그 약속을 취해야 한다는 것이다. 하나님의 요청은 과거에도, 현재에도 "차지할 땅이 많이 남아 있다"는 것이다. 유일하게 차지하도록 남은 땅이 바로 여호수아가 차지하겠다고 결심한 그 땅이었다. 그 땅은 믿음으로 그들의 것이 되었다. "믿음은 바라는 것들의 실상이요 보지 못하는 것들의 증거니"(히 11:1). 여호수아는 비전을 가지고 그에 대한 주장을 하였으며 그것을 성취하기 위해 전진하였다.

> "곧 광야와 이 레바논에서부터 큰 하수 유브라데에 이르는 헷 족속의 온 땅과 또 해 지는 편 대해까지 너희 지경이 되리라"(수 1:4).

우리는 요엘서에서 꿈과 환상에 대해 읽을 수 있다. 현대의 사람들은 흥분과 초자연적인 경험, 신비적 즐거움을 위해 비전을 원한다. 이는 하나님이 의도하신 것이 아니다. 그분의 비전은 세상을 바꾸기 위해 주신 것이다. 진정한 하나님의 꿈꾸는 자는 현실적인 사람이지 신비론자는 아니다. 믿음 있는

> 진정한 하나님의 꿈꾸는 자는 현실적인 사람이지 신비론자는 아니다. 믿음 있는 자의 꿈은 현실적이다. 그들의 꿈에는 구체적인 내용이 있다.

자의 꿈은 현실적이다. 그들의 꿈에는 구체적인 내용이 있다.

우리는 어쩌다 우연히 성공에 도달하지는 않는다. 여호수아는 목적, 곧 비전을 가지고 있었다. 그리스도인의 자질 가운데 세 가지 위대한 요소 중 하나인 소망은 비전으로 만들어진다. 믿음은 소망을 가능하게 만든다.

여호수아의 성공 비결은 하나님의 최대치에 목말라했다는 것이다. 위에 설명한 경계들은 그들만의 비밀을 가지고 있다. 그 경계선은 확장될 수 있으며 13만 5천 마일에서 백만 평방 마일까지 어디나 포함한다. 하나님이 "큰 하수 유브라데"라 말씀하실 때에는 그 지리적 위치는 이스라엘이 그 강의 어느 지점까지도 확대될 수 있다는, 경계선은 넓혀질 수 있다는 의미였다. 그것은 끊임없이 증가하는 믿음과 끊임없이 확장되는 비전을 허락한다. 하나님은 영적으로 최고로 담대한 자라도 만족할 수 있는 변하지 않을 약속을 주셨다. 여호수아의 태도는 믿음의 사람의 것이었다.

이스라엘에 허용된 꿈은 어떠한가! 어쨌든 그들은 도망친 노예가 아니었던가! 여호수아는 꿈을 꾸었다. 꿈꾸는 자들이 세상을 변화시킨다. 여호수아는 더 이상 젊은이가 아니었으며, 그는 요엘의 예언을 기대하고 있었다. "너희 늙은이는 꿈을 꾸며"(욜 2:28).

그리스도를 위하여 세상을 정복하려는 꿈은 카리스마적인 면을 가진다. 그것은 사람들이 오순절 부흥의 시작에서 오순절의 권능을 찾도록 하던 바로 그 비전이었다. 그것은 하나님이 일을 하도록 보내주신 권능이었다.

3단계
하나님을 위해 당신이 할 일에 대한 비전을 갖고 그 일을 이루기 위해 일하라

비전이 없는 백성은 멸망한다. "내가 모세와 함께 있던것 같이 너와 함께 있을 것임이라"(수 1:5).

어떤 사람들에게 가장 깊숙이 뿌리 박힌 믿음(실제로는 '불신앙한') 중의 하나는 하나님의 임재가 어떤 사람의 경우는 더 크게 나타난다는 것이다. 우리는 심지어 하나님이 왜 그러하실 것인가에 대한 온갖 종류의 이유를 다 꾸며낸다. 우리는 어떤 사람들은 더 신성하거나 좀 더 기도를 많이 하거나 특별한 무언가가 있다고 말한다. 마치 하나님의 임재가 우리의 행동에 달린 것처럼 말이다! 하지만 그분의 임재에 대한 약속은 무조건적이다.

하나님은 처음부터 이렇게 말씀하셨다. "내가 너를 떠나지 아니하며 버리지 아니하리니"(수 1:5). 그분은 이 약속을 여호수아에게 하셨고, 같은 말씀이 1,300년이 지난 후에도 히브리서 13장 5절에서 되풀이된다. "내가 과연 너희를 버리지 아니하고 과연 너희를 떠나지 아니하리라."

하나님은 우리가 선하거나 우리가 위대한 믿음을 가졌기 때문에 우리와 함께하시는 것이 아니다. 그런 말씀을 하신 적이 없다. 그분은 돌이킬 수 없는 약속을 몸소 하셨기 때문에 우리와 함께하신다. 마치 '슬프거나 기

> 하나님은 우리가 선하거나 우리가 위대한 믿음을 가졌기 때문에 우리와 함께하시는 것이 아니다. 그런 말씀을 하신 적이 없다. 그분은 돌이킬 수 없는 약속을 몸소 하셨기 때문에 우리와 함께하신다.

쁘거나 부유하거나 가난하거나 병들거나 건강할 때에도'라고 하는 결혼 서약과도 같다. "이는 너를 지으신 자는 네 남편이시라"(사 54:5).

하나님이 사람과 함께하시는지 않으시는지 판단하는 것은 잘못된 표적을 보는 것이다. 우리는 이 사람이나 저 사람을 보고 그 사람이 이룩하거나 이룩하지 못한 일로 판단한다. 하나님이 그분이 함께하시는 사람에 따라 축소되거나 확대되시는가? 하나님은 그분이 함께하시는 목사나 교인보다 더 크신 하나님이시다. 그분은 작은 교회나 큰 교회나 동일하시며, 모세나 여호수아에게 행하셨던 것과 같이 우리와 함께하신다.

모세는 어느 누구보다도 하나님과 가장 특별한 경험을 했던 사람이다. 여호수아는 이 경험을 그 당시에 완전히 공유하지 못했다. 하지만 하나님께서 "내가 너를 떠나지 아니하며 버리지 아니하리니"라고 말씀하신 것은 여호수아에게였다. 우리에게 임하신 하나님의 존재는 우리의 요청이나 우리의 성공에 따라 달라지지 않는다. 만약 우리가 성공할 때에만 우리와 함께하신다면 성공은 결코 오지 않을 것이다.

사람들은 종종 이렇게 말한다. "하나님은 왜 저 사람을 쓰실까? 나도 그 정도는 할 수 있는데."

정확하다. 당신도 할 수 있다! 그런데 왜 바로 다른 사람이 하고 있는 일을 시작하지 않는가? 당신이 그 사람이 하는 일을 하지 않는다면 하나님이 어떻게 당신을 사용하실 수 있겠는가? 그것이 당신이 쓰임받지 못하는 이유이다.

어떤 불만이 많은 한 직원이 직장 상사의 책상 옆에 서서 자신의 월급이 상사에 비해 너무 적다고 불평했다. 그는 이렇게 말했다. "나도 당신 자리에 앉을 수 있어요. 나도 당신만큼 실력 있는 엔지니어라고요."

그 상사는 이렇게 비꼬았다. "맞는 말이네. 당신도 여기 앉을 수 있지. 왜 안 그렇겠나? 나는 아무것도 없는 상태에서 이 사업을 시작했으니 당신도 그렇게 할 수 있을 걸세."

4단계
하나님이 과거의 위대한 믿음의 조상들처럼 당신과 함께하신다는 것을 알라

적당한 상황을 찾아 헤매고 다니지 말라. 하나님이 당신의 상황이시다! 그분은 당신과 함께하신다. 신앙의 선배들은 단지 이 위대한 상황의 좋은 점만을 취하여 믿고 행동했을 뿐이다.

여호수아의 이름은 원래 '호세아'(Hoshea, 구원)였다. 하지만 모세가 그에 신성한 이름을 덧붙여 'Jehoshua'(구원이신 하나님) 혹은 영어로는 'Jeshua'가 되었다. 당신의 이름도 하나님의 이름과 함께 연결될 때에는 의미심장하게 된다. 그러면 당신은 하나님이 여호수아에게 불어넣어 주셨던 그 용기를 가지고 하나님의 이름으로 전진할 수 있게 된다.

"마음을 강하게 하라 담대히 하라"(수 1:6).
"오직 너는 마음을 강하게 하고 극히 담대히 하여"(수 1:7).
"마음을 강하게 하고 담대히 하라 두려워 말며 놀라지 말라"(수 1:9).

하나님은 여호수아에게 용기를 가질 것을 세 번이나 강조하셨다. 첫 번째는 하나님이 이런 이유를 주신다. "내가 너와 함께할 것이라." 두 번째에는 단지 '오직'이란 말을 덧붙이신다. "오직 너는 마음을 강하게 하고 극히 담대히 하여."

세 번째 반복하신 후에는 다른 이유를 주신다. "내가 네게 명한 것이 아니냐"(수 1:9). 하나님은 명령하시는 분이시며, 그때가 하나님이 명령하실 때였다.

하나님은 우리에게 앞으로 나아갈 이유를 주신다. 그러나 우리는 언제나 뒤로 물러설 이유만을 찾는다. 그리고 우리는 두려움을 덕으로 삼는다. 우리는 "나는 밀어붙이는 사람이 아니야"라거나 혹은, "만약 하나님께서 그 일을 하길 원하신다면 나를 그쪽으로 미실 거야" 또는 "우리는 하나님보다 앞서 나가선 안 돼", "나는 지금 하나님의 분명한 인도를 기다리고 있는 중이야. 우리는 성급히 속단하면 안 돼." 그것도 아니면, "나는 내 자신을 위해 위대한 일을 하려고 구하는 것이 아니야. 나는 겸손하고 싶어"라고 말한다.

그런데 다른 곳에서는 사람들이 죽어가고 있다. 이것이 정직하고 충분한 이유들인가? 우리를 전진하지 못하게 하는 것은 우리의 두려움 아닌가? 마귀는 우리를 겁주려고 무슨 일이든 할 것이기 때문에 하나님은 우리에게 그에 대항할 것을 주셨다. 실로 우리가 주저하고 불안해하는 것에는 명분이 있다. 그것이 자연스럽다. 하지만 하나님은 우리에게 모험과 용기의 새로운 삶을 요청하신다. 이것이 그리스도인의 삶이 흥분되는 이유이다. 바울은 로마에서 복음을 선포하는 것이 두렵지 않다고 말했다. 아마 그는 고린도에서 "약하며 두려워하며 심히 떨었노라"(고전 2:3)라고 말했던 것처럼 앞날에 대해 불안했을지도 모른다. 하지만 그는 자신의 감정에 물러서지 않았다. 그는 거의 홀로 이방인 유럽에 맞설 때에 하나님이 자신을 강하게 하시는 경험을 즐기고 있었다.

바울이 성경에서 두려움을 다루는 방법을 배웠다는 것을 알 수 있다. 우리도 그러해야 한다.

"내가 두려워하는 날에는 주를 의지하리이다"(시 56:3).
"의인은 사자 같이 담대하니라"(잠 28:1).
"주 예수의 이름으로 담대히 말하고"(행 9:29).
"두 사도가 오래 있어 주를 힘입어 담대히 말하니"(행 14:3).
"그가 회당에서 담대히 말하기를 시작하거늘"(행 18:26).
"바울이 … 석 달 동안을 담대히 하나님 나라에 대하여 강론하며 권면하되"(행 19:8).
"저희가 베드로와 요한이 기탄없이 말함을 보고"(행 4:13).
"주여 … 또 종들로 하여금 담대히 하나님의 말씀을 전하게 하여 주옵시며"(행 4:29).
"담대히 하나님의 말씀을 전하니라"(행 4:31).

그 사람들은 두려움이 무엇인지 몰랐던 슈퍼맨이 아니었다. 그들도 사시나무 떨듯하여 가슴이 터질 것같이 느껴졌다. 엘리야도 우리와 마찬가지로 쉽게 열정에 휩싸이던 사람이라고 야고보는 말했다. 하지만 그들은 두려움을 정복했다. 그들은 하나님이 자신을 보내셨다는 사실을 기억했던 것이다. 그들은 순종했고 그 책임을 하나님께로 돌렸다. "내가 네게 명한 것이 아니냐"라는 말이 그들의 귓전에

쟁쟁했다. 그런데 왜 "호흡은 코에 있나니"(사 2:22)라고 하는 인간을 두려워하겠는가?

바울은 사람들에게 자신을 위해 성령의 권능이 자신에게 내리도록 기도해 달라고 부탁한 적이 없다. 그는 자신이 기름부음을 받았다는 사실을 알았다(롬 15:29). 하나님이 그와 함께하셨다. 그의 기도 요청은 이러했다. "내게 말씀을 주사 나로 입을 벌려 복음의 비밀을 담대히 알리게 하옵소서 할 것이니 이 일을 위하여 내가 쇠사슬에 매인 사신이 된 것은 나로 이 일에 당연히 할 말을 담대히 하게 하려 하심이니라"(엡 6:19-20). '당연히 할 말을' 이라고 한 것에 주목하자. 바울은 말을 하기 위해 보내진 하나님의 대사였다.

5단계
그리스도 안에서 담대하라

존 웨슬리는 이렇게 말했다. "나는 인간을 두려워하기에는 하나님이 너무 두렵다." 하나님에 대한 경외심은 인간에 대한 두려움을 내어쫓는다. 예수님도 말씀하셨다. "두려워 말고 믿기만 하라"(막 5:36). 문자적으로 해석하면, '공포심을 가지지 말라, 믿음을 가지라' 는 말이다. 두려움의 반대는 용기가 아니라 믿음이다.

> "… 나의 종 모세가 네게 명한 율법을 다 지켜 행하고 좌로나 우로나 치우치지 말라 그리하면 어디로 가든지 형통하리니 이 율법책을 네 입에서 떠나지 말게 하며 주야로 그것을 묵상하여 그 가운데 기록한대로 다 지켜 행하라 그리하면 네 길이 평탄하게 될 것이라 네가 형통하리라"(수 1:7-8).

이 말씀에 모든 비밀이 담겨 있다. 당신은 성경에 관해 가장 학문적인 책을 읽었을지도 모르겠다. 학문은 훌륭하다. 하지만 "경외하는 자에게 있음이여 그 언약을 저희에게 보이시리로다"(시 25:14) 하였다. 하나님의 숨겨진 것들은 지식인들에게 알려지지 않은 것이다. 그것들은 대화로 소통되는 것이 아니다. 그 비밀들은 우리가 말씀을 읽는 가운데 우리 영혼 속에서 떠올라 꽃으로 피어난다. 성경은 난해한 불가사의의 책이 아니다. 그 책은 평이한 글로 되어 있지만 믿음의 손에 의해서만 잡혀지는 것들이다.

예수님은 우리에게 이렇게 기도하라고 가르치셨다. "오늘날 우리에게 일용할 양식을 주옵시고." 그 일용할 양식이란 하나님의 말씀을 의미하기도 한다. 하나님의 말씀을 매일 읽으라. 그러면 아버지께서 그것을 우리에게 해석하여 우리의 영혼에 날마다 밥을 먹여 주실 것이다. 성경은 잘난 척하는 사람들을 위한 책이 아니다. 어떤 사람들은 말씀의 구절과 단어들을 다른 사람에게 고쳐 주려 하지만, 그들은 하나님의 마음의 감동조차 잃어버리기 십상이다!

설교자에게는 한 가지의 책무가 있다. 바울이 디도에게 말했던 것처럼 말씀의 선포가 그것이다. 말씀을 선포하고, 늘(밤이나 낮으로) 그 말씀을 묵상하여 그 말씀에서 당신의 메시지를 얻으라. 성경이 하시는 말씀을 전하라. 대중의 입맛에 맞추기 위해 복음을 조절하거나 선택하지 말라.

당신이 말씀으로 가득 차 있는 한 사역에 부족함은 없을 것이다. 성경을 연구할 수 없을 때에는 말씀을 읽으라. 도서관을 샅샅이 훑으며 파고드는 '깊은 연구'는 아니지만, 그런 간단한 말씀이 당신에게 불을 놓고 다른 사람에게도 불을 지필 것이다. 전 세계적으로 말씀 사역에 대한 필요는 갈수록 분명하다. 예화와 유머, 사상과 심리학, 멋진 연설과 훌륭한 충고가 풍부한 설교자들은 많다. 하지만 어떤 설교자들은 마치 사진이 없는 아름다운 액자틀과 같이 정확한 소개와 결말로 멋진 두운을 맞추고 깔끔한 훈계적인 목적을 달성하는 것 이외에는 아무것도 주는 것이 없다.

> 하나님의 말씀은 단순한 설교 전문가가 아니라 선지자가 되게 한다.

하나님의 말씀은 단순한 설교 전문가가 아니라 선지자가 되게 한다. 말씀의 이해가 핵심이다. 이 말씀을 가르치고 선포하는 일에 자신을 드리는 사람은 그물에 걸린 어린 새와 같이 말씀에 목말라 기다리는 사람들이 수없이 많음을 알게 될 것이다.

무엇보다 하나님의 권능이 복음의 선포를 통해 발생한다(롬 1:16). 그리고 그 말씀이 선포될 때마다 창조가 일어난다. 성령이 행동하시는 시간은 놀라운 순간이다. 성경을 증명할 필요는 없다. 성경 스스로가 증명할 것이다.

> 당신을 위해 여기 진정한 방법을 제시하고자 한다. 그것은 첫째도 말씀, 둘째도 말씀, 셋째도 말씀이다!

6단계
"이 율법책을 네 입에서 떠나지 말게 하며"(수 1:8).

말씀 없이 번영하는 사람이 있다면 그들을 따르지 말라. 당신을 위해 여기 진정한 방법을 제시하고자 한다. 그것은 첫째도 말씀, 둘째도 말씀, 셋째도 말씀이다!

"삼일 안에 너희가 이 요단을 건너 너희 하나님 여호와께서 너희에게 주사 얻게 하시는 땅을 얻기 위하여 들어갈 것임이니라"(수 1:11).

이것이 내가 여호수아를 좋아하는 이유이다. 그는 즉각 행동하였다. 이스라엘은 한 세대 내내 요단 동쪽 강변에 있었다. 그 강은 그다지 넓지도 않았고 바다도 아니었다. 건너편은 그 아버지들의 전설이었으며, '아름다운 그 어디'에 지나지 않았다.

그날 아침은 여느 날과 마찬가지로 광야에서 영원히 장막을 치고 살아야 하는 도시와 같았다. 그런데 나팔 소리가 울렸다! 사람들에게 전기가 통했다. 역사의 문이 활짝 열렸다. "사흘 안에 그 땅으로 들어갈 준비를 하라."

얼마나 많은 그리스도인들의 꿈이 무시되거나 너무 이상적인 것으로 아득히 먼 미래의 것이라며 밀쳐졌었던가? 하나님은 아득히 먼 미래의 하나님이 아니시다. 그분은 즉각적인 현실화를 위해 명령과 약속을 주신다. 아버지는 때를 아신다. 부흥은 누구나 원한다. 바로 지금! 표적과 기사를 원한다. 바로 지금! 복음과 함께 담대히 나아가라. 바로 지금! 새로운 교회를 개척하라. 바로 지금!

그들은 요단을 건너 여리고 성을 바라보았다. 40여 년 전 이스라엘의 열두 남자들이 약속된 땅에 있는 거대한 성벽 안의 도시들을 염탐하도록 파견되었다. 열 명은 되돌아와 실망스러운 보고를 하였다.

그 도시들의 "성곽은 하늘에 닿았으며"라고 신명기 1장 28절에서 믿음 없는 자들이 말하였다. 그리고 그들은 그곳에서 거인들을 보았는데, "우리는 스스로 보기에도 메뚜기 같으니 그들의 보기에도 그와 같았을 것이니라"(민 13:33)라고 말하였다.

절대 메뚜기 정신 상태를 드러내지 말라! 하나님은 20세가 넘는 이스라엘 성인들을 모두 그들의 믿음 없음으로 인해 광야에서 방황하다 죽도록 하셨다. 무려 40년의 세월이었다. 인간은 "그 마음의 생각이 어떠하면 그 위인도 그러한즉"(잠 23:7)이라 했다. 자신을 메뚜기라고 생각하면 그렇게 된다! 인간은 믿는 대로 되는 것이다. 하나님의 눈에 보잘것없는 인간은 믿음이 적은 인간이다. 그는 메뚜기 신드롬으로 고난받을 것이다. 그러나 하나님 안에서 당신은 절대 메뚜기가 아니다.

40년 전 갈렙과 여호수아라고 하는 다른 두 명의 정탐꾼들은 믿음의 눈으로 그 땅을 보았고 긍정적인 보고를 했다. "우리가 두루 다니며 탐지한 땅은 심히 아름다운 땅이라 여호와께서 우리를 기뻐하시면 우리를 그 땅으로 인도하여 들이시고 그 땅을 우리에게 주시리라"(민 14:7-8).

이제 여호수아가 그렇게 고대하던 날이 도래했다. 성벽은 열 명의 믿음 없는 정탐꾼들이 보고했던 그대로 여전히 그들 높이 솟아 있었다. 하지만 이제는 이스라엘이 달라졌다. 그들은 나팔 소리로 그 성벽들을 무너뜨릴 수 있을 만큼 자신이 있었다. 그들에게는 폭약이 필요 없었다. 그리고 정말로 그 성벽들은 무너져 내렸다. 그들은 여리고 성 주민들의 그 이상한 전쟁 방식에 대한 비웃음 속에서 6일간 하루에 한 바퀴씩 그 벽 주변을 돌았다. 그리고 7일째 되는 날 하나님의 명대로 일곱 바퀴째 돌았을 때 그 벽은 무너져 내렸다. 우리는 오직 하나님 안에서 그렇게 커질 수 있다.

7단계
가서 그 땅을 차지하라

이스라엘은 그저 행군하며 나팔만 불었던 것은 아니다. 벽이 무너지자 그들은 들어가서 그 도시를 차지하기 위해 싸움을 했다.

나는 여기서 당신이 대단히 중요한 사실을 깨닫기를 바란다. 오래전 예수님께서 사탄이 번개가 치듯 천국에서 떨어지는 것을 보았다고 말씀하실 때 그 도시의 성벽은 이미 무너졌다. "이 세상 임금이 쫓겨나리라"(요 12:31). 하지만 그것이 끝은 아니다. 우리는 이제 말씀의 칼을 들고 무너진 성벽을 넘어 들어가 복음을 선포하고 하나님을 위해 그 도시를 취해야 한다! 모든 벽은 예수님의 이름으로 무너졌다. 이제 가서 그 땅을 차지하자!

15장
_ 긍정적인 주도권

전문가들은 "당신의 은사를 찾아서 사용하라"라고 말한다. 당신에게 은사가 있다면 그 충고를 따르도록 하라. 땅에 당신의 달란트를 묻어두지 말라. 하지만 이 충고는 안락의자에 앉아 있는 일부 사람들을 위한 핑계가 될 수도 있다. 그들은 자신들에게 은사가 없다는 점을 자랑할 것이다.

그러나 성경은 달리 말하고 있다. "네 손이 일을 당하는대로 힘을 다하여 할찌어다"(전 9:10). 나는 이를 이렇게 해석한다. 하나님의 포도원으로 들어가 돌이 남아 있지 않도록 하라.

해야 하는 조사가 있다면 그 일을 진행하라. 어떤 경우에는 하나님의 부르심이 필요하다. 만약 당신이 어떤 일에 은사가 있는지 없는지를 본다면, 어쩌면 당신은 당신의 영역에 그 은사가 없다고 단정 지을지도 모른다. 그 일을 다른 누군가에게 줘 버릴 수도 있다. 하지만 그것은 하나님의 부르심이며 중요한 것은 그 일을 이루어야 한다는 사실이다.

우리는 우리의 은사에 관해 스스로 단정해서는 안 된다. 믿음으로 하나님은 우리를 우리 자신을 넘고 우리의 한계를 넘어 들어 올리실 수 있기 때문이다. 그 일을 하는 것은 당신이 아니다. 하나님이 하신다. 그분 없이 당신은 어떤 일도 할 수 없다. 하지만 그리스도를 통한다면 모든 것을 할 수 있다. 우리는 필요하다면 물 위를 걸을 수도 있을 것이다. 믿는 자에게는 모든 일이 가능하기 때문이다.

하나님 안에서의 믿음이 그 인격을 만든다! 우리는 믿는 대로 된다. 자신을 헐값에 팔지 말라. 제값을 받지 못하는 것은 겸손이 아니라 당신이 태어난 그 목적을 부인하는 것이다. 여기 핵심이 되는 원칙이 있다. 당신은 자신을 통해 하나님의 권능이 역사하기를 원한다면 하나님의 부르심에 순종해야 한다.

하나님께서는 당신이 무엇을 하기를 원하시는가? 하나님은 당신이 하나님의 뜻을 발견하는 데에 몇 년의 시간을 보내기를 원하시지 않는다. 하나님은 아무도 그렇게 오랫동안 기다리게 하시지 않는다. 만약 하나님께서 어떤 일이 이루어지기를 원하신다면, 우리가 그것에 관해 추측하도록 놔두실 이유가 없을 것이다. 그러실 이유가 무엇이겠는가? 당신을 위한 그분의 목적을 당신에게 숨긴다는 것은 말도 안 되는 일이다. 또한 당신이 찾기 힘들게 하시지도 않을 것이다.

하나님은 항상 가까운 곳에 과제를 가지

고 계시다. 그것은 어쩌면 위대한 과업은 아닐지도 모른다. 영웅적인 일은 더군다나 아닐 수도 있다. 아마 당신이 변변찮은 일이라고 생각할 수도 있는, 자신의 품위에 맞지 않는 일일 수도 있다. 하지만 그 위대한 사도 바울도 위대한 일의 기획이 아니라 텐트 만드는 일을 했다는 것을 기억하라. 사소한 일에 있어서의 신실함이 하나님께서 바울을 그렇게 위인으로 만드셨다.

> 그 위대한 사도 바울도 위대한 일의 기획이 아니라 텐트 만드는 일을 했다는 것을 기억하라. 사소한 일에 있어서의 신실함이 하나님께서 바울을 그렇게 위인으로 만드셨다.

어떤 사람들은 보잘것없는 시작을 무시하기 때문에 하나님께서 자신에게 인도의 말씀을 해 주실 것을 구하기도 한다. 그들은 하나님께서 그들을 위한 위대한 일을 가지고 계시며 이렇게 사소한 일은 아닐 것이라고 장담한다. "네가 너를 위하여 대사를 경영하느냐 그것을 경영하지 말라"(렘 45:5)라고 하나님은 그의 종인 예레미야를 통해 말씀하셨다. 당신이 움직이지 않는 보트나 자전거로 다닐 수 없듯이, 하나님도 당신에게 어떤 길로 갈 것인가를 말씀하시기 전에 먼저 당신이 움직이기를 기다리신다.

하나님은 우리를 인도하신다. 아브라함의 종 엘리에셀은 이삭을 위한 신부감을 찾을 때 이렇게 말한다. "여호와께서 길에서 나를 인도하사"(창 24:27). 이는 하나님의 원칙이다. 당신은 하나님을 위해 주도권을 쥐고 있다. 그리고 그것은 바울이 그 유명한 전도여행을 떠났던 방식이다.

행동하라!

만약 댐에 구멍이 뚫렸다면, 그에 관한 해결책을 연구하기 위해 그 자리를 그냥 뜨지 말라. 만약 적이 약속의 땅에 쳐들어온다면 당신에게 떨어진 일은 분명하다. 싸우라! 기다리지 말라! 하나님에게 무엇을 해야 할 것인가를 묻거나 당신에게 주어진 은사가 무엇인가를 연구하고 있지 말라. 기다려야 할 때 기다리지 않은 사람이나 기다리지 말아야 할 때 기다린 사람의 전형이 바로 사울 왕이다. 뭔가 대단한 일을 할 수 없을 때 아무것도 하지 않는 것은 자존심 외에는 아무것도 아니다. 하지만 우리는 여기서 사무엘상 13장과 14장에서 또 다른 교훈을 배울 것이다.

최악의 때가 최선의 때이다

수세기 동안 이스라엘과 블레셋은 이스라엘 땅을 두고 경쟁해 왔다. 블레셋 사람들은 물리적으로나 영적으로 이스라엘의 전통적인 적이었다. 우리는 오늘날의 그리스도인의 사역과 전투에 그 역사가 주는 영적 원칙을 비교해 볼 수 있다. 이스라엘과 블레셋의 대결은 다윗이 마침내 블레셋을 정복할 때까지 끊임없이 발생했다.

사울은 왕이 되고 난 후, 3천 명의 상비군을 만들어 그 3분의 1은 자신의 아들 요나단의 휘하에 두었다. 그 당시 블레셋인들은 우세하였다. 그들은 벧엘에서 믹마스의 동네가 있는 곳까지 전략적 요충지 중 하나를 포함하여 여기저기 이스라엘 온 땅에 부대를 두었다.

이때 요나단은 이미 블레셋 군대들에 공격을 가했고, 블레셋인들은 믹마스에 군대를 배치하고 있었다. 사울 왕은 약 600명의 군대를 다른 쪽 요충지인 기브아에 배치해두고 모든 전쟁 준비를 갖추었다.

하지만 사울은 공격하지 않았다. 그의 손가락은 방아쇠에 놓여 있었지만 목표물을 저격하지 않았다. 적은 이스라엘에 편안히 앉아서 그 좋은 땅을 차지한 뒤 탈취하고 있었다. 그것은 이상한 전쟁이었다. 아무도 행동하는 사람이 없었다. 블레셋 사람들은 아무것도 할 필요가 없었지만 이스라엘은 뭔가 했어야만 했다.

요나단은 다윗과 같았다. 그들은 죽기 아니면 살기의 급한 기질을 공유한 단짝이었다. 요나단은 한쪽 팔꿈치를 땅에 대고 앉아서 풀을 뜯으며 불안해 하기 시작했다. 그는 그의 아버지가 시원한 '석류나무 아래 앉아' 있을 것이라고 생각했다.

마침내 그 아버지에게는 아무 말도 하지 않고 요나단과 무기를 든 소년은 자신들끼리 행동을 취하기로 결심했다. 적이 그곳에 있는데 왜 그들을 그대로 두겠는가? 만약 아무 일도 하지 않는다면 블레셋인들은 그 땅에서 영원히 자리를 잡을 것이었다.

두 용감한 사도들

블레셋 군대로 가는 길은 두 날카로운 바위들 사이를 지나는 한 지점에서 좁은 협곡으로 이어졌다. 요나단은 방어자들에게 유리한 그곳을 올라야 할 뿐 아니라 그 좁은 방어적 위치를 통과해야만 했다. 블레셋 군인 혼자서도 부대 하나 정도는 마치 호라티우스(Horatius)가 티베르 다리에서 그랬던 것처럼 그곳에서 막아낼 수 있을 것이었다. 그래서 요나단은 자신의 무기를 든 소년에게 이렇게 말했다. "여호와께서 우리를 위하여 일하실까 하노라 여호와의 구원은 사람의 많고 적음에 달리지 아니하였느니라"(삼상 14:6).

그것은 믿음으로 감행한 모험이었다. 그들은 하나님께서 그들 둘로 인해 구원하실 수 있음을 알았다. 하지만 만약 모든 사람들이 시원한 석류나무 밑에서 쉬고 있다면 하나님은 구원을 행하지 않으신다. 그런 행동하지 않음이 침략한 적들을 영원히 눌러 앉도록 만들 것이었다. 이스라엘의 행동이 요구되었다. 그것이 공식적인 것이든 개인적인 결단이든 하나님께는 문제가 되지 않았다.

> 그들은 하나님께서 그들 둘로 인해 구원하실 수 있음을 알았다. 하지만 만약 모든 사람들이 시원한 석류나무 밑에서 쉬고 있다면 하나님은 구원을 행하지 않으신다.

그래서 요나단과 그의 친구는 시험을 하기로 했다. 그들은 숨어 있던 곳에서 나아가 블레셋인들이 자신들을 볼 수 있는 곳에 서기로 했다. 그래서 적들이 "우리에게로 올라오라 너희에게 한 일을 보이리라"(삼상 14:12)라고 말한다면 요나단과 그 무기 든 자는 그렇게 하기로 했다. 블레셋인들은 그들이 그렇게 바보 같은 행동, 두 명이 이십 명을 상대하는 일을 시도할 것이라고는 절대 믿지 않을 것이었다.

요나단의 시험이 어떤 것이었는지에 주목하자. 그 속에는 믿음의 행위가 있었다. 그는 대단히 용감한 일을 하려고 제안했는데, 그의 '표적'은 그 자신이 눈에 보이도록 하였을 때 블레셋 사람들이 그에게 도전하는 것이었고, 블레셋인들은 확실히 그렇게 했다. 어떤 사람들은 그런 '표적'이 우스꽝스러운 것이라고 여겨, 너무 쉽거나 너무 어려운 상황을 지표로 삼으려 한다. 하지만 이런 사람들은 결국에는 대개 마귀에게서 표적을 얻게 된다.

블레셋 사람들은 요나단을 보았고 정확히 우리가 예상한 대로 말했다. "우리에게로 올라오라." 그들 역시 그 당시 전투에서 지려고는 하지 않았다. 그들은 그 어린 두 이스라엘 군인들이 진짜 올라올 것이라고는 믿지 않았다. 그래서 그들은 자신들의 등을 보이고는 특별한 조치도 취하지 않았던 것이다.

하지만 요나단과 그의 무기 든 자는 모험으로 여겨지는 일을 믿음으로 행했다. 그 두 사람은 손과 발로 기어 앞으로 나아갔다. 그들은 놀란 군대를 향해 뛰어 올라 무방비한 그들을 공격하였다. 요나단의 믿음은 그에게 그날의 승리를 가져오게 한 담대함을 주었다.

한편, 사울은 무엇을 하고 있었는가? 그는 하나님의 제사장과 말을 하고 있었다. 자신의 의무가 무엇인지가 명확하였음에도 아마 도움과 인도를 구하고 있었을 것이다. 그는 하나님께서 무엇인가를 해 주시기를 바라고 있었다(삼상 14:3). 물론 하나님은 무엇인가 하실 것이었다. 누군가가 하나님을 믿고 행동을 취하기만 한다면 말이다.

그리고 사실 하나님께서는 요나단이 행동을 취했을 때 일을 하셨다. 그 용감한 공격이 성공했던 것이다. 처음부터 하나님은 그들의 용맹을 높이 사셨다. 그래서 하나님은 일어서셔서 그분 자신의 일을 행하셨던 것이다. 그분은 땅이 진동하도록 하셨다(하나님은 사람들이 믿음으로 행동할 때 그리고 믿음으로 기도할 때 땅이 진동하도록 하신다. 사도행전 4장 31절을 보라).

그 결과는 공포였다. 공포심은 적진에 급속히 번졌고, 블레셋 군대는 악성 소문이 돌아 혼란에 빠져 군인들은 모두 흩어졌다.

요나단의 아버지인 사울 왕은 그 소란한 소리를 들었다. 그는 용기를 내어 자신의 군대를 이끌고 대혼전 속으로 들어가 적을 추격하였다. 심지어는 블레셋인들에게 잡혀 있던 죄수들도 용기를 내어 잡고 있던 자들을 쳤다. 에브라임산의 바위 사이에 숨어 있던 이스라엘 사람들은 이전에는 너무 두려워 전투에 나서지 못했지만 지금은 대담해져서 패주하는 적들을 뒤쫓았다. 사방에서 공격당한 블레셋인들은 심각한 패배를 겪었다.

평범한 하루

이 일이 발생했던 때를 주목하자. "어느 날"이 말은 그날이 특별한 날이 아니었다는 것을 의미한다. 하나님의 인도와 계시가 없던 어느 날이었다. 하지만 승리는 요나단이 싸우기로 마음을 정했기에 발생했다. 그는 그날을 특별한 날로 만들었다. 하나님의 날은 요나단이 이스라엘이 오랫동안 지체하고 있었다고 결정한 그날과 정확히 일치한다.

사울 왕은 뭔가 피치 못할 행동을 개시해야만 할 일이 일어나기를 기다리고 있었다. 그는 하나님의 인도를 원했거나 하나님께서 먼저 움직이시기를 희망했으며, 그것이 그가 제사장과 말을 하고 있던 이유였다. 그러나 요나단은 필연과 표적을 막연히 기다리고 있을 수가 없었다. 그는 제사장과 상담하지 않았다. 하나님의 뜻을 시험하는 그의 '표적'은 그를 확실히 싸움에 나서게 만들 것이었다. 요나단이 다윗의 마음에 맞는 사람이라는 것은 놀랄 일도 아니다. 기억하라. 다윗은 하나님의 마음에 합한 자였다는 사실을.

하나님은 단 하루밖에 표시되어 있지 않은 천 년짜리 달력을 가지

> 하나님은 단 하루밖에 표시되어 있지 않은 천년짜리 달력을 가지고 계신다. 그 달력에는 '오늘'이라고 표시되어 있을 뿐이다.

고 계신다. 그 달력에는 '오늘'이라고 표시되어 있을 뿐이다. 예수님 자신이 "너희가 넉 달이 지나야 추수할 때가 이르겠다 하지 아니하느냐"(요 4:35)라고 도전하시면서 "희어져 추수하게 되었도다"라고 말씀하셨다. 선지자 학개는 예루살렘 사람들이 "여호와의 전을 건축할 시기가 이르지 아니하였다"(학 1:2)라고 말하자 그 사람들에게 신랄한 공격을 개시했다. 그들은 부끄럽게도 하나님의 영광을 위하여 성전을 짓는 것보다 자신들의 안락한 집을 건축하는 것을 우선했다.

당신의 선제공격

사람들은 때가 아니라는 말을 너무 쉽게 한다. 마치 기후나 상황이 하나님의 능력을 작게 할 수 있는 것처럼 말이다! 부흥은 부흥이 있을 때를 위해 있는 것이 아니라 부흥의 아무런 표적이 없을 때를 위한 것이다. 부흥은 언제나 아무 일도 일어나지 않고, 하나님의 움직임에 대한 아무런 징표도 없을 때 그리고 전망이 좋아 보이지 않을 때에 시작된다. 사방이 나쁘기 때문에 믿음의 담대한 사람들은 그 상황을 바꾸기로 결단한다. 만약 우리가 상황이 좋아지기를 기다린다면, 우리는 결코 갈 수 없다. 그렇다면 핵심은 무엇인가? 요나단은 승리가 불가능할 때에 공격을 했고, 그것이 그가 성공한 이유가 되었다. 하나님은 우리와 함께하셔서 그분의 권능을 증명하기를 기뻐하신다.

우리는 모두 미국과 유럽 그리고 온 세계를 휩쓸 위대한 부흥을 위해 기도하고 있다. 계속해서 기도하자! 하지만 부흥이 와서 복음 선포가 쉬워질 때까지 기다리지 말라. 당신이 현재 할 수 있는 일을 하라. 당신은 부흥을 기다리는 동안 그리스도를 위해 수천 명을 얻을 수 있다. 그렇다고 거기에서 그치지 말라. 부흥은 많은 이들이 믿는 것처럼 하나님의 주재권이라는 것은 사실이다. 하지만 부흥을 일으키실 수 있다는 것도 마찬가지로 사실이다. 초기 그리스도인들은 분명히 이를 알고 있었다. 마가복음 16장 20절은 이렇게 선언한다.

> "제자들이 나가 두루 전파할쌔 주께서 함께 역사하사 그 따르는 표적으로 말씀을 확실히 증거하시니라."

그 축복받은 신자들은 앉아서 주님이 나아가시길 기다리지 않았다. 오늘날의 그리스도인들은 이렇게 말한다. "성령의 감동이 있으면 갈 거야." 아니다! 그 복음서는 이렇게 단언한다. "제자들이 나가…." 다시 말하면, 그들이 먼저 주도권을 행사했고 하나님께서는 기쁘게 따르셨다! 나는 하나님께서 우리가 그분의 성령이 강하게 흘러넘치도록 방아쇠를 당길 것을 허용하셨다고 전적으로 이해하게 되었다.

그분의 은혜로 나는 이런 경우를 수없이 목격하였다! 우리는 성령의 주도가 필요하다! 부흥은 믿음의 대담함을 행하는 기름부음받은 하나님의 자녀들을 사로잡는다!

요나단과 그의 무기 든 자는 스스로 결단하여 손과 무릎으로 적에게 개별적인 공격을 감행했고, 자신들이 생각했던 것보다 훨씬 더 큰 승리를 이끌어낼 수 있었다. 하나님께서 당신을 기다리고 계시는 것은 아닐까? 당신이 하나님의 요나단은 아닐까?

> 하나님이 이미 움직이고 계실 때에는 누구나 하나님을 믿을 수 있다. 진정한 믿음은 하나님이 움직이시지 않는 것 같아 보일 때에 행동하는 믿음이다!

하나님이 이미 움직이고 계실 때에는 누구나 하나님을 믿을 수 있다. 진정한 믿음은 하나님이 움직이시지 않는 것 같아 보일 때에 행동하는 믿음이다! 하나님은 당신의 도움에 희망을 거는 인간을 사랑하신다! 이것이 승리와 축복 그리고 부흥을 위한 공식이다.

얼마나 더 많은 사람들이 바로 그 일을 행했을 것이라고 생각하는가? 하나님을 위해 새로운 일을 성취한 사람을 생각해 보라. 그 모든 사람들이 이 목록에 들어갈 수 있다. 아무도 때가 아니라고 생각했을 때에 감히 도전한 모든 사람이 바로 그러한 사람이다. 모든 부흥은 이런 식으로 시작되었다.

한 목사님이 하나님의 위대한 일하심을 고대했다. 하나님께서 상처 입은 자를 치유하시고 기적을 일으키실 것을 보고자 했다. 그는 경험 많으신 목사님에게 상담을 구했다가 이런 말을 들었다. "하나님은 부흥이 오면 그런 일들을 행하실 겁니다. 그러니 기다리세요." 이런 불신앙의 분위기가 예수님께서 그 자신과 그의 기적 사역에 관한 이사야서를 읽던 나사렛에 퍼져 있었다. 비우호적인 회중은 무작정 하나님이 하실 것이라고 약속하신 일을 연기하고 있었다. 하지만 예수님께서는 "이 글이 오늘날 너희 귀에 응하였느니라"(눅 4:21)라고 선언하셨다.

이렇게 상상해 보라. 안식일에 회당에서 예수님이 성경을 가르치고 계신다. 그곳에는 그를 쳐다보는 회의론자들이 가득하다. 그중에 또 다른 한 사람도 그를 바라보고 있다. 이 사람은 마른 손을 가졌다. 예수님께서 안식일에 이 남자를 고치신다면 비난할 꼬투리가 생길 것이라고 기회만 노리고 있는 회의론자들이 그 회당에 있을 때에 어떻게 부흥의 분위기가 생길 수 있을 것인가? 조건이 모두 완벽할 경우는 거의 없다. 하지만 예수님께서는 그 남자를 고치셨다. 왜냐하면 필요가 가장 절실해진 때, 바로 그 때가 무르익은 것이기 때문이다(눅 6:6-11).

나는 확신하건대, 때는 바로 오늘이다. 하나님이 기다리는 사람은 누구일까? 당신이 아닐까?

집회나 교회 모임에서 나는 종종 당신에게 손을 얹을 사람이 필요치 않다고 말하곤 한다. 당신에게는 더 이상의 선지자가 필요하지 않다. 당신이 필요한 것은 예수님의 대명령에 순종하는 것이다. 더 이상 시간을 낭비하지 말라. 백화점으로 달려가 여행가방을 하나 사라!

무엇을 기다리고 있는가?

16장
_ 마귀와 흥정하지 말라

백마

때로 나는 종교적인 문제를 토론하는 TV 토론 프로그램에 참가자로 초청받기도 한다. 참가자들은 대개 그 방송을 하기 바로 전에 만나게 된다. 한번은 모인 사람들이 아무도 모르는 사이여서 서로 소개를 받아야 했다. 프로그램이 시작하기 바로 전 서로 통성명을 나누는 짧은 시간이 있었다. 그때는 마침 영국의 경마 시즌이었으므로 대화는 말 경주에 이르렀다. 그중 한 남자가 자신은 무신론자라는 고백을 했다. 그는 말과 기수에 대해서는 모르는 것이 없는 듯했다. 나는 경마와 내기에 관해서는 아무런 지식도 없었으므로 묵묵히 앉아만 있었다. 그래서 차라리 가만히 있는 시간을 이용해서 침묵 기도를 해야겠다고 생각했다. 나는 하나님께서 곧 벌어질 토론회에서 인도해 주시기를 기도했다.

"오, 주님, 내 차례가 오면, 나에게 한방에 날릴 수 있는 힘을 주소서!"

다른 사람들은 말과 도박에 관한 대화를 계속하고 있었다. 그런데 갑자기 무언가가 내 영을 번쩍 지나갔다. 그것이 나를 격동시켰고 나는 그 전문가에게 말을 걸었다.

"말에 관해 당신께 몇 마디하고 싶은데요." 내가 말을 꺼내자 그 무신론자는 흥미가 생긴 얼굴로 나를 돌아보았다. 그에게 미끼를 던지면서 이렇게 말했다. "나는 요한계시록에 있는 백마에 내 모든 돈을 걸었소."

아마 그는 내가 무슨 권위자로 지금까지는 침묵했었나보다라고 생각했던 것 같다. 그 남자는 당황한 얼굴로 반복했다. "요한계시록에 있는 백마요?"

이 백마는 그 말 전문가가 모르고 있는 유일한 말인 듯했다.

"글쎄, 그 백마의 기수가 누구인지 아시오?" 그가 물었다. 물론 이 질문은 내가 끌어내려 했던 바로 그 질문이었다. 그는 기수가 누구인지 내게서 알아내고 싶어 했다! 좋다, 기꺼이 말해 주자!

"요한계시록 19장에서는 기수의 이름을 '충신과 진실이라, 하나님의 말씀이라' 고 하였습니다. 그분은 하나님의 아들, 예수 그리스도입니다." 나는 이에 재빨리 덧붙였다. "나는 그분에게 내 돈만 건 것이 아닙니다. 실은 나에게 돈은 없습니다. 나는 내 목숨과 내 영혼을 예수 그리스도에게 걸었습니다. 그분이 내가 가진 모든 것을 걸고 있는 분이며 나는 승리하리라 확신합니다!" 무신론은 지적 약탈주의이다. 그 무신론자는 자신이 내기를 건 말이 잘못된 것이라는 것을 인정해야만 했다.

우리는 하나님의 책에서 백마 탄 승리자에 관해 읽었기에 우리가 이길 것이라는 것을 알고 있다. 우리의 경주는 경주 용어로 하자면

'우승 후보마'를 가진 채로 출발하는 것이다. 우리에게 결말은 너무나 분명하다. 그것은 예수님께서 영원한 우주의 승리자란 확신이다. 그와 같은 지식을 가지면 우리의 일상생활에 엄청난 효과를 가져오게 된다.

저주할 수 없는 승리자

당신은 자신이 이기는 쪽에 있다는 사실을 절대적으로 확신하고 있는가? 그렇다면 당신은 두려움에 시달리지는 않을 것이다. 신자는 무너뜨릴 방법이 없다. 그는 저주할 수가 없다. 그는 승리자이신 하나님을 그의 편에 모시고 있는 자이다. "만일 하나님이 우리를 위하시면 누가 우리를 대적하리요"(롬 8:31).

두려움은 지옥에서 형성된다. 그것은 모든 대적들에게 주는 사탄의 표준 무기이다. 그들은 두려움의 의미를 알고 있다. 두려움은 얼어붙게 만드는 힘이다. 귀신들은 마치 전갈이 독으로 가득한 것처럼 그것 자체가 두려움으로 가득하다. 두려움은 사탄이 뿜어내는 독이다. 그는 우리를 쏘아서 두려움이란 병에 걸리도록 한다. 하지만 두려움은 환상일 뿐이다. 그저 유령이다. 두려움은 우리가 그것을 인정할 때에야 비로소 실체를 가지게 된다. 우리는 이 유령들을 쫓아내야만 한다.

> 두려움은 환상일 뿐이다. 그저 유령이다. 두려움은 우리가 그것을 인정할 때에야 비로소 실체를 가지게 된다.

두려움은 가장 먼저 없애야 할 것이다. 사탄은 불안감이란 구름으로 복음 전도자를 에워싼다. 염려를 정복하는 것은 적의 주요 공격을 중화시키는 것으로 적에게 큰 충격이 된다. "너를 치려고 제조된 기계가 날카롭지 못할 것이라"(사 54:17). 우리는 하나님의 말씀이라는 무기와 성령의 손에 있는 그 말씀, 곧 성령의 검(엡 6:17)을 가지고 있다. 말씀을 알고 그 말씀에서 우리는 악한 자의 자비에 의지하지 않는다는 것을 배우라.

신자들인 우리는 저주에 대한 두려움과 공포 속에서 살아야만 하는 것인가? 사람들은 내가 그 아프리카의 주술의 저주에서 어떻게 '생존' 할 수 있었는지, 그것들이 나를 짓누르고 있지는 않은지, 아프리카 주술사들의 저주가 나를 무너지게 하지는 않는지를 물어보곤 한다. 잠언서는 까닭 없는 저주는 이루어지지 않을 것이라고 말해 준다(잠 26:2). 우리는 이스라엘을 저주하려고 했던 발락의 간계(민 22-24장)를 그 예로 살펴볼 수 있다. 그때까지 이스라엘은 전투에서 진 적이 없었다. 그래서 발락은 다른 수단을 강구하기로 했다. 그는 선지자였던 발람에게 이스라엘을 저주하는 대가로 돈을 주기로 했다. 발람은 그럴 마음이 있었다. 그는 돈을 사랑했다. 보상을 탐낸 그는 하나님께서 이스라엘을 저주하시길 원치 않으신다는 것을 알고 있었지만 어찌 되었건 혹시 하는 마음에서 하나님께 요청해 보기로 했다. 그는 하나님께서 그런 종류의 예언을 주시길 희망하며 하나님을 찾았다.

발람과 발락은 바알의 바위산 높은 정상으로 힘들게 오르며 7개의 제단을 쌓고 수소와 양으로 일곱 번의 희생제사를 드렸다. 어쩌면 어둡고 주술적인 힘이 발람과 바알을 사로잡아 하나님의 백성의 전진에 어두운 그림자를 드리게 하였을지도 모른다.

하지만 하나님은 그 자신의 백성에 대한 저주를 원치 않으셨다! 발람과 발락은 모든 각도에서 심혈을 기울였다. 그들은 높은 언덕 아래에 있는 이스라엘의 천막을 조사해 보고 자신들의 시도가 쓸데없는 짓이었다는 것을 알았다. 이스라엘 진영의 한가운데에는 하나님의 임재의 영광의 구름이 하나님의 휘장처럼 계속해서 장막에 머물러 있었다. "이스라엘을 지키시는 자는 졸지도 아니하고 주무시지도 아니하시리로다"(시 121:4). 이스라엘은 아침 일찍 그곳에서 이스라엘의 적에게는 보이지 않는 여호와의 펼친 날개 밑에서 안전하게 휴식하고 있었다.

발람과 발락은 산의 정상에서 최악의 일을 행했다. 그들은 이스라엘 백성들 위로 불행의 주술을 걸었다. 하지만 하나님의 백성들은 평화롭게 잠이 들었다. 발람은 입술을 열어 저주를 말하려 했으나 입에서 나온 말은 축복의 말이었다. 이스라엘 부족들은 시종일관 아무것도 모른 채 전혀 동요가 없었다. 이스라엘 사람들은 하나님의 말씀에 기대어 휴식하고 있었다. 그들은 하나님의 보호 아래에서 안전했다.

이스라엘을 어두운 힘으로 덮으려던 간계를 꾸민 자들의 시도는 자신들이 우스운 꼴을 당하는 것으로 끝나고 말았다. 나는 성경이 이 사건을 결론짓는 방식이 마음에 든다. 거기에는 담담한 조소의 분위기가 서려 있다. "그래서 발람은 일어나 떠나 자신의 처소로 돌아갔고, 발락 또한 자신의 길을 갔다." 기껏 그것이 다였다!

재물에 눈이 어두웠던 선지자 발람은 마지못해 하나님의 말씀을 전한다. "하나님이 저주치 않으신 자를 내 어찌 저주하며 여호와께서 꾸짖지 않으신 자를 내 어찌 꾸짖을꼬 … 여호와 그의 하나님이 그와 함께 계시니 왕을 부르는 소리가 그 중에 있도다"(민 23:8, 21).

겁을 주는 사탄

두려움은 우리를 마귀의 손아귀에서 놀아나게 한다. 마귀는 우리가 겁내지 않는 한 우리에게 진정한 해를 입힐 수 없다. 마귀는 협잡꾼이다. 발람은 진리를 말할 수밖에 없었다. 그는 하나님의 백성은 저주할 대상이 아니라는 것을 우리에게 보여 주는 역할을 하였다. 우리는 면역이 되어 있다. 우리는 이스라엘이 그랬던 것처럼 구속되었다. 하나님이 구속하신 사람들에게 진리였던 것은 오늘날의 구속된 사람들에게도 진리이다. 두려움에서 영광된 자유를 누리자!

> 두려움은 우리를 마귀의 손아귀에서 놀아나게 한다. 마귀는 우리가 겁내지 않는 한 우리에게 진정한 해를 입힐 수 없다. 마귀는 협잡꾼이다.

두려움은 골리앗의 거친 고함 소리를 듣지만 믿음은 왕 중의 왕의 벽력 소리를 듣는다. 할렐루야! 유다의 사자가 부르짖은즉 누가 예언하지 않겠는가?(암 3:8)

"야곱을 해할 사술이 없고 이스라엘을 해할 복술이 없도다 이 때에 야곱과 이스라엘에 대하여 논할찐대 하나님의 행하신 일이 어찌 그리 크뇨 하리로다"(민 23:23). 이 구절은 주술사들이 우리 복음 전도를 저주하려고 했던 시도들을 기억나게 만든다. 단순하지만 기름부은 '할렐루야!' 란 외침을 강대상에서 여러 번 외치면 압박자의 굴레를 끊고 주술사들에게 숨을 못 쉬게 하는 바람을 보내게 된다! 우리를 저주하고 마귀를 불러내려는 그들의 시도는 불의 전사인 천사들로 세우신 하나님의 벽에 가로막혔다. 진실로 "여호와의 사자가 주를 경외하는 자를 둘러 진 치고 저희를 건지시는도다"(시 34:7).

죽음의 황량한 바람이 오래지 않아 애굽에 몰려왔다. 하지만 어떤 이스라엘 가정도 그 차가운 입김을 알지 못했다. 유월절 어린양의 피가 각 가정에 표시되었다. 여호와의 펼친 날개가 그들을 진노하는 천사에게서 보호해 주었다. 오늘날 하나님의 모든 자녀는 예수님의 보혈로 덮여져 표시가 되어 있다. 우리 모두는 지옥과 저주와 주술과 마귀 혹은 사탄의 앞잡이들의 힘이 닿지 않는 곳에 있다. 천국의 원칙들과 권세는 우리가 유월절 어린양인 구주의 귀한 보혈의 깃발 아래 휴식하는 동안 우리를 건드릴 수 없다. 우리를 둘러싼 그분의 보호는 깨뜨릴 수 없고 논박할 수 없다.

두려워하는 사람은 좋든 싫든 마귀의 동료이다. 두려움은 전염이 되는 병이다. 그것은 그리스도인들 사이에 재빠르게 번질 수 있다. 나는 하나님이 이스라엘 사람들에게 여리고 성벽을 도는 동안 말을 하지 못하도록 하신 이유는 그들이 의심과 두려움을 퍼뜨릴 것이기 때문이라고 확신한다(수 6:10). 마귀는 두려워하는 사람은 두려워하지 않는다. 그는 그 사람이 아무것도 아님을 알고 있다. 하지만 사탄은 우리가 두려워하지 않을 때 떤다.

발락이 이스라엘을 만났던 그 수백 년 후, 느헤미야는 두려움 없이 예루살렘을 재건하였다. 어떤 이들은 적의 위협에서 숨으라고 그를 종용했다. 그의 답변이 마음에 든다. "나 같은 자가 어찌 도망하며 나 같은 몸이면 누가 외소에 들어가서 생명을 보존하겠느냐 나는 들어가지 않겠노라"(느 6:11). 하나님의 백성, 피로 산 하나님 나라의 아들과 딸들이 협잡과 위협에 주눅 들 것인가? "하나님이 우리에게 주신 것은 두려워하는 마음이 아니요 오직 능력과 사랑과 근신하는 마음이니"(딤후 1:7). 그런 백성인 우리가 어찌 도망할 것인가? 절대 그럴 수 없다!

두려움에서 떠나면 우리는 기뻐할 수 있다. "내가 너희에게 뱀과 전갈을 밟으며 원수의 모든 능력을 제어할 권세를 주었으니 너희를 해할 자가 결단코 없으리라"(눅 10:19). 그리스도인들은 쫓기는 자가 아니라 쫓는 자이며, 공격당하는 자가 아니라 공격하는 자이다. 우리는 포위되지 않았다. 우리는 궁지에 몰려 있지 않다. 그런 상황과는 거리가 멀다! 우리는 하나님의 폭풍우 같은 군대이며 지옥의 포로들을 해방하기 위해 보내졌다. 우리는 침입하기 위한 하나님의 군대이다!

> 그리스도인들은 쫓기는 자가 아니라 쫓는 자이며, 공격당하는 자가 아니라 공격하는 자이다. 우리는 포위되지 않았다. 우리는 하나님의 폭풍우 같은 군대이며 지옥의 포로들을 해방하기 위해 보내졌다. 우리는 하나님의 침입하는 군대이다!

거듭해서 예수님은 이렇게 말씀하셨다. "두려워 말라!" 하지만 그것이 전부가 아니었다. 그분은 최고의 심리학자였다. "두려워 말고 믿기만 하라"(눅 8:50)라고 하신 말씀을 눈여겨보라. "무서워하지 말라" 혹은 "용기를 가져라"라고만 말씀하시지 않았다. 그 둘 중의 한 가지만 있으면 소용이 없는 충고가 되었을 것이다. 두려움은 힘이며 그 힘에는 더 강한 힘인 믿음으로 상대를 하여야 한다.

두려움은 부정적인 힘이다. 그 표식은 빼기이다. 언젠가 누가 나에게 이런 말을 한 적이 있다. "두려움은 사람들이 자신의 부정적인 생각을 현상하는 암실이다." 긍정적인 힘만이 부정적인 힘에 맞설 수 있다. 그런 긍정적인 힘이 믿음이다. 그래서 예수님은 항상 말씀하셨다. "두려워 말고 믿기만 하라." 두려움의 반대는 용기가 아니라 믿음이다.

"세상을 이긴 이김은 이것이니 우리의 믿음이니라"(요일 5:4). 믿음은 다중적인 목적을 가진 무기이다. 그것은 가정이나 허세가 아니다. 스게와의 아들들을 기억하라(행 19:12-16). 떨고 있는 성자는 승리하는 사탄을 만들지만, 믿음은 적을 두렵게 한다. 우리는 두려워 떨도록 부름받은 것이 아니라 권세를 행사하여 지옥을 흔들기 위해 부름받았다.

"그 애굽 사람의 손에서 창을 빼앗아 그 창으로 죽였더라"(삼하 23:21). 그러므로 우리는 적의 손에서 두려움을 빼앗아 우리의 무기로 삼아 마귀들을 떨게 만들 것이다.

하늘의 힘

아프리카에서 집회를 진행하던 중 나는 나에게 어떤 계시가 주어진 경험을 하게 되었다. 우리는 남아프리카의 그린 밸리에서 대형 막사를 사용하기로 했다. 부푼 기대를 안고 나는 첫 집회가 열릴 시간만을 기다리고 있었는데, 막사 관리자가 전화를 걸어왔다. 그들은 아프리카 스타일로 1만 명을 동시에 수용할 수 있는 대형 장막을 펼칠 준비를 하고 있었다.

"그런데 지반이 너무 약해요." 관리자가 말했다. "바람이 불고 비가 오면 고정 장치와 기둥이 힘을 잃어 텐트가 쓰러지게 될 겁니다. 땅이 젖어서 그것을 지탱할 수 없을 거예요." 그는 그래도 계속 진행하여 장막을 칠 것인지를 물어왔다. 나는 이 질문을 두고 급히 생각을 다듬었다. 만약 일이 잘못된다면 큰일이다. 나는 생각하는 동안 하나님께 기도했다. 그러자 놀랍게도 하나님의 확신이 내 마음에 몰려왔다.

"그대로 진행하세요." 내가 대답했다. "예수님의 이름으로 장담하건대, 비나 폭우가 쏟아지지는 않을 것입니다." 그렇게 해서 장막은 세워졌다.

멋진 출발이었다. 밤마다 그 장막은 하나님을 알고자 하는 사람들로 가득 찼다. 그런데 어느 날 오후, 장막 근처에 주차된 트레일러에서 무릎을 꿇고 기도를 하던 중, 하늘을 올려다보니 서편 하늘을 가득 메우고 우리 쪽을 향해 몰려오고 있는 거대한 비바람이 보였다. 하늘을 물로 가득 채운 아프리카의 구름을 본 적이 있는가? 마치 칠흙같이 새까만 곱슬머리와도 같은 구름은 폭풍우로 이리저리 일렁거렸다.

"이제 너는 큰일 났다." 무엇인가가 나에게 말을 했다. 그리고 나는 그 두려움에 대답하시는 성령의 목소리를 들었다. "가서 저 마귀를 꾸짖어라!"

밖으로 나가 임박한 폭풍우를 향해 성큼 걸어갔다. 손가락을 들고 그 폭풍우를 가리키면서 소리 질렀다. "마귀야, 나는 예수님의 이름으로 너에게 말한다. 네가 만약 이 텐트를 무너뜨린다면 나는 하나님께서 이보다 세 배나 큰 텐트를 세우실 것이라고 믿는다!"

나는 그 순간 놀라운 일이 벌어지는 광경을 목격했다. 구름이 갈라졌던 것이다. 그 구름들은 장막을 피해 빙 돌아가기 시작했다. 위협은 끝이 났다! 구름과 비는 우리에게 다가오지 않았고 장막은 집회가 끝날 때까지 굳건히 서 있었다.

"우리 하나님은 얼마나 위대하신가!"

이 놀라운 진리는 그 폭풍우가 우리에게 보낼 수 있는 천둥번개보다 더 강하게 나를 쳤다. 믿음은 사탄을 두렵게 만든다! 내 믿음이 마귀를 물리쳤다. 이미 우리의 장막에 놀랄 대로 놀란 그 마귀는 아마 그보다 더 큰 장막에 대한 믿음에 몸서리를 치고 있을 것이다.

"귀신들도 믿고 떠느니라"라고 성경은 야고보서 2장 19절에서 말한다. 우리가 살아 있는 믿음으로 일어나서 하나님의 강함에 기대어 적을 무찌를 때에 우리의 믿음은 사탄을 공포에 떨게 한다. "마귀를 대적하라 그리하면 너희를 피하리라"(약 4:7). 성경은 또한 우리에게 사탄에 저항하라고 말씀하신다. "믿음을 굳게 하여 저를 대적하라"(벧전 5:9). 이는 시도해 보지 않은 가정이 아니다. 요한은 증거한다. "청년들아 내가 너희에게 쓰는 것은 너희가 악한 자를 이기었음이니라"(요일 2:13). 하나님에 대한 믿음을 가지고 "저는 자도 그 재물을 취할 것"이다(사 33:23).

하지만 그 장막 사건은 끝이 아니었다. 내 마음속에서 뭔가 편치 않은 것이 나를 괴롭혔다. "만약 그 마귀가 내 말을 오해하면 어쩌지?" 나는 이런 생각에 계속 시달렸다. 그래서 나는 그 문제를 분명히 정리하기로 했다. 나는 다시 한번 더 예수님의 이름으로 마귀에게 이렇게 말했다. "나는 너와 흥정한 것이 아니다. 단지 네가 바람과 비를 거둬들였다고 해서 내가 더 큰 장막을 세우지 않겠다고 너와 약속한 것은 아니다. 결국 장막은 더욱 크게 펼쳐질 것이다."

우리는 마귀와 타협해서는 안 된다. 우리는 그를 쫓아내야 한다. 그것이 하나님의 말씀이 우리에게 말하는 것이다. 거듭해서 자신에게 반복하라. 믿음이 사탄을 두렵게 한다, 믿음이 사탄을 두렵게 한다, 믿음이 사탄을 두렵게 한다. 이 진리가 당신을 부정적인 사람에서 긍정적인 사람으로 변화시킬 것이다. 예수 안에서 당신은 승리자이지 희생자가 아니다. 사탄은 예수님께서 그 뱀의 머리를 깨뜨렸기 때문에 희생자가 된다.

> 믿음은 사탄을 두렵게 만든다!

두려움 없는 그리스도인

하나님의 자녀는 담대할 수 있다. 말씀이 당신에게 응하도록 하라. "믿음으로 모세가 났을 때에 그 부모가 아름다운 아이임을 보고 석달 동안 숨겨 임금의 명령을 무서워 아니하였으며"(히 11:23). 그에 관련된 것들을 생각해 보자. 애굽과 그 나라의 왕인 바로는 히브리인이 사내아이를 기르는 것을 불법으로 만들었다. 법에 의해 그런 아이들은 태어나자마자 죽여야 했다. 군인들이 이 명령을 전달하러 돌아다녔다. 얼마나 무섭고 슬픔이 가득했을까!

그때 모세가 태어났다. 그 부모들은 이 사랑스런 아들을 내려다보며 결코 이 아이가 죽도록 할 수는 없다는 것을 알았다. 그들은 법을 어기고 아이를 숨기기로 했다. "믿음으로 … 무서워 아니하였으며." 법 집행자들이 돌아다녔고, 아이의 생명을 빼앗기 위해 그 발걸음 소리가 그들의 집 바로 앞에서 멈추었다! 무기를 든 군인이 그 아이를 죽이라는 명령을 내리고 기다리고 있다면 그 발이 떨리지 않는 사람이 있겠는가? 하지만 '그들은 두려워 아니하였' 다. 왜 그랬을까? 그들에게 인간적인 감정이 없었던 것일까? 아니다. 그들은 매우 선한 부모들이었다. 그들이 떨거나 공포에 사로잡히지 않을 이유는 없었다. 그러나 그들은 하나님에 대한 믿음을 가지고 있었다. 사실, 상황은 불가능했다. 그들의 믿음은 순진하고 바보 같아 보였다. 하지만 상황은 하나님이 좋아하시는 바로 그것이었다. 그분은 불가능한 일을 하시기를 좋아하신다.

> 불가능한 일에는 믿음이 답이 된다. 하지만 믿음이 가능성에 대한 정답은 아니다. 그것만 가지고는 부족하다. 우주에서 가장 위대한 자원은 하나님의 팔이다.

불가능한 일에는 믿음이 답이 된다. 하지만 믿음이 가능성에 대한 정답은 아니다. 그것만 가지고는 부족하다. 우주에서 가장 위대한 자원은 하나님의 팔이다. 어떤 사람들은 뭔가 '합리적' 일 경우, 관리가 가능한 경우에만 하나님을 믿는다. 하지만 바울이 쓴 것처럼, "육체를 신뢰하지 아니하는 우리"(빌 3:3)가 바로 우리의 계책이다.

나는 크신 하나님에 대한 믿음을 코끼리와 개미의 재미있는 아프리카 우화로 즐겨 표현한다. 한 코끼리가 흔들거리는 다리를 건너고 있었다. 그런데 조그만 개미 한 마리가 그 거대한 동물의 귀 뒤에 앉아 있었다. 그들이 건널 때 다리가 심하게 흔들렸지만, 그들은 안전하게 반대편에 도착했다. 이때 개미가 코끼리에게 말했다. "세상에! 우리가 다리를 그렇게 크게 흔들리게 했단 말이지, 우리가?"

이것이 우리가 하나님께 의지할 때의 하나님과 우리의 관계이다. 그분이 우리를 건너게 해 주신다(사 46:4). 그분이 그 다리를 흔들리게 하신다. 그분이 우리 뒤에서 그리고 우리 쪽에 그 무게를 올리고 계신다. 그분이 당신의 집과 교회와 사업을 세우신다. 주님이 당신을 성공으로 이끄신다. 그분 안에서 우리는 불가능이 가능해짐을 안다. 할렐루야!

분기점

믿음이 차이를 만든다. 그것이 한 사람과 다른 사람을 가르는 가장 기본적인 구분이다. 전 세계는 믿음의 선을 두고 이쪽 아니면 저쪽으로 나뉘어 선다. 세상에는 두 가지 형태의 사람들이 있다. 부자이거나 가난뱅이거나, 흑인이거나 백인이거나, 무식하거나 유식하거나, 유대인이거나 그리스인이거나, 남자이거나 여자인 그런 차이가 아니다. 이런 구분은 사실 그리스도 안에서는 존재하지 않는다. 하나님은 오직 신자와 불신자로만 보신다. "믿고 세례를 받는 사람은 구원을 얻을 것이요 믿지 않는 사람은 정죄를 받으리라"(막 16:16).

믿음은 새로운 질서이다. 불신앙은 오래된 죽어가는 질서이다. 믿음은 인류를 가로지르며 흘러가는 구분선이다. 믿음을 가지고 있는가, 전혀 믿음이 없는가라는 문제가 인생을 접근하는 우리의 방식을 결정짓는다.

두려움은 인간의 관점으로 보는 것이다. 그러나 믿음은 하나님의 관점으로 보고 그

> 믿음은 새로운 질서이다. 불신앙은 오래된 죽어가는 질서이다. 믿음은 인류를 가로지르며 흘러가는 구분선이다. 믿음을 가지고 있는가, 전혀 믿음이 없는가라는 문제가 인생을 접근하는 우리의 방식을 결정짓는다.

에 따라 행동하는 것이다. 믿음은 행동과, 갈렙과 여호수아와 같이 행동하는 사람을 낳는다. 불신앙은 우리를 영적인 광야에 묶어둔다. 그렇게 오랜 세월을 방황했던 이스라엘처럼 말이다. 두려움과 의심은 어려움을 가중시켜, 우리가 그리스도를 위하여 사람을 얻을 수 없고 세상이 너무 강하다고 생각하게 만든다. 하지만 믿음은 사람을 얻을 수 있고, 그러므로 기대의 기쁨이 우리를 사로잡는다. 믿음으로 우리는 최소에서 최대로 옮겨진다.

내일을 살았던 남자

애굽에서는 미이라를 만드는 두 가지 방식이 폭넓게 사용되었다. 애굽에서는 거의 모든 죽은 자들이 보존되었다. 위대한 바로는 웅장한 묘소에 여러 겹으로 된 관 안에 안장되어 영구 피라미드가 되었다. 그렇게 죽은 자는 영원히 죽은 자였다. 하지만 그들 중 한 사람은 애굽의 자신의 무덤 위에 '평화롭게 잠들다' 라는 문구를 새기고 싶어 하지 않았다. 요셉의 시신은 이스라엘로 돌아갈 것이었다. 요셉은 하나님의 약속과 미래를 알고 있기에 애굽에 남지 않겠다고 결심했다. 110세의 나이로 사망한 요셉은 애굽에서 죽은 채로 남겨지지는 않을 것이었다. 그는 내일을 살았던 남자였다.

"믿음으로 요셉은 … 자기 해골을 위하여 명하였으며"(히 11:22). 그는 홍해와 요단강이 열릴 때에 무덤에 조용히 누워 있기를 원치 않았다. 그의 믿음의 눈은 약속의 말씀을 이루시는 하나님의 신실함을 보았다. 하나님은 아브라함과 이삭 그리고 야곱에게 이미 오래전에 그 말씀을 주셨다. 사실 그 일이 있기 수백 년 전, 요셉은 아직 태어나지도 않은 군대들과 함께 여리고의 성벽이 무너지도록 소리를 질렀다. 믿음이 우리의 젊음을 새롭게 한다. 110살 이란 나이에도 믿음의 사람은 비판적인 십대보다 더 젊다. 그래서 우리 젊은이들 중 많은 사람들이 '늙어' 미래가 없는 것이다. 그들은 비틀즈(The Beatles)의 노래인 'Yesterday'의 가사처럼 패배한 오합지졸이다. '지난날엔, 내 모든 고통이란 나와는 상관이 없는 다른 사람들의 일로 알고 있었지 … 그때가 정말 좋았어.' 하나님도 없고 희망도 없다. 오늘날 요셉의 전투 대원들은 어디에 있는가?

> 사실 그 일이 있기 수백 년 전, 요셉은 아직 태어나지도 않은 군대들과 함께 여리고의 성벽이 무너지도록 소리를 질렀다.

하나님은 언젠가 행동에 돌입하실 것이고, 요셉은 살아서나 죽어서나 남지 않겠다고 결심했다. 믿음은 죽은 자에게 생명을 준다. 믿음은 두려움이 많은 자에게 생명을 준다! 믿음은 공포의 왕인 사망을 비웃고, 죽음의 권력을 가진 마귀를 떨게 한다. "사망아 너의 쏘는 것이 어디 있느냐"(고전 15:55). 승리자이신 예수님께서 살아 계시기 때문에 우리도 이 생에서 승리자로 그리고 앞으로 올 생에서도 승리자로 살아야 한다!

5부 실천

17장
_ 함정

하나님은 하나님의 계획을 축복하신다

하나님은 하나님 당신의 계획서를 작성하신다. 그분은 공급하실 것인데 우리는 그분의 공급이 무엇을 위한 것인가를 알아야 한다. 현금은 하나님의 사업을 위한 것이다. 우리 모두가 알아야 할 것은 그분의 계획이다. 하나님이 관련하신 것이 무엇인지를 알아서 그분과 함께 당신의 몫을 모두 던져라. 확실한 쪽에 속하라! 그러면 우리에게는 그분의 광대한 자원에서 우리가 필요한 것을 믿음으로 획득할 권세가 주어진다. 우리가 그분이 하고 있는 일을 하는 한 우리는 하나님께 우리가 하는 일에 대해 공급하실 것을 요청할 수 있다.

하나님의 일은 무엇인가? 그분은 그 무엇보다 구원자이시며 구원의 하나님이시다. "나 곧 나는 여호와라 나 외에 구원자가 없느니라"(사 43:11). 구원은 복음 전도자의 취미활동이 아니라, 하나님의 주된 사역이다. 하나님은 구원의 전문가이

> 구원은 복음 전도자의 취미활동이 아니라, 하나님의 주된 사역이다. 하나님은 구원의 전문가이시다.

시다. 의사에게는 약이, 음악가에게는 음악이 있는 것처럼 하나님에게는 구원이 그 일이다. 예수님은 "잃어버린 자를 찾아 구원하려"(눅 19:10)고 오셨으며, 이는 "많은 아들을 이끌어 영광에 들어가게"(히 2:10) 하기 위해서이다.

우리는 우리 힘으로가 아니라 하나님과 함께 사역하도록 초대되었다. 복음은 처음부터 끝까지 하나님의 사업이다. 그분이 독점권을 행사하시는 것이라고 표현해도 좋다. 우리는 우리 자신의 브랜드로 복음 가게를 차릴 수 없다. 예수 그리스도는 세상에서 모든 구원 사역의 대장이시다. 우리는 그분과 동역하여 일할 수 있으며, 또 그 일은 어떤 값을 치르더라도 이루어져야만 한다. 그분이 그 값을 다 치르실 것이다.

내 친구 한 명은 이렇게 말하였다. "만약 하나님이 엔진이 아니면 나는 절대 액셀을 밟고 싶지 않을 거야." 그래서 내가 이렇게 덧붙였다. "하지만 하나님께서 엔진이시라면 나는 후방 경고등이 되는 것도 마다하지 않겠어."

하나님과 함께 움직이면 어떤 것도 당신을 멈출 수 없다. 그 무엇도 그분의 계획을 잘못되게 할 수 없다. 그것들은 실패하거나 탈선하지 않는다. 하나님이 살리기를 원하시는 것은 죽을 수도 없고 죽지도 않을 것이다.

어떤 경우에 교회 사업은 집중적인 관심이 있어야만 지속된다. 그런 것들은 하나님의 계획과는 관련이 없다. 그분의 생명이 그 속에 있지 않은 것이다. 생명 연장 기계의 스위치를 꺼버려라! 만약 진정한 생명이 있다면 그런 프로그램들은 심장박동기를 필요로 하지 않을 것이다. 하나님이 죽게 하시는 것은 죽게 내버려 두라. 그리고 그것에 인공적인 심폐술을 행하지 말라. "죽은 자들로 자기의 죽은 자들을 장사하게"(눅 9:60) 하라는 것이 예수님의 심각하고도 놀라운 충고였다. 왜 비생산적인 교회 기계 장치를 유지하면서 하나님께서 그 비용을 대 주시기를 기대하는가? 그분은 그렇게 하지 않으실 것이다. 교회의 진정한 사업은 그리스도를 위해 사람들을 얻는 것이다.

잘못된 주의와 올바른 주의

전도에 관하여 잘못 알고 있는 사람들은 이런 말을 한다. "우리는 하나님의 돈을 주의해서 사용해야 한다." 마치 하나님께 돈이 많이 모자르기나 한 듯이 말이다. 그것은 진지한 토론일 수도 있지만, 인색함의 혐의를 벗을 수 없게 들린다. 왜 은행에 쌓아둔 하나님의 돈을 꺼내지 않는 걸까? 교회는 비상시를 대비해서 자금을 비축하고 있을 것이다. 하지만 하나님께서는 있을지 모르는 미래의 필요를 살펴 주실 것이다. 게다가, 가장 구체적이며 가장 긴급한 비상시는 이미 와 있다. 죽어가는 세상을 구원할 필요가 그것이다!

하나님이 '주의 깊게' 한 푼씩 계산하고 계실 때는 언제일까? 그분이 수천만의 별과 혹성을 만드셨을 때 '절약' 하셨던가? 그분이 당신의 아들을 보낼 때 검약하셨던가? 하나님은 천국에서 부요함을 떼어내어 가장 귀중한 보물인 그분 자신의 귀한 아들을

> 하나님이 '주의 깊게' 한 푼씩 계산하고 계실 때는 언제일까? 그분이 수천만의 별과 혹성을 만드셨을 때 그분이 '절약' 하셨던가? 그분이 당신의 아들을 보낼 때 검약하셨던가?

보내셨다. 그분은 자신이 가장 사랑하는 것을 자신에게서 떼어내어 우리 영혼의 구원을 위해 주셨다. "자기 아들을 아끼지 아니하시고 우리 모든 사람을 위하여 내어주신 이가 어찌 그 아들과 함께 모든 것을 우리에게 은사로 주지 아니하시겠느뇨"(롬 8:32). 우리는 이 얼마나 낭비하는 하나님을 가진 것인가!

하나님의 자금 계획

> 교회는 영혼을 구원하는 것 외에 돈을 비축할 여유가 없다. 구원을 위해 돈을 사용하라! 영혼을 얻는 사업에 그 돈을 사용하라.

하나님은 영혼 구원을 위해 우리의 주머니를 채우신다. 우리는 그 주머니를 비우지만 그곳에는 더 많은 돈이 들어올 것이다. 하나님의 자금 계획은 간단하다. "주라 그리하면 너희에게 줄 것이니"(눅 6:38). 주라, 그리하면 당신은 줄 것을 더 많이 가지게 될 것이다. 하나님은 하나님 당신의 돈이나 시간을 잃어버린 영혼을 찾기 위해 쓰신다. 교회는 영혼을 구원하는 것 외에 돈을 비축할 여유가 없다.

구원을 위해 돈을 사용하라! 영혼을 얻는 사업에 그 돈을 사용하라. 사람들은 살아 있는 사업에는 헌금을 하겠지만 죽은 은행 계좌를 위해서는 하지 않을 것이다. 모금이 선포보다 더 길다면 뭔가 잘못된 것이다. 전도 보고서가 재무부서의 보고서보다 먼저 와야 한다. 하지만 현실은 전도를 수천 개의 교회 사업에서 그 의제로 보지 않고 있다. 은행 보고서가 자주 그 달의 회심자의 수에 관한 토론보다 더 많다. 그럼에도 주는 교회가 부흥한다. 전도와 선교 지원은 교회의 건강에 기본적인 것이다. 그것은 의심의 여지가 없이 자주 증명되고 있다.

장막과 의도

하나님은 인도하시고 공급하신다. 그분은 이끄시고 먹이신다. 이것이 그분의 믿음의 법칙이다. 이에 관한 한 예가 바로 이스라엘을 통해 보여진다. 이스라엘이 광야생활을 할 때, 만나는 구름 기둥과 불 기둥이 가는 곳에만 떨어졌다. 만약 이스라엘이 하나님의 인도하시는 기둥을 놓친다면 그들은 아침과 점심 그리고 저녁을 먹지 못했다. 이처럼 하나님이 지시하신 바로 그 자리에 있다면 우리는 언제나 충분히 먹을 수 있다.

> 이스라엘이 광야생활을 할 때, 만나는 구름 기둥과 불 기둥이 가는 곳에만 떨어졌다. 만약 이스라엘이 하나님의 인도하시는 기둥을 놓친다면 그들은 아침과 점심 그리고 저녁을 먹지 못했다.

우리가 아프리카에서 3만 4천 명 좌석의 장막을 건설할 당시 자금이 심각하게 부족한 상태였다. 하나님께서는 은행 대출은 받지 말도록 말씀하셨고, 하나님의 지시는 나에게 있어 신성한 것이었다. 내 귀에는 "은도 내 것이요 금도 내 것이니라"(학 2:8)라고 하시는 말씀이 쟁쟁했다. 그러던 어느 날 매우 큰 금액의 헌금이 들어왔다. 사실 우리가 필요한 바로 그 액수였다. 나는 내 눈을 믿을 수가 없었다. 내 믿음이 그렇게 작아서가 아니라, 그 헌금을 기부한 사람 때문이었다. 기부자는 그 전에는 한 달에 1~2달러를 보내던 여인이었다. 그런데 갑자기 이런 큰 헌금을 보내왔던 것이다!

나는 내가 알아야 할 것이 있다고 느꼈다. 나는 이런 액수를 헌금하게 된 연유를 알고 싶어 그녀를 방문했다. 그녀는 말로 하기에는 너무 흥분되는 소식을 알려 주었다. 그녀는 한밤중에 전화를 한 통 받았다고 말했다. 그 목소리는 그녀에게 우리한테 특정한 액수의 돈을 보내라고 구체적인 지시를 내렸다.

그녀는 "하지만 그 전화는 인간이 건 것이 아니에요. 나에게 말씀하시는 하나님의 천사였어요. 나는 하나님의 영광이 내 방을 가득 채웠기 때문에 확신해요. 나는 하나님께서 나에게 분명한 지시를 주셨다는 것을 알아요. 그래서 그분이 말씀하신 대로 한 것입니다"라고 단언하며 말했다.

자, 만약 우리의 재정을 담당하는 하나님의 천사가 있다면 밤잠을 설치며 고민할 필요가 있을까라고 나는 생각했다. 하나님과 동반자가 된 상태라면 나는 그저 편안하게 잠을 잘 수 있다.

그것이 결국은 누구의 나귀인가?

비록 하나님이 나에게 은행 대출을 받지 말라고 말씀하시기는 했지만 그렇다고 모든 은행 대출이 다 잘못된 것이라는 뜻은 아니다. 우리는 우리와 다른 삶을 사는 사람들을 비난할 수 없다. 하나님은 하늘에서 만나를 공급하시기도 하지만, 다른 방법을 사용하기도 하신다. 예수님 바로 그분이 다른 방법을 사용하셨다. 그중의 한 가지를 살펴보기로 하자. 예수님께서 예루살렘에 승리의 입성을 준비하실 때에 타고 갈 동물이 필요했다. 일은 이렇게 벌어졌다.

"감람원이라는 산의 벳바게와 베다니에 가까이 왔을 때에 제자 중 둘을 보내시며 이르시되 너희 맞은편 마을로 가라 그리로 들어가면 아직 아무 사람도 타보지 않은 나귀새끼의 매여 있는 것을 보리니 풀어 끌고 오너라 만일 누가 너희에게 어찌하여 푸느냐 묻거든 이렇게 말하되 주가 쓰시겠다 하라 하시매"(눅 19:29-31).

마태의 글은 예수님께서 나귀 새끼를 가지고 계셨다고 말한다. 예수님은 이 동물을 얻기 위해 기도 모임을 소집하지 않으셨다. 그분은 이런 식으로 주도권을 쥐셨다. "마을로 들어가라 … 그 매여 있는 것을 풀고 이리로 데려오너라 … 주가 필요로 하신다고 말하라." 그곳에 있던 모든 나귀를 창조하신 분이 바로 주님이셨다. 왜 그런 분이 한 마리를 위해 부탁을 하셔야 했던가? 다른 성경 이야기와 달리 상세하게 서술되어 있어서 나는 하나님께 어떠한 필요가 있었다는 사실을 알게 되었다. 그리고 하나님은 그 필요를 채우실 특권을 우리에게 주신다! "주가 쓰시겠다 하라…."

주님의 사역에는 당신과 나 그리고 하나님의 모든 자녀가 공급하여 채울 수 있는 빈 곳이 있다. 그것이 주님이 하시는 일에 그분과 함께하는 그 기쁨을 우리에게 주시려는 하나님의 놀라운 계획이시다. 이 일이 우리를 행복하게 만든다. 나는 그 나귀의 주인이 나중에 무슨 일인지 이해하였다면 이런 특권에 대해 그의 일생 동안 주님께 감사했을 것이라고 상상해 본다. 심지어 그 작은 나귀조차 그 쓰임새가 있었다! 나귀의 주인은 예수님을 도와 1~2마일 정도 승리의 길을 가시도록 도움이 되었다.

나는 그 주인이 자신의 나귀를 '매어' 놓았다는 구절을 눈여겨보았다. 그 나귀는 그의 '자산'이었으며 그는 그것을 잃고 싶지 않았

> 많은 사람들이 하나님께 신뢰를 드리기는 하지만 '잃어버린 자를 찾고 구원하기' 위해 필요한 헌금을 드리는 사람은 적다.

다. 주님은 제자들에게 '풀어' 끌고 오라고 시키셨다. 예수님을 위해 우리의 나귀를 풀어내자! 예수님은 우리가 돈에 단단히 매여 있지 말라고 가르치셨다. 많은 사람들이 하나님께 신뢰를 드리기는 하지만 '잃어버린 자를 찾고 구원하기' 위해 필요한 현금을 드리는 사람은 적다. 우리는 지금 우리 나귀를 풀어야 한다. 그렇지 않으면 결국에는 그것들을 잃게 될 것이다. 어떤 작가는 이렇게 표현한다. '우리 자신을 위해 사용하는 것은 잃게 되지만, 우리의 가진 것을 주님께 드리면 모든 것을 주시는 주님께서 한없는 보물로 우리에게 채워 주신다.'

하나님께서 하기 원하시는 일을 위해 헌금을 드리는 것은 물론 성경적이다. 하나님 당신이 기뻐 주시는 분이시기에 기쁜 마음으로 드리는 자를 사랑하신다. 누구도 세상을 혼자 전도할 수는 없다. 우리 모두는 돈, 재능, 시간 그리고 우리 자신 등을 드릴 수 있는 은사를 가지고 있다. 우리 모두의 공헌이 합쳐져야만 과제를 완수할 수 있다. 함께하는 것이 그 일을 이룰 수 있는 유일한 방법이다. 일할 사람이 적기에 한 명도 놀고 있을 수 없다. 필요가 이다지도 많기에 단 한 푼도 놀리고 있을 수는 없다.

돈이란 덫

돈은 주의하지 않는 자에게는 덫이 된다. 우리는 순수한 마음과 순수한 동기가 필요하며 하나님의 기름부음을 우리 눈에 받아 마귀의 사악함을 간파해야 한다. 내가 막 아프리카에서 전도를 시작했을 때에 하나님은 나에게 특별한 자질 테스트를 치르도록 하셨다. 한 여집사님이 전화를 하여 사역을 위해 멋진 재정 지원을 제공하겠다고 제안했다. 나는 그 일을 상세히 토론하기 위해 그녀를 방문하였다. 그 집은 부와 사치의 분위기가 넘쳐났다.

"목사님을 만나고 싶었습니다." 그녀가 정중하게 맞아 주었다.

"그동안 목사님을 쭉 지켜보고 있었습니다."

그녀는 곧 핵심으로 들어가 내 상상을 뛰어넘는 큰 금액으로 눈이 휘둥그레지도록 놀라게 만들었다. "목사님의 아프리카에서의 사역을 위한 복음의 십자군의 재정을 지원하고자 합니다." 나는 거의 숨이 멎을 지경이었다! 식탁 위에는 파일이 하나 있었는데 그녀는 그것을 나에게 밀어 주었다. 그 속에는 그녀 자신을 설명하는 서류들이 들어 있었다. 나는 마치 금광을 발견한 것처럼 그 서류를 읽었다.

"보시는 것처럼 제가 소유한 것들은 철광석 광산과 다이아몬드 광산 등입니다." 록펠러를 만나고 있는 셈이었다. "이제, 저는 신탁을 결성해서 제 자산의 반을 하나님의 사역에 드리고자 합니다. 그 신탁에 가입해 주시겠습니까? 이 돈 모두는 주님의 사역에 사용될 것입니다. 받아들이시겠는지요?"

분명 이 관대한 선물 뒤에 하나님이 계신 것일까? 나는 천국에서 울리는 기쁨의 메아리를 들을 수가 없었다. 영적으로도 아무런 확신이 없었고 나는 이상하게 경계심이 들었다. 달가워하지 않는 표정을 숨기기 위해 노력해야 할 지경이었다. 내가 할 수 있는 말은 겨우, "감사합니다! 하지만 이 일에는 큰 책임이 동반됩니다. 제가 약속을 하기 전에 기도하도록 해 주시겠습니까?"

내 아내 애니도 같은 반응을 경험하고 있었다. 흥분 대신 불안감이 더욱 커져갔다. 우리는 이 일을 주님 앞에 놓고 그분의 인도함을 구해야 함을 알았다.

"주님, 만약 이것이 마귀의 덫이라면, 우리는 이 일에 대해 어떠한 관심도 갖지 않겠습니다"라고 우리는 기도했다.

사역에 매여 있다 보니 몇 주가 금방 흘렀다. 우리는 겉으로는 환상적인 그 제안에 가타부타 답을 하지 못한 상태였다. 그러던 어느 날 밤, 나는 절대 잊지 못할 무서운 악몽을 꾸었다. 내가 새벽녘에 강변에 서 있는 꿈이었다. 수면은 겨우 웅덩이 정도로 낮았다. 작은 사람이 나를 지나 그 강으로 내려갔다. 그는 나를 향해 손짓했고, 나는 그를 따라갔다. 내가 중간 즈음에 오자 갑자기 끔찍한 소리가 울리더니 거대한 하마가 내 앞을 가로막고 섰다. 하마에는 두 종류가 있는데 이놈은 그중에서도 큰 종이었다! 나는 떡 벌린 입을 피해 뒷걸음쳤다. 하지만 계속해서 일어나는 다른 놈들로 인해 나는 결국 하마들에게 둘러싸이고 말았다. 공포에 휩싸인 나는 소리를 질렀다. "예수님, 도와주세요!"

그 악몽이 아직 생생할 때 그 여집사님은 다시 전화를 해서 나에게 결정을 내려달라고 압박했다. 우리는 다시 그녀를 방문하기로 했고, 그녀는 다시 미소를 띠고 우리를 맞았다. "집으로 들어가기 전에 주변을 구경시켜 드리지요." 그녀가 말했다. 잠시 후 그녀의 땅이 끝나는 강에 이르자 우리는 정신이 들었다.

마치 번갯불에 맞은 사람마냥 나는 충격에 휩싸였다. 바로 그 강이었다. 악몽 속에서 보았던 그 강과 꼭 같았다. 강은 그 강이지만 지금은 꿈이 아니었다. 여기에 위기가 숨어 있었다. 이것이 그 꿈이 의미하는 것으로, 이것은 하나님이 나에게 알도록 하신 것이었다. 나는 주님이 가까이 계심을 느끼고 어떻게 답변을 할지 확신이 섰다. 그래서 나는 집으로 들어가 함께 기도하자고 제안하였다.

우리가 무릎을 꿇자마자 한 번도 아닌 세 번이나 주님의 목소리가 들렸다. "내 아들아, 이 일에 절대 관여하지 말아라." 나는 그녀에게 말했다. "당신의 관대한 제안을 거절하고자 합니다. 그 많은 돈은 다른 누군가에게 주십시오. 하나님은 내가 이 돈을 갖기를 원치 않으십니다." 그 순간, 나는 무거운 짐을 벗은 것처럼 마음이 가벼워졌다. 왜 그랬을까? 참 이상했다. 하지만 하나님은 그 순간 다른 일을 하고 계셨다. 그분의 영은 나에게 나의 진정한 자산은 그분의 말씀에 있는 약속임을 보여 주셨다. "나의 하나님이 그리스도 예수 안에서 영광 가운데 그 풍성한대로 너희 모든 쓸 것을 채우시리라"(빌 4:19).

나는 그렇게 제공된 많은 돈을 소진해 버리고 나면 내가 온전히 주님께 의지하지 못했기 때문에 내 사역도 끝이 나게 될 수 있음을 깨달았다.

약속어음

이 신탁 기금이 내 공급원이 되지는 못한다. 하나님은 그분 자신의 신탁을 소유하고 계셨다. 나는 그분의 신탁으로 일해야 한다. 사실, 하나님은 이 여집사님의 자금보다 훨씬 더 큰 자원을 계획하고 계셨다. 나는 하나님의 약속어음을 가지고 있었다. 그분의 부는 없어지지

> 하나님은 하나님 당신이 하라고 명하신 일을 위해 기도하시며, 필요하다면 그 일을 위해 하늘과 땅을 움직이실 것이다.

않도록 하나님 당신의 담보로 보증되었다. 엘 샤다이(El Shaddai)라는 하나님의 다른 이름은 구두쇠가 아니라 자족자(All Sufficient)란 뜻이다. 나는 세상의 모든 금과 다이아몬드보다 더 귀한 약속으로 축복을 받았다.

어쩐지 나는 아주 어려운 시험을 통과하여 성령의 학교에 입학한 기분이 들었다. 내가 복음을 선포하기를 계속하는 한, 돈이 얼마가 들든지 간에 하나님께서 그 비용을 감당하실 것이라는 것을 알게 되었다. 하나님은 하나님 당신이 하라고 명하신 일을 위해 기도하시며, 필요하다면 그 일을 위해 하늘과 땅을 움직이실 것이다.

왕처럼 주시는 하나님

나는 "나의 하나님이 그리스도 예수 안에서 영광 가운데 그 풍성한대로 너희 모든 쓸 것을 채우시리라"라는 빌립보서 4장 19절의 말씀을 인용하였다. 여기 "풍성한대로"에서 '대로'(according to)라는 말은 그리스어로는 'Kata'라고 하며 '~을 기준으로 삼아'라는 뜻이다. 그 말을 풀자면, 우리의 가난함을 기준으로 삼지 않고 하나님의 풍성하심을 기준으로 삼는다는 뜻이다. 그분은 우리의 빈 지갑을 채우시되, 먼저 그 돈을 세지 않으신다. 그분은 조금 가진 자가 줄 수 있는 것을 주듯 하지 않으시고 왕처럼 '넘치게' 주신다. "하나님, 저에게 9달러 50센트만 보내 주시겠습니까? 그 정도는 하실 수 있겠지요. 그래 주시길 바랍니다"라고 하지 말라. 그분에게 당신의 필요를 말하라! 그분이 공급하실 것이다. 하나님은 큰 손을 가지고 계신다.

하나님의 손님은 말라빠진 부스러기를 대접받지 않는다. 하나님은 밭의 모든 곡식의 생산자이시다. 주어도 가난해지지 않으신다. 하나님은 항상 주시는 분이시다. 하나님의 사랑하는 아들의 '놀라운 선물'은 하나님의 관대함을 보여 준다. 하나님의 스케일은 그 위대함에 걸맞는다.

나는 그 일로 한 가지를 명심하게 되었다. "절대 돈과 타협하지 말라." 당신의 영혼을 팥죽 한 그릇에 팔지 말라.

이후, 내가 주님께서 첫 거대한 복음 장막을 치도록 명령하신다고 느꼈을 때 나는 그곳에 서서 주님께 말씀드렸다. "하나님, 저는 가난한 선교사입니다. 보십시오, 제 주머니가 비었습니다!" 하나님이 답변하셨다. "네 주머니에 있는 것으로 계획하지 말고, 내 주머니에 들은 것으로 계획하라." 내가 그분의 주머니를 보았더니 가득하였다. "하나님, 하나님께서 그 주머니에 들은 것으로 계획을 짜도록 허락하시면 저는 백만장자처럼 계획하겠습니다." 그리고 나는 실제로 그렇게 하기 시작했다. 나는 하나님이 말씀하신 대로 부유하시며 선하시다는 것을 알게 되었다. 하나님께 영광을! 하나님의 완전한 뜻을 이행하는 동안 우리는 빵 한 덩어리가 아닌 빵집 전체를 달라고 기도할 수 있다! 그분의 종은 파이 조각이나 부스러기를 놓고 싸우고 있을 필요가 없다. 하나님의 창문을 넘겨다보라. 그곳은 맛있고 잘 구워진 음식들로 가득하다.

열두 광주리에 가득 찬 떡

시험? 믿음의 시련? 그런 것들이 올 것이다. 그것들은 나에게도 왔다. 나는 말라위에 있는 내 침대 옆에 앉아 있었다. 나는 침례교 호스텔에서 하루에 3달러 하는 방에 묵고 있었다. 나는 방금 있었던 충격으로 자리에 주저앉아야만 했다. 내가 도저히 받아들일 수 없는 뉴스를 전하는 다급한 전화가 프랑크푸르트의 내 사무실에서 걸려왔다. 우리는 수십만 달러의 적자를 보고 있다고 했다! 어떻게 그럴 수가 있을까?

그해 초, 하나님은 나에게 '열두 광주리가 가득 찬 한 해가 될 것인데, 한 광주리는 각 달을 의미한다'라고 확신을 주셨었다. 그런 우리가 어떻게 적자를 보고 있을 수 있는가?

"주님, 어떻게 된 건가요? 당신은 꽉 찬 광주리라고 말씀하셨는데, 그것들이 다 비었습니다. 어떻게 이런 일이 있을 수 있습니까?"

그 순간에 하나님은 내 눈을 열어 주셨다. 하나님은 이런 말씀으로 나를 가르쳐 주셨다. "제자들의 광주리는 수천 명이 다 먹고 나서야 가득 차기 시작했다. 내 말로 그 사람들을 계속 먹이라. 그 광주리가 차게 됨을 보게 될 것이다."

하나님은 이런 말씀으로 나를 가르쳐 주셨다. "제자들의 광주리는 수천 명이 다 먹고 나서야 가득 차기 시작했다. 내 말로 그 사람들을 계속 먹이라. 그 광주리가 차게 됨을 보게 될 것이다."

나는 놀랄 수밖에 없었다. 하나님의 지혜는 일리가 있었다. "하나님, 하나님 말씀대로 하겠습니다. 저는 하나님께서 말씀대로 행하실 것을 압니다."

하지만 수십만 달러라니! 이성을 넘어선 것으로 보였다. 하지만 하나님은 다르게 생각하신다. 그 광주리는 24시간 동안 비어 있었지만, 하나님께서 다시 채우셨다는 뉴스가 되돌아왔다. 그해는 부채가 없이 끝났다. 우리는 계속해서 하나님의 말씀을 수천 명에게 먹였고, 하나님은 계속해서 우리에게 공급해 주셨다.

우리가 영적으로 굶주린 사람들에게 생명의 떡을 나누고 있을 때 하나님은 우리를 실망시키지 않으신다. 그해 우리는 아프리카의 사역에서만 150만 명이라는 귀한 사람들이 하나님의 부르심에 응답하는 것을 목격했다.

세상의 방식대로 신발끈을 묶지 말라

창세기에는 아브라함과 롯에 관한 유명한 이야기가 실려 있다. 롯은 아브라함의 조카로 다섯 왕과의 전투 후에 그돌라오멜에게 붙잡혀 갔다. 패배한 왕들 중에는 소돔의 왕도 있었다. 연합군을 형성한 아브라함은 구조하러 달려가서 인질들과 함께 그돌라오멜에게 빼앗겼던 모든 것을 다 찾아왔다.

소돔 왕은 아브라함에게 이렇게 지시를 내렸다. "사람은 내게 보내고 물품은 네가 취하라"(창 14:21). 그것이 그 당시에는 흔한 생각이었다. 한 나라는 다른 나라를 마치 기생충처럼 약탈해 갔다. 하지만 소돔 왕은 놀랄 수밖에 없었다. 아브라함이 이렇게 대답했던 것이다.

"천지의 주재시요 지극히 높으신 하나님 여호와께 내가 손을 들어 맹세하노니 네 말이 내가 아브람으로 치부케 하였다 할까 하여 네게 속한 것은 무론 한 실이나 신들메라도 내가 취하지 아니하리라"(창 14:22-23).

그 왕은 세상의 관행에는 전혀 낯선 사람과 마주하게 되었다. 아브라함은 인생의 방식이 다른 사람, 하나님을 믿는 사람이었다. 그는 하나님의 귀한 손님 중의 하나였다. 그의 손에는 "하나님의 경영하시고 지으실 터가 있는 성"(히 11:10)의 청사진이 들려 있었다.

아브라함은 세상의 방식과는 절연하였다. 그의 인생은 하나님께 넘겨졌으며, 그는 하나님의 개인적인 책임이었다. 아브라함은 말씀과 전능하신 하나님의 약속을 가지고 있었다.

그러자 하나님이 말씀하셨다. "아브람아 … 나는 너의 방패요 너의 지극히 큰 상급이니라"(창 15:1). 그 뒤에서 우리는 "여호와께서 그의 범사에 복을 주셨더라"(창 24:1)라는 말씀을 발견한다. 범사라! 이것이 세상과는 다른 성경의 언어이다.

"그 아들과 함께 모든 것을 우리에게 은사로 주지 아니하시겠느뇨"(롬 8:32).
"너희 천부께서 이 모든 것이 너희에게 있어야 할 줄을 아시느니라"(마 6:32).
"그의 신기한 능력으로 생명과 경건에 속한 모든 것을 우리에게 주셨으니"(벧후 1:3).
"만물이 다 너희 것임이라"(고전 3:21).

그것이 아브라함의 방식이다. 아브라함의 자식이 되라! 하나님을 최선을 다해 신뢰하라!

그는 실패하실 수 없으며 실패하지도 않으실 것이다.

18장
_ 밧줄에 얽힌 역사

나는 성경을 읽을 때면 마치 격자창으로 밖을 내다보듯 성경책의 자간 사이로 나를 바라보시는 예수님의 눈을 의식한다. 그분의 얼굴이 더 분명하게 떠오르고 예수님을 따라가는 곳에는 잘못된 해석을 할 수가 없다. 다음에 인용한 성경 구절은 내가 마치 그곳에 있는 것처럼 읽게 된다. 성경의 그 이야기를 장대한 장면과 합쳐, 당신도 내가 보는 그 환상과 마찬가지로 생생하고 역동적으로 볼 수 있기를 희망한다.

"그 때에 다윗은 산성에 있고 블레셋 사람의 영채는 베들레헴에 있는지라 다윗이 사모하여 가로되 베들레헴 성문 곁 우물 물을 누가 나로 마시게 할꼬 하매 세 용사가 블레셋 사람의 군대를 충돌하고 지나가서 베들레헴 성문 곁 우물 물을 길어 가지고 다윗에게로 왔으나 다윗이 마시기를 기뻐 아니하고 그 물을 여호와께 부어드리며 가로되 여호와여 내가 결단코 이런 일을 하지 아니하리이다 이는 생명을 돌아보지 아니하고 갔던 사람들의 피니이다 하고 마시기를 즐겨 아니하니라 세 용사가 이런 일을 행하였더라"(삼하 23:14-17).

물을 찾는 한숨과 외침

다윗은 목이 말라 이렇게 한숨지었다. "오, 베들레헴 성문 곁 우물 물을 누가 나로 마시게 할꼬!" 하지만 그 우물은 적진의 뒤에 있었기에 블레셋인들의 진영에 있었다. 다윗이 속마음을 밖으로 내어 뱉을 때 그의 가장 훌륭한 용사들 여럿이 그 소리를 들을 만큼 가까이 있었다. 그들에게 다윗의 소원은 곧 자신에게는 명령이었다. 그 셋은 서로를 쳐다보고는 고개를 끄덕이고 곧바로 연합하였다. 더 이상의 말도 없이 그들은 함께 다윗의 열망을 채우려는 특별한 사명을 띠고 출발했다.

그들은 위험하다는 것을 알았다. 잘못하면 다윗을 위한 한 잔의 물 값을 자신의 생명 피로 치러야 할 수도 있었다. 하지만 그런 고려도 일순간이나마 그들을 지체케 하지 못했다. 항의나 불평은 있을 수 없었다. 다윗이 원하는 것이면 반드시 공급이 되어야 했다. 물론 다윗이라면 절대 그들을 보내지 않았겠지만. 다윗은 그들의 주인이었다. 그들은 다윗의 마음을 알았고, 그것으로 충분했다. 위험한 일도 그들에게는 일상적인 의무였다. 충성하는 자는 지시를 기다리지 않는다. 망설임은 그들이 자신의 지도자를 기쁘게 하기를 즐겨하지 않는다는 표현일 것이다.

물을 마시고픈 다윗의 바람은 예수님께서 십자가에 달리셨을 때에 하셨던 훨씬 더 중요한 말씀을 생각나게 한다. 예수님은 이렇게 소리 지르셨다. "내가 목마르다!"(요 19:28). 그의 목마름은 분명 육체적인 것이었지만 그것은 물리적인 것 이상을 의미한다. 그분의 간절한 목마름은 인간의 구원을 향한 것이었다.

예수님을 이 세상으로 그리고 십자가로 데려간 것이 그 갈증이었다. 예수님의 신체적인 갈증은 그분의 피조물의 영혼을 위한 무한한 열망의 결과물일 뿐이었다.

"내가 목마르다!"라는 십자가의 외침 소리가 우리의 귀에 영원히 울리며 다윗의 "내가 목마르다"라는 한숨 소리보다 훨씬 깊은 뜻을 전해 준다. 얼마나 많은 사람들이 그 사실을 알고 있을까? 우리는 들을 귀를 가지고 있을까, 아니면 편리하게 그 두 마디 말의 진정한 의미를 못 들은 척하는 것일까? 우리는 십자가의 그 외침을 진지하게 받아들여, 우리의 마음과 우리의 삶이 감동하여 행동으로 옮기도록 하고 있는가? 그 외침을 지금 듣고 있는 자는 누구인가?

지나가는 생각 이상이 아니었던 다윗의 작은 소원에도 그의 부하들은 그를 기쁘게 하기 위해 출발했다. 그들은 안전한 곳에서, 어쩌면 더 좋은 물을 가져다줄 수도 있었을 것이다. 하지만 그것으로는 그들의 주인에 대한 순전한 충성심이 만족할 수 없었을 것이다. 다윗을 위해 그들은 자신의 생명도 고려하지 않았다.

나는 도전을 받는다. 우리 중 그렇게 우리 주 예수님을 위해 행동할 준비가 된 사람이 몇이나 될까? 우리는 영혼을 구원하시겠다는 그분의 열망을 알고 있다. 하지만 우리는 그것을 인정하기 전에 독촉과 지시를 받아야만 하는 것은 아닌가? 즉각적으로 행동에 나서야겠다는 의무감은 그분의 목마름에 대한 우리의 지식으로 인함이 아닌가? 하나님의 아들의 열망보다 더 큰 외침이 있을까? 비록 그 일이 우리의 목숨을 위태롭게 할 것이라 하더라도, 다윗을 위한 한 잔의 물을 위해 자신의 생명을 걸었던 그 사람들을 기억하라. 그런데 하나님의 아들의 열망을 이루기 위해서는 어떤 위험이 수반될까?

베들레헴의 우물

> 암흑의 심연에 있는 수많은 사람들을 전도하여야 한다. 온 나라들이 영적인 무덤에 갇혀 있다. 누군가가 그 일을 하기 위해서 아래로 내려가야만 한다.

베들레헴의 우물은 적의 군대들에 의해 둘러싸여 있었다. 하지만 다윗의 세 전사들은 자신의 무기와 함께 물을 담을 그릇을 가지고 잠입을 시도했다. 우물은 땅 아래 아주 깊이 있었기에 위험은 더 컸다. 귀한 물이 깊이 있으나 이 물이 다윗이 그렇게 바라던 그 물이었다. 누군가가 내려가서 길어 와야 했다.

전도에 관한 그림이 이보다 더 생생할 수 있을까! 암흑의 심연에 있는 수많은 사람들을 전도하여야 한다. 그 사람들을 사망에서 생명의 빛으로 끌어내야 한다. 온 나라들이 영적인 무덤에 갇혀 있다. 누군가가 그 일을 하기 위해서 아래로 내려가야만 한다. 베들레헴의 우물이 블레셋인들의 손에 있었던 것처럼 귀중한 영혼들이 사탄의 손아귀에 붙잡혀 있다. 이는 그 전사들이 먼저 적진을 뚫어야만 한다는 것을 의미하였다. 그 세 명의 군인들은 대장의 작은 한숨소리를 귀 너머로 듣고 그 말을 실현하기 위해 결심하였다.

밧줄을 붙잡다

우물은 보통 물을 퍼올리는 기계적인 수단을 가지고 있다. 하지만 신약성경에 연결하여 상상해 보면 거기에는 그런 도구가 없었다. 그

셋은 우물에 도착했을 때 아주 어려운 작업에 맞닥뜨렸다. 전사들은 스스로를 조직하여 누가 우물로 내려갈 것인지 결정해야 했다. 한 사람이 줄을 잡고 내려가면 다른 사람들은 그를 위해 적을 망보면서 그 줄을 잡아 주어야 했다.

이것이 세계 전도의 방법이다. 팀워크가 절대적으로 필요하다. 세계 전도는 현대에도 그리고 이전에도 언제나 기꺼이 밑으로

> 세계 전도는 현대에도 그리고 이전에도 언제나 기꺼이 밑으로 내려가는 사람들과 밧줄을 잡을 사람들이 필요했었다! 밧줄은 밑으로 내려간 사람들에게는 생명줄이다.

내려가는 사람들과 밧줄을 잡을 사람들이 필요했었다! 밧줄은 밑으로 내려간 사람들에게는 생명줄이며, 그것을 붙잡고 있는 자들도 밑으로 내려간 사람만큼이나 중요한 역할을 담당한다. 보조자들은 물이 있는 밑으로 내려간 사람들이 무사히 올라올 때까지는 자신들이 잡고 있던 밧줄을 감히 놓을 수 없다. 그 밧줄은 생명줄이다. 밧줄을 잡고 있는 사람에게는 심지어 '중간 휴식' 조차 불가능하다! 잡고 있는 줄을 조금이라도 놓으면, 그 줄에 의지한 그 사람을 잃게 된다. 예수님이 열망하시는 물을 가져다 드리기 위해 밖으로 나간 귀한 사람들이 정확히 그 위치에 있다. 밧줄을 잡고 있는 자(보조자들)가 없으면 비극이 발생할 것이다.

천국의 세부 계획

세계 전도에 대한 우리의 헌신을 줄여야 한다고 말하는 사람이 있다면 심각한 문제가 아닐 수 없다. 국내의 경제 문제로 인한 압박 때

문에 세계의 필요가 지역의 필요를 밀어낸다. 내가 깊이 가지고 있는 확신은 우리는 우리가 잡고 있는 밧줄에 온몸을 맡기고 있는 그 사람들로 인해 지원의 밧줄을 잡고 있는 손에 힘을 뺄 여유가 없다는 것이다. 그 노력에 너무나 많은 것들이 걸려 있다. 복음 전도자들과 선교사들이 그 생명줄에 달려 있으며, 심지어 더욱 중요한 것은 그리스도의 복음 사업 전체가(그분의 물) 또한 우리 하늘의 다윗에게 닿아야 한다는 것이다!

이것이 하나님 왕국의 세부 계획이다. 나는 기도와 중보기도로 밧줄의 긴장을 놓지 않고 우리를 지지해 주는 사람들로 인해 하나님을 찬양한다. 나는 그 깊은 우물 깜깜한 곳에서 혹은 전 세계의 웅덩이에서 물고기를 낚던 그 많은 날들을 분명히 기억한다. 나는 지옥의 기운을 그곳에서 느꼈다. 하지만 매번 나는 내 밧줄을 잡고 밤이나 낮이나 나와 함께 있어 주던 신실한 기도 동역자들이 있음을 알고 있었다. 그 밧줄 잡는 자들을 주신 하나님께 감사하자!

결국 밧줄 끝에 매달려 있던 다윗의 전사는 우물에서 끌어올려졌다. 그의 손에는 귀한 물이 담긴 그릇이 들려 있었다. 세 명은 기뻐하며 곧바로 자신의 진지로 귀환하는 길에 올랐다. 나는 두 사람이 물을 든 사람의 좌우에 서서 그를 엄호하고 갔을 것이라고 상상한다. 그 전사는 그 그릇을 얼마나 조심스럽게 운반하였을까! 어떤 경우에도 자신이 길어온 그 물을 한 방울도 흘리고 싶지 않았을 것이다. 그의 좌우에 있는 전사들의 손에는 칼이 들려 있고, 그들은 가운데 있는 사람을 위해 길을 열어 주었다. 완벽한 팀워크였다.

하나님의 나라는 또한 성령의 기름부음받은 사역자들의 일치에 달려 있다. 전도와 선교는 모든 동역자들의 노력의 총합을 요구한다. "막강한 군사같이 하나님의 교회는 움직인다"라고 우리는 찬송 부른다. 우리가 예수님의 대명령을 이루려면 이 찬송이 현실이 되어야 한다.

하나님의 나라는 또한 성령의 기름부음받은 사역자들의 일치에 달려 있다. 전도와 선교는 모든 동역자들의 노력의 총합을 요구한다.

눈에 띄지 않는 천국의 영웅들

전사들은 마침내 자신들의 주인인 다윗의 막사에 도착했다. 그들의 손에는 물과 피가 묻은 칼이 들려 있었다. 하지만 놀랍게도 다윗은 그 물을 마시기를 거부한다! 그는 그들이 그 물을 가져오기 위해 자신들의 목숨을 걸었다는 것을 깨달았다. 다윗은 이 행위를 명예롭게 여겨 그 세 명을 모두 영웅으로 삼았다! 어떤 사람들은 우물에 내려간 그 사람만을 명예롭게 생각할 수 있겠지만 다윗은 그렇지 않았다. 그 세 명의 전사들은 그 승리를 가져오는 데 모두 중요한 역할을 맡았다.

언젠가 우리는 하늘의 다윗 앞에 무릎을 꿇어야 할 것이다. 모든 하나님의 자녀들이 거기에 있을 것이다. 어떤 이들은 우물로 내려갔던 사람이요, 어떤 이들은 그 밧줄을 신실하게 붙들고 있었던 이들일 것이다. 나는 놀랄 일들이 많을 것이라고 확신한다. 눈에 띄지도 않던 이들이 하나님의 나라에서는 갑자기 영웅이 될 것이다. 그들에 대한 상급은 클 것이다. 주님은 "많이 이루었다"라고 말하지 않고, "잘하였도다 착하고 충성된 종아"(마 25:21)라고 말씀하실 것이다.

청소부냐 영웅이냐?

　독일의 한 목사님이 나에게 그 교회에서 교회 건물 청소를 하시던 한 할머니에 관해 말해 주었다. 그 할머니가 하루는 목사님에게 와서는 멋진 꿈을 꾸었다고 했다. 꿈속에서 그녀는 영원의 문 앞에 서 있었다. 많은 사람들이 줄을 서 있었기에 그녀도 그들 속에 들어갔다. 그런데 사신 앞에 있던 사람들은 모두 그 팔에 양식을 한 아름 들고 있는데 자신의 손에는 낱알 몇 개가 고작이었다. 그녀는 마음이 불편해져서 뒤에 있던 사람들에게 먼저 앞으로 나아가도록 했다. 그런데 갑자기 문이 열리더니 자신의 이름이 호명되었다. 그 사람은 다름 아닌 주님이었다. 덜덜 떨면서 앞으로 나아간 그녀는 자신의 손에 들고 있던 한줌의 곡식을 앞으로 내어드렸다. 하지만 주님은 이렇게 위로의 말을 해 주셨다. "너는 작은 것에도 충성했으니 많은 것을 주겠다." 그리고 그녀는 잠에서 깼다. 목사님은 그녀가 그 꿈을 꾸고 난 후 정확히 일주일 후에 세상을 떠났다고 말했다. 나는 깊이 감동받았다. 줄을 잡고 있는 일이 언제나 빛나는 것은 아니다. 하지만 가치 있는 일임에는 분명하다. 에스더 케르 루스토이(Esther Kerr Rusthoi)는 이렇게 썼다. "우리가 예수님을 만나게 되면 그것이 모두 값진 일이 될 것이다."

　아직 휴식할 때가 아니다! 예수님의 갈증을 해소할 '물'을 가져가자. 예수님은 그분의 구원의 왕국에서 남자와 여자, 소년들과 소녀들과 함께하고 싶으신 열망으로 목이 타신다. 예수님은 그들이 복음을 듣고 영접하기를 갈망하신다. 그것이 복음 전도의 목적이다.

　비록 우물이 더 깊고 더 어둡다 하여도 우리가 손에 손을 잡고 일한다면 훨씬 더 생산적이 될 수 있다. 하나님은 신실하신 분이시다. 우리가 주님의 말씀을 이루려면 우리는 잃어버린 자들이 있는 곳으로 내려갈 밧줄을 굳건하게 잡고 있을 준비가 되어야 한다.

밧줄 끝에 달린 역사

다윗의 군인들이 밧줄을 잡고 있는 유일한 사람은 아니었다. 위대한 선지자였던 예레미야도 웅덩이에서 건짐받았으며, 요셉이 구조된 것이 결과적으로 고대 사회의 기근을 예방하였다. 바울도 그의 생명이 위기에 처했을 때 다메섹의 성벽에서 그를 바구니로 내려 준 사람이 있었다. 이 모든 조력자들은 단지 밧줄을 잡고 있었을 뿐만 아니라 그들의 손에 달린 미래의 역사도 잡고 있었던 셈이다.

요셉이 그 구덩이에서 그냥 버려졌다고 가정해 보자. 애굽과 야곱의 가족들은 어떻게 되었을까? 야곱의 후손인 우리 주 예수님은? 생각이 여기에까지 미치면 끔찍하다.

예레미야가 구조되지 않았더라면, 그의 사역이 그와 함께 그 무서운 구덩이에서 사그라져 버렸더라면 우리가 그의 예언을 들을 수 있었겠으며, 그 긴 역사 동안 이스라엘이 그의 말씀에서 위안과 소망을 끌어낼 수 있었을까? 누군가가 그 밧줄을 잡아 주었기에 예레미야는 구조되었다.

사도 바울이 자신을 살해하려는 자들로부터 도망할 수 없었더라면, 혹은 그의 밧줄을 잡아 주던 이들이 밧줄을 놓쳐 바구니가 떨어져 그가 죽음에 이르게 되었더라면! 바울은 기독교를 유럽에 전했던 사람이었다. 만약 그들이 외로운 작은 줄에 매달린 운명들을 알았더라면, 그들은 줄을 잡은 그 손에 얼마나 더 힘을 쏟았을까!

사도 바울이 자신을 살해하려는 자들로부터 도망할 수 없었더라면, 혹은 그의 밧줄을 잡아 주던 이들이 밧줄을 놓쳐 바구니가 떨어져 그가 죽음에 이르게 되었더라면! 바울은 기독교를 유럽에 전했던 사람이었다. 만약 그들이 외로운 작은 줄에 매달린 운명들을 알았더라면, 그들은 줄을 잡은 그 손에 얼마나 더 힘을 쏟았을까! 다행히 그들이 충분히 단단히 잡고 있었기에 그들로 인해 우리가 영원히 축복받고 있다.

나는 마음속으로 세계 전도에서 밧줄을 잡는 자들이 영원의 역사를 만들고 있다고 생각한다. 당신은 그 잡은 힘을 느낄 수 있는가? 구원을 위해 주님의 이름을 부르는 저 많은 사람들의 소리가 들리는가? 어둠의 왕국에서 하나님의 눈부신 빛 가운데로의 대규모의 탈출이 보이는가? 저 귀한 영혼들이 새로운 예루살렘의 미래 시민들이다. 오늘 우리는 그 나라들에게 구원의 복음을 전해 줄 지구적인 노력을 단축할 수 없다. 우리는 감히 노력을 감하는 것이 아니라 가하여야 한다. 너무나 많은 사람들이 이 노력에 달려 있다. 몇 백만 명의 영생이 우리가 오늘 하는 일에 달려 있다.

동시에 나는 우리의 밧줄을 잡고 있던 자들, 곧 중보기도의 밧줄을 잡거나 재정적인 후원의 밧줄을 잡거나 한 모든 신실한 분들에게 감사하고자 한다. 영광의 아침, 우리가 예수님의 발 아래 무릎 꿇을 때, 그들은 큰 상급을 받게 될 것이다.

우리의 지원은 누구를 위함인가? 우리는 말할 수 없지만, 누군가가 어디에선가 그들의 손에 많은 이들을 위해, 어쩌면 전 세계를 위해 새로운 역사를 붙잡고 있을 것이다.

세상을 위해 밧줄을 잡으라. 그것이 당신에게 요청되는 일의 전부이다. 그렇지만 그 일은 너무도 중요하다. 세상을 잃으려면, 손을 내밀 수고를 할 필요가 없다. 밧줄을 잡는 것이 당신이 할 일의 전부이다.

19장
_ 성실 : 사탄의 목표

시작이 끝이다

내가 아직 초보 사역자였을 때 큰 축복이 되었던 한 목사님의 집회에 참석했었다. 하나님의 권능이 내렸고 우리는 주님 앞에서 무릎을 꿇고 엎드렸다. 90대 정도로 보이는 하나님의 종이 내 옆에 계셨는데, 그분은 내가 도저히 듣지 않을 수 없을 만큼 간절히 기도하고 계셨다.

"주님, 내가 삶에서 허용한 일들과 깨끗하지 못한 사역을 용서하소서." 이것이 그분의 기도였다.

그분의 기도에 깊이 감동된 나는 그 기도를 내 자신의 기도로 삼았다. "주님, 나를 도와주소서. 내가 내 삶과 사역에서 깨끗하지 못한 일은 절대 용납하지 않도록 도와주소서. 나를 도우셔서 내가 나이 들었을 때 귀하신 형제가 방금 기도한 그 기도를 할 필요가 없도록 하소서."

만약 당신이 주님의 사역자가 되고자 하는 열망을 가지고 있다면 주님의 말씀을 들으라. 생애의 마지막 중요한 시점에 당신의 마음을 결정하라! 당신은 세상 앞에서 그리스도의 성실을 책임진 자이다. 심사숙고하여 움직이라.

사탄의 전략

전면에 있는 그리스도인들은 사탄과 마찬가지로 언론 보도에도 공격의 주요 목표물이 된다. 사탄이나 언론이 정확도나 긍휼의 빛나는 예가 되지 않는다. 사탄의 증오에 대한 나약한 반응은 최근 하나님의 종들이 일부 무너지는 사태를 야기하고 있다. 죄의 비극적 결말은 온통 호기심을 자극하는 무분별함으로 도배된 스캔들 기삿거리로 환영을 받고 있다. 다윗은 그의 정적이었던 사울 왕의 죽음을 슬퍼하여 애도의 시를 썼다. 하지만 현대의 작가들은 그보다 고상함과 문명에서 뒤떨어진 소인배들이다. 하나님 나라에 입은 손실을 크게 부풀리는 일도 잦다.

당신은 스스로를 방비하여야 한다. 마귀는 매우 인내심이 깊다. 그는 지치지 않으며 자비심이 없다. 지옥은 여러 해 동안 머리를 짜서 간계를 꾸며 아주 사소하고 습관적인 것도 타락을 가져올 상황으로 만들 것이다. 그는 바로 당신의 현관문에 덫을 꾸며놓고 있기에 당신은 기름부음받은 눈으로 그것들을 탐색해 내어야만 한다.

귀신의 힘은 신자의 증거를 에워싸서 파괴할 모든 교활한 수단을 강구할 것이다. 마귀는 전임으로 근무하는 전문가와 같은 적수이다. 그리스도는 사탄을 물리쳤으나, 자신의 때를 찾은 그 마귀는 제자들을 공격했다(눅 22:31). 먼저 유다가 예수님을 배반했다. 그리고 베드로가 맹세와 저주로 예수님을 부인했다. 나머지도 주님을 버리고 가장 위기의 순간에 달아나 버렸다(마 26:56). 믿기지 않는 일이다!

대적은 우리를 거짓 면역성으로 유혹할 수도 있다. 작은 유혹에 저항했던 경험을 가진 우리는 자주 우리의 도덕적 힘에 스스로 속기 십상이다. 그러면 사탄은 그의 큰 총을 우리가 대비하지 못한 곳에 들이댄다. 우리가 강하다고 자신했던 바로 그곳에! 당신의 '강점'을 지켜라! 우리는 넘어진 자를 멸시하여 우리 자신의 우월한 경건성에 집중하려 한다. 하지만 기억할 것은 더 나은 자라 하여도 넘어진다는 사실이다. 사탄의 교묘함을 절대 경시하지 말라. 은혜를 지키는 것만이 발이 미끄러지는 것을 예방한다.

만약 영적 전쟁을 생각하고 있다면 그 주된 전투장은 당신 자신의 마음이지 하늘 저 높은 곳이 아니란 것을 기억하라. "무릇 지킬만한 것보다 더욱 네 마음을 지키라 생명의 근원이 이에서 남이니라"(잠 4:23). 매일 전투를 시작하기 전에 "시험에 들지 않게 깨어 있어 기도하라"(마 26:41).

지금 바로 신령한 삶을 살기로 하나님과 언약을 맺으라. 혼자 하는 결단은 그 일을 해내지 못한다는 것을 기억하라. 당신 혼자서는 비록 피로 적신 펜으로 확인서를 쓴다 하여도 성공이 보장되지 않는다. 육신의 팔은 실패한다. 여기 그보다 나은 방법이 있다.

첫 번째 열쇠 – 완벽한 섬김의 예

그는 당신이 비틀거리지 않도록 지켜 주실 수 있다(유 24). 하지만 어떻게 가능할까? 자주 묻는 질문들에는, 우리는 어떻게 완벽하게 섬길 수 있을까라는 것이 있다. 그 열쇠는 이사야서 6장 1-3절에서 찾을 수 있다.

> "웃시야왕의 죽던 해에 내가 본즉 주께서 높이 들린 보좌에 앉으셨는데 그 옷자락은 성전에 가득하였고 스랍들은 모셔 섰는데 각기 여섯 날개가 있어 그 둘로는 그 얼굴을 가리었고 그 둘로는 그 발을 가리었고 그 둘로는 날며 서로 창화하여 가로되 거룩하다 거룩하다 거룩하다 만군의 여호와여 그 영광이 온 땅에 충만하도다."

스랍은 가장 높으신 분의 보좌 천사들이다. 어떤 더러운 것들도 하나님과 천국과 지상과 지하에서 모든 권세를 지니신 분의 자리에 가까이하도록 허락되지 않았다. 이사야는 가장 거룩한 곳에서 하나님이 바로 임재한 그 분위기에서 주님을 섬기는 이 천상의 지적 존재를 보았다. 여기 이 이사야의 글은 순수함을 성취할 방법과 함께 도전을 준다. 이 생물들이 우리의 모델이다.

스랍에 관한 주목한 만한 특징은 그것들에게는 여섯 날개가 있었다는 것이다.

그 둘로는 자기의 얼굴을 가리었다는 말은 겸손을 말한다.
그 둘로는 자기의 발을 가리었다는 말은 순수를 말한다.
그 둘로는 날았다는 말은 예배와 찬양을 말한다.

겸손

먼저, 왜 이 대단한 존재들이 자신의 영광스럽고 아름다운 얼굴을 가려서 젊은 선지자 이사야가 보지 못하도록 했을까? 왜냐하면 그들은 이사야가 하나님을 보지 못하도록 하고 싶지 않아서였다. 스랍들은 주님을 '뛰어넘어' 이사야의 시선을 왕좌에서 흐트러뜨리게 하고 싶지 않았다.

또한, 비록 그 스랍들이 스스로는 거룩한 생물이었지만 그들은 오직 하나님의 거룩함과 그분의 영광에 대해서만 말했다는 사실을 주목하자. 겸손은 거룩의 일부이다.

우리는 예수님이 베드로와 야고보 그리고 요한과 함께 산 위에 오르셔서 변화된 모습을 보여 주셨을 때에도 같은 교훈을 배운다(마 17:1-8). 그 영광의 순간에는 모세와 엘리야도 보였다. 그런데 우리는 그 순간에 제자들이 예수님만을 보았다는 것을 읽는다. 그 두 선지자는 시야에서 사라졌다. 하나님 아버지의 관심도 비슷했다. 하나님은 이스라엘의 두 위대한 선지자들에 관해서는 제자들에게 말씀하지 않으신다. 대신, 이렇게 말씀하신다. "이는 내 사랑하는 아들이요 내 기뻐하는 자니 너희는 저의 말을 들으라!"

하나님의 아들이신 예수 그리스도는 모든 것의 중심이요 핵심이시다. 모든 기적이 그에게서 나온다. 인간의 자긍심이 있을 여지가 어디 있는가? 불꽃처럼 타오르는 영광의 왕자들인 천국의 스랍들도 자신의 매력을 숨겼다. 영광 중에 있는 모세와 엘리야는 속죄된 불멸의 거인들이었지만 배경으로 만족했다. 연약하고 사라질 흙의 존재인 우리는 더 줄어들어 하나님이 더 커지시도록 해야 할 것이다.

여기에 주의 종들에 대한 영적 위험이 있다. 우리는 인정을 받기 위해서, 아니면 우리 자신의 이름을 높이기 위해서 일하고 있는 것은 아닌가? 우리는 그저 수만, 수십만의 사람들을 우리 자신의 중요성이나 상상의 위대성을 강조하는 배경으로 사용하기 위해 '대형 집회'를 원하는 것은 아닌가? 십자가의 그 빛은 설교자를 위한 집중 조명이 아니다! 예수 그리스도는 우리에게 직업을 주기 위해 돌아가신 것이 아니라 잃어버린 자를 구원하기 위해 돌아가셨다!

> 십자가의 그 빛은 설교자를 위한 집중 조명이 아니다! 예수 그리스도는 우리에게 직업을 주기 위해 돌아가신 것이 아니라 잃어버린 자를 구원하기 위해 돌아가셨다!

스스로 빛나는 것을 목표로 한다면 하나님의 영광을 가리게 된다. 개인적인 존경을 위해 설교하면 하나님을 보러 온 사람들은 그 설교자만 보게 될 것이다. 가장 위대한 전도자요 사도였던 바울은 뭐라고 했을까? "내가 복음을 전할찌라도 자랑할 것이 없음은 내가 부득불 할 일임이라 만일 복음을 전하지 아니하면 내게 화가 있을 것임이로라"(고전 9:16).

세례 요한의 품성을 통해서도 우리 자신에 대한 안목을 냉정하게 하도록 한다. 어떤 사람은 그가 메시야가 아닌가 생각했다. 심지어 그리스도도 요한이 여자에게서 난 자 중 가장 위대한 자라고 하셨다. 점점 더 많은 사람들이 요한의 사역을 따르기보다 예수님에게 몰리기 시작했을 때, 요한의 추종자들은 질투심이 생겼다. 하지만 요한은 그렇지 않았다. 그는 예수님은 흥하여야 하고 "나는 쇠하여야 하리라"고 선언했다. 나라의 절반이 왔을 때에도 그는 자신이 아닌 예수님을 가리켰다. 강가에서 그는 외쳤다. "보라! 하나님의 어린양을." 요한이 자신에 관해 말했던 단 한 가지는 자신의 낮음에 대한 선언이었다. 위대성은 겸손으로 시작하여 겸손으로 끝난다. 그것이 스랍들이 얼굴을 가린 뜻이다.

하나님은 질투하시는 하나님이시다. 그분은 단호한 어조로 선포하신다. "나는 내 영광을 다른 자에게, 내 찬송을 우상에게 주지 아니하리라"(사 42:8). 왕 중의 왕 앞에서 자긍심으로 하나님의 궤를 건드린 것이 웃사가 죽게 된 이유였다(삼하 6:6-7). 헤롯은 군중이 자신이 왕이라고 외칠 때에 뛰는 개구리같이 기뻐했다. 하지만 그는 급히 망하고 말았다. "헤롯이 영광을 하나님께로 돌리지 아니하는고로" 그는 오늘날 의사에게도 끔찍한 죽음으로 알려진, '벌레에게 먹혀' 죽게 되었다(행 12:21-23).

성령의 은사를 행사하는 특권을 받은 자들은 특별히 주의해야 한다. 자랑은 밖으로 드러난다. 영적 은사는 연기자들이 오스카상을 받는 것과 같이 보여 주기 위한 것이 아니다. 하나님의 능력을 도구로 삼아 자신을 과시하기 위해 치장하지 말라. 영적 은사를 가지고 왕관이나 목걸이, 반지 등 자신의 폐물을 디자인하지 말라.

> 마음 문의 파수꾼은 '겸손'이라고 불린다. 그 보초를 무시하면 보호받지 않은 문은 곧 무너지고 적이 차지하게 될 것이다.

마음 문의 파수꾼은 '겸손'이라고 불린다. 그 보초를 무시하면 보호받지 않은 문은 곧 무너지고 적이 차지하게 될 것이다.

순수의 옆에는 고결함이 있다

두 번째 날개 한 쌍은 스랍의 발을 가렸다. 이 행위는 순수를 상징한다. 가장 정결한 자도 걸을 때에는 땅에 닿는다. 물론 보좌 가까이엔 먼지가 없지만 스랍의 행위는 상징적인 것이다. 그것은 하나님 앞에서 거룩함으로 걸어야 할 필요가 있다는 것을 표현한다.

예수님은 이를 특별히 강조하셨다. 그분은 제자들의 발을 씻기기 위해 허리를 굽히셨다. 그런 세족이 필요했던 것이다. "이미 목욕한 자는 발 밖에 씻을 필요가 없느니라 온 몸이 깨끗하니라"(요 13:10).

먼저, 우리는 우리가 걷는 곳을 바라보아야 한다. 육의 일을 도모하지 말라고 바울은 로마서 13장 14절에서 말한다. "우리를 시험에 들게 하지 마옵시고"라고 기도한 다음 스스로 그 시험 안으로 발을 들여놓지 말라. 깨끗지 못한 발은 부주의한 발걸음의 상징이다. "여호와의 기구를 메는 자여 스스로 정결케 할찌어다"(사 52:11).

우리가 잘 알다시피, 그런 충고는 받기보다는 주는 편이 쉽다. 현대의 미디어는 마치 굴뚝에서 검은 재를 뿜어내듯 주변에 도덕적 공해를 뿜어낸다. 우리는 물질주의 시대의 영혼의 질병과 그에 수반되는 불신앙을 마시지 않으려면 가스 마스크가 필요할 지경이다. 신중함은 반드시 필요한 것이지만, 우리에겐 다른 도움도 필요하다. 그것이 무엇일까?

우리에게 제일가는 안전장치는 우리의 정신을 끊임없이 깨끗하게 해 주는 말씀을

> 우리에게 제일가는 안전장치는 우리의 정신을 끊임없이 깨끗하게 해 주는 말씀을 사용하는 것이다. 하나님의 말씀을 받고 예수 그리스도의 보혈로 덮여진 삶은 난공불락이다.

사용하는 것이다. 하나님의 말씀을 받고 예수 그리스도의 보혈로 덮여진 삶은 난공불락이다. "너희 마음의 허리를 동이고"(벧전 1:13), 하나님의 말씀을 매일 읽으라. 그것이 모든 영적 감염에서 지켜 줄 예방주사이다. "내가 주께 범죄치 아니하려 하여 주의 말씀을 내 마음에 두었나이다"(시 119:11). 과학자들은 먼지를 밀어내는 것만으로 가능한 차량 광택제를 생산하였다. 그런 과학적 실험이 있기 오래전부터 신자들은 말씀의 능력이 죄를 밀어낸다는 것을 알았다.

우리가 어떻게 하면 "무엇에든지 사랑할만하며 … 이것들을 생각하라"(빌 4:8)는 성경의 말씀대로 할 수 있을까? 성경은 우리의 열망이나 동기를 강화하는 것들과 생각하기 좋은 것을 우리에게 준다. 또한 "우리를 시험에 들게 하지 마옵시고"라고 기도하며 "살피고 기도하라." 그리고 절대 나는 그럴 필요가 없다고는 단정 짓지 말라.

성령 안에서 영광스런 자유함을 원하는가? 그렇다면 어떤 단상에 서건 열린 마음으로 자신의 동기를 투명하게 하며 감출 만한 어떤 부끄럼도 없도록 하여 사람들 앞에 서라. 이것이 무엇보다 값진 경험이며 존재 방식이다. 더 좋은 것은 하나님 앞에 섰을 때 확신할 수 있다는 것이다. "사랑하는 자들아 만일 우리 마음이 우리를 책망할 것이 없으면 하나님 앞에서 담대함을 얻고"(요일 3:21). 하지만 만약 당신의 양심이 조금이라도 가책을 받는다면, 주님 앞에서 당신의 증거는 그 힘을 잃을 것이다.

우리는 죽 한 그릇을 위해 장자의 권리를 판 에서에 관한 설교를 자주 한다. 하지만 이스라엘의 전 세대는 애굽의 외(오이)를 먹고 싶어 했기 때문에 약속의 땅을 잃어버리고 광야에서 죽었다(민 11:5-6). 지나

갈 즐거움을 위해 모든 것을 잃지 말자. 하나님은 이스라엘에게 "생각의 결과"를 받으리라고 경고하셨지만, 그들은 결국 그렇게 되고 말았다(렘 6:19).

예배와 찬양

스랍들은 세 번째 날개 한 쌍을 나는 데에 사용했다. 그들은 날면서 예배를 드리고, 이렇게 외쳤다. "거룩하다 거룩하다 거룩하다 만군의 여호와여 그 영광이 온 땅에 충만하도다"(사 6:3). 그들은 날면서 노래 불렀다. 실로 높은 경지의 예배였다! 그들의 날갯짓이 곧 음악이었다.

> 현대의 사람들은 사랑과 평화 그리고 값싼 은혜에 관해 말하기를 좋아하지만 거룩에 관해서는 거의 말이 없다. … 찬양의 절정과 예배의 가장 높은 형태는 언제나 하나님의 거룩과 영광에 관련이 있다.

현대의 사람들은 사랑과 평화 그리고 값싼 은혜에 관해 말하기를 좋아하지만 거룩에 관해서는 거의 말이 없다. 하지만 이 하늘의 존재들이 "사랑 사랑 사랑" 혹은 "평화 평화 평화"라고 하지 않고, "거룩하다 거룩하다 거룩하다 만군의 여호와여"라고 세 번 불렀다는 것이 놀랍지 않은가. 찬양의 절정과 예배의 가장 높은 형태는 언제나 하나님의 거룩과 영광에 관련이 있다.

어떻게 그 천사들은 지상이 온통 하나님의 영광으로 가득 찼다고 말할 수 있었을까? 그들은 전능자의 그늘에서 깨어진 삶을 살아보지 않았기 때문일까? 이교도와 무신론의 제국들과 전쟁, 증오, 탐욕과 고난에 대해서는 들어보지 못했기 때문일까? 아니, 그들도 들었고 알고 있었다. 하지만 그들은 그런 것들을 보좌 앞에서 날면서 거룩한 견해에서 보았다. 그들은 인간의 관점이 아닌 하나님의 관점을 가지고 있었다. 그들이 지상의 높은 곳으로 비상하자 상황이 완전히 드러나면서, 감탄의 외침을 지르게 되었던 것이다. 지상 거주자들의 시야 위에 있는 수평선과 내일의 하늘을 훑어보며, 그들은 노래했다. "그 영광이 온 땅에 충만하도다."

보좌의 관점을 가지라. 신자들은 이미 예수 그리스도 안에서 천국의 자리에 앉아 있다(엡 2:6). 당신의 시각은 무엇인가? 당신은 두더지 언덕의 시야를 가졌는가 아니면 에베레스트 산의 시야를 가졌는가? 당신은 겨우 이차원의 전망을 가진 바닥에 선 자인가 아니면 하나님의 차원이 더하여진 영적 고지대에 거주하는 자인가?

당신이 예배와 찬양을 올릴 때 하나님의 보좌에 올라가게 된다. 찬양이 당신을 들어 올린다. 의심과 불평은 찬양의 날개가 아닌 당신의 발에 납덩어리로 된 부츠를 신은 것이다. 예배 속에서 우리는 하나님의 보좌와 그 권세와 그 거룩함을 묵상한다. 거기서 우리는 하나님의 보호 아래 휴식한다.

그 보좌의 방에서 이사야는 하나님의 종이 되기 위해 필요한 완전무결함을 갖추기 위해 제단의 불로 씻겨져 준비되고 보내졌다. 오, 주님께 영광을! 우리가 동기의 순수성으로 주님을 섬기고 그분의 보좌 앞에서 그 임재를 기뻐하면, 우리는 지지 않는 난공불락이 된다. 문제는 우리가 보좌의 안목을 상실할 때 시작된다. 하지만 삼차원의 존재에 예배함으로 높아진 우리의 인격은 갑옷을 입게 된다.

두 번째 열쇠 – 지상의 예

다음의 성경 구절은 당신도 분명히 읽어 보았을 것이다. 자세히 그리고 경건하게 숙고하라. 성령이 당신의 영혼에 불을 붙이도록 하라.

"내가 여기 있나니 여호와 앞과 그의 기름 부음을 받은 자 앞에서 내게 대하여 증거하라 내가 뉘 소를 취하였느냐 뉘 나귀를 취하였느냐 누구를 속였느냐 누구를 압제하였느냐 내 눈을 흐리게 하는 뇌물을 뉘 손에서 취하였느냐 그리하였으면 내가 그것을 너희에게 갚으리라"(삼상 12:3).

이 대담한 도전은 이스라엘 앞에서 사무엘이 고한 작별 인사 중의 일부분이다. 이스라엘의 사사기는 사무엘로서 마감이 되었는데, 그는 카리스마를 가진 선지자들 중에서도 최고로 꼽힌다. 내가 여기 인용한 그의 말들은 놀랍기 그지없다. 그 시대에 사소한 압제는 단순히 지배자의 특전이었으며, 지독한 폭정도 놀랄 일이 아니었다. 사무엘이 그 자신의 완전무결함을 공공연히 천명할 수 있었던 것은 그가 세계 지도자들 중에는 비견할 수 없을 지위를 갖게 한다.

사무엘의 통치하고 잘못한 자들을 다스릴 의무는 절대적이었고 그의 심판에는 이의가 없었다. 그가 내린 벌을 받은 사람은 그에게 원한을 가질 만했고 복수심을 가질 수 있었다. 그의 공공연한 말은 그들에게 그럴 기회를 주었을 것이다. 그들은 그가 잘못한 일에 대해 말하고 주장할 수 있었다.

사무엘 : 본받을 자의 전형

하지만 어떻게 되었던가? 사무엘의 덕망이 워낙 높아서 그는 두렵지 않았다. 온 나라의 대변자들이 목소리를 높여 말했다. "당신은 우리를 속이지도 않았고 우리를 압제하지도 않았으며, 다른 사람의 것을 빼앗지도 않았습니다." 그는 모든 사람을 심판했고, 모든 사람은 그를 죄가 없는 하나님의 흠 없는 사람으로 평가했다. 진정 본받을 만한 사람의 전형이었다.

사무엘은 약 50년의 세월 동안 절대 뇌물을 받거나 단 한 번의 이득도 취한 적이 없었다. 그런 놀라운 결과는 심사숙고해서 나온 것이 아니다. 순간적인 충동에서도 그런 자제력을 언제나 유지하기는 쉽지 않다. 그의 마음은 의로웠으며 그것이 그의 비밀이었다. 정직은 하나님과 하나님의 말씀으로 가득했던 사람인 그의 자연적인 본능이 되었다. 생각할 시간도 없이 압박을 받는 속에서도 그는 순간적으로 '어떤 일을 해야 옳은지' 알았다.

하지만 이스라엘의 일치된 증언만으로는 사무엘에게 충분치 않았다. 그는 그 백성들이 때로는 집단적으로 바보가 될 수 있다는 것을 알고 있었다. 사무엘에게 가장 중요한 심판은 하나님의 심판이었다. 우리는 이런 말씀을 읽는다. "여호와께서 그 날에 우뢰와 비를 보내시니 모든 백성이 여호와와 사무엘을 크게 두려워하니라"(삼상 12:18).

하나님은 자신의 종임을 나타내시기 위해 우레도 발하셨다! 그때는 추수기인 건기였다. 하지만 하나님께서 기름부으신 선지

하나님께서 기름부으신 선지자가 그 팔을 들고 하늘의 투표를 요청하자 기적이 일어났다. 하늘이 급격히 구름으로 뒤덮이더니 천둥 번개가 치며 비가 내렸다. 이는 사무엘의 완전함을 인정하시는 하나님의 '아멘' 이었다.

자가 그 팔을 들고 하늘의 투표를 요청하자 기적이 일어났다. 하늘이 급격히 구름으로 뒤덮이더니 천둥 번개가 치며 비가 내렸다. 이는 사무엘의 완전함을 인정하시는 하나님의 '아멘'이었다.

사람들은 그런 초자연적인 현상 앞에 경외심으로 몸을 굽혔다. 하나님은 사무엘의 마음을 그들에게 모두 드러내 보이셨다. 날마다 의무를 행하며 사는 사람들의 일상생활에서 사무엘은 언제나 정직으로 행동했다.

그가 돈과 모든 사소한 심판과 결정을 다루는 것을 아무도 보지 못했는지 모르지만 하나님은 그 모든 것의 관찰자이셨다. 악하거나 부패한 거래는 결코 없었다.

하나님께서는 빛으로 그 모든 일을 마감하셨다. 게다가 하나님은 그 의미도 계시해 주셨다. 하나님은 사무엘과 함께하셨으며, 하나님과 그 사람은 하나였다. 사무엘은 하나님의 위대성으로 위대한 사람이었으며, 그래서 하늘이 그를 증거하기 위해 응답하였다. 사무엘의 기록에는 조잡하고 불결한 간계의 거래가 없었다. 사무엘의 정직은 하나님의 권세와 그를 연결해 주었다. 그는 진실로 아무런 흠이 없는 이스라엘인이었다!

순수하지 않고 불결한 것은 우리를 성령의 영역 밖으로 몰아낸다. 하나님 당신이 우리가 두 발을 하나님 왕국에 둘 때에 우리를 인정하실 것이다. 능력과 영광 그리고 축복은 음울한 그림자가 되려는 세속적인 욕망을 드러낸다. 전능자는 온 세상을 향해 '사무엘의 질문'을 하기를 두려워하지 않고 자신의 온전함을 일어나 천명할 수 있는 사람의 대의를 포용하신다. 이런 경건의 훈련을 시작할 때는 쓰디쓴 경험으로 이런 진리를 배운 뒤가 아니라 바로 지금, 사역의 초기이다. 비록 당신이 죄를 지었다 하여도 진정으로 회개하면 다시 온전한 삶을 시작할 수 있다.

세 번째 열쇠 – 기름부음받은 자의 발자국

"머리에 있는 보배로운 기름이 수염 곧 아론의 수염에 흘러서 그 옷깃까지 내림 같고"(시 133:2).

얼마나 기름을 많이 부었으면! 그 신성한 기름이 그의 옷자락으로 흘러내려 발과 바닥으로 뚝뚝 떨어졌다. 그 기름은 특별히 대제사장을 위해 준비된 것으로, 독특한 향을 지니고 있다. 아론의 옷깃에서 떨어진 기름은 그의 발등을 타고 흘러 그가 움직이는 곳마다 자국을 남겼다. 사람들은 그의 발자국을 대제사장의 것으로 알아볼 수 있었다.

"하나님, 비록 우리가 세상을 떠난 후라도 앞으로 올 세대들을 위해 기름부은 발자국을 뒤에 남길 수 있도록 허락하소서." 당신에게 기름부으신 하나님은 당신에게 아론의 걸음을 주신다. 하나님의 사람이 지녔던 온전함에 대한 기억이 가장 고운 대리석 위에 새겨진 비문보다 더 좋을 것이다. 기름부음받은 사람은 역사를 만들며, 그 역사는 하나님의 나라에서 영원할 것이다.

> 하나님의 사람이 지녔던 온전함에 대한 기억이 가장 고운 대리석 위에 새겨진 비문보다 더 좋을 것이다.

20장
_ 중보기도 – 기폭제

중보 기도가 없는 전도는 기폭제 없는 폭탄이며, 전도가 없는 중보 기도는 폭탄 없는 기폭제이다.

중재자 그리스도에게서 중재자가 되는 법을 배우라

존 웨슬리는 이렇게 강조했다. "하나님은 기도로 모든 일을 하시고 기도가 없으면 아무 일도 하지 않으신다." 신약성경에만 기도와 관련해 직접적인 내용을 언급한 것이 217군데나 된다. 기도는 믿음의 혈류에 산소를 공급한다. 하나님을 올려다보면 우리는 절망하지 않는다. 하나님은 우리 모두의 기도를 들으신다.

예수님도 기도하셨다. 그것은 아주 자연스러운 일인 것 같지만, 깊이 생각해 보면 놀랄 만한 일이다. 요한복음 1장 1-2절에서 "이 말씀이 하나님과 함께 계셨으니"라는 말을 두 번이나 읽을 수 있다. 여기서 '함께'(With)라는 말은 '얼굴과 얼굴을 마주하여'라는 의미로, 아버지와 아들이 영원히 어떤 방해도 받지 않고 연락하고 있다는 뜻이다. 그렇다면 왜 예수님께서는 애초에 기도하실 필요가 있었을까?

그 답은 분명 하나님과 교제를 하기 위해 기도하신 것은 아니라는 것이다. 예수님은 하나님과 이미 교제를 하고 계셨기 때문에 기도하셨다. 기도는 부모와 자녀 간의 대화처럼 자연스런 교제이다. 교제를 하면서 침묵하겠는가? 위대한 성인일수록 기도를 더 많이 하기 원했다.

하지만 예수님에게 있어 기도는 달콤한 의사소통에의 탐닉, 그 이상이었다. 그분은 중보자셨다. 우리는 요한복음 17장에서 그 위대한 중보 기도를 자세히 보고, 중재자 되신 그분으로부터 중보자가 되는 법을 배울 것이다. 기도는 기본적으로 "주십시오!"가 아니다. "기독교 교회는 회원이 없이 존재하는 지상에 유일한 단체이다"라고 누군가가 말했다. 교회의 책임에는 전도와 중보가 있다.

우리가 직시해야 할 사실은 예수님은 그저 기도만 하시지 않고 선포하셨다는 것이다. 중보기도 이후에는 행동이 따랐다. 그분의 '영적 전쟁'은 성령이 내리자마자 시작되었다. 예수님은 사탄과 개인적인 대결을 하기 위해 광야로 이끌리셨다. 그 이후에 예수님은 집으로 돌아가지 않으셨다. 그는 선언하셨다. "주의 성령이 내게 임하셨으니 … 내게 기름을 부으시고"(눅 4:18).

> 전도는 '영적 전쟁'에 있어 가장 본질적인 것이다. 사탄을 몰아냄은 본격적인 복음의 공격이 뒤따르지 않는 한 실패한 승리가 된다. 그렇지 않으면 사탄은 그 자리를 다시 차지할 것이다.

기도는 하나님의 총체적인 전략 중에 들어 있는 한 가지 계획이다. 전도는 '영적 전쟁'에 있어 가장 기본적인 것이다. 사탄을 몰아냄은 본격적인 복음의 공격이 뒤따르지 않는 한 실패한 승리가 된다. 그렇지 않으면 사탄은 그 자리를 다시 차지할 것이다(눅 11:26). 믿음은 일꾼을 위해 일한다. 예수님은 말씀하셨다. "기도하라! 가라!" 일하는 자를 위해 기도하라. 일하는 자로 나서라.

복음은 폭발력이 있지만 기도라는 기폭제가 필요하다. 하지만 기도는 선포된 복음이 없이는 폭발시킬 것도 없다. 좋은 소식이라도 알려지지 않으면 소식이 되지 않는다.

그것이 하나님의 전략의 개관이다. 먼저, 적의 참호에 기도로 폭격한다. 그리고 보병(손에는 하나님의 말씀으로 무장한 복음 증거 군대)이 진군하여 인질을 구하고 그 진지를 점거한다. 여호수아는 여리고에서 여리고 성벽이 무너질 때까지는 그저 주변을 돌며 소리만 질렀다. 그의 군대는 그 후에야 성 안으로 물밀듯이 들어가서 집집마다 다니며 이스라엘의 소유품으로 삼았다.

바울은 "의의 병기로 좌우하고"(고후 6:7)라고 말했다. 로마 군인의 병법에서 우리는 바울이 왼손에는 방패, 오른손에는 단검을 들고 전투에 나서는 보병을 보았다는 것을 알 수 있다. 에베소서 6장 16-17절에서 그는 방패를 믿음의 기도자로, 검을 하나님의 말씀, 즉 기초적인 무기로 그리고 있다.

성경에는 기도에 해당하는 헬라어 단어가 상당히 많이 나오지만, 놀랍게도 예수님과 관련한 언급에서 요한복음은 그중의 한 가지만을 사용한다. 요한에 따르면 예수님은 그저 눈을 들고 그 아버지에게 '말씀하셨다.' 예수님에게 기도는 형식적인 훈련이 아니라 언제, 어디서나 하는 아버지와의 습관적인 의사소통이었다.

대중들의 과도한 요구로 압박을 받으실 때면 예수님은 어딘가 조용한 곳으로 가셨다(눅 5:16). 킹제임스 번역 성경은 "주께서는 광야로 물러가서 기도하시더라"(한글킹제임스 성경)라고 하였다.

예수님이 배타적이고 독특한 방식으로 하나님께 접근하신 모습은 우리에게 새로운 접근법을 알려 준다. "내게 배우라"라고 예수님은 마태복음 11장 29절에서 말씀하셨다. 기도는 인간의 본능이다. 말 또한 인간의 본능으로 언어는 어린이가 자라면서 자연스럽게 학습되는 것이다. 그리스도인의 기도는 은혜 가운데 자라면서 배우게 되는 언어이다. 제자 중 하나가 예수님께, "우리에게도(기도를) 가르쳐 주옵소서"(눅 11:1)라고 말한 것은 상당히 놀랄 일이다. 왜냐하면 그들은 이스라엘 사람들이었고 기도에 대해서 무지하지 않았기 때문이다. 하지만 예수님을 보면서 그들은 뭔가 다른 것을 알게 되었다.

우리가 여기서 흥미를 느끼는 교훈은 중보자로서의 예수님이다.

진정한 '주의 기도' (요한복음 17장)

비록 하나님 아버지와의 관계가 높은 수준이었다고 하지만 그리스도의 기도는 우리의 지침이 된다. 우리는 그 훌륭한 예를 요한복음 17장, 그리스도의 대제사장적 기도로 알려진 곳에서 찾을 수 있다. 그것은 예수님의 가장 깊은 열망, 그렇게 특별하고 그렇게 신성한 열망을 쏟아낸 것으로, '금사과'를 담고 있는 '은쟁반'과 같이 입을 열 때마다 진리의 말들이 쏟아졌다(잠 25:11).

1. 먼저, 예수님의 입술에서 거듭 나오는 단어인 '세상' 이란 단어에 충격을 받는다

창세기에서 말라기에 이르기까지 창조된 '하늘과 땅' 에 대한 유일한 단어는 지리적인 세상이다. 이 단어들은 구약성경에서는 2,000번 이상이나 사용되고 있으며, 신약성경에서는 '로마 세상' 에서와 같이 겨우 몇 번 나올 뿐이다.

예수님은 '코스모스' (Kosmos)라고 하는 단어를 사용하셨다. 그것은 신약에서만 185번 발견되는데, 대개는 복음서와 요한의 편지들(102번)과 바울의 서신서들(47번)에서 발견된다. 영어는 '코스모스' 를 단지 물질적인 우주라는 뜻으로만 사용한다.

신약성경에서 '코스모스' 는 대개 특별한 개념으로, 침탈한 권력에 의해 발생한, 세속의 반란 장면(엡 2:1-3)을 연상하게 한다. "온 세상은 악한 자 안에 처한 것"(요일 5:19)이다. 그 '세상' 은 죄의 원칙이 모든 것에 영향을 미치며 작용되는 곳이다. 그것은 예수님이 "내 나라는 이 세상에 속한 것이 아니라 만일 내 나라가 이 세상에 속한 것이었더면 내 종들이 싸워"(요 18:36) 예수님을 유대인에게 넘기지 않았을 것이라고 말씀하실 때 말씀하신 그 세상이다. 그 세상은 무기들의 충돌로 알려진 세상이다. 이제 세상에 대한 좀 더 넓은 면을 나타내고자 한다. 그것은 하나님이 사랑하셨던 세상이다. 그 세상 모두를 위해 하나님은 가진 것을 모두 주셨다.

이 기도에서 예수님은 '세상' 이란 단어를 물질적인 뜻으로 말씀하신 경우는 단 한 번(5절)이며, 예수님의 염려의 영역인 사람에 대한 원수의 세상에 대해서는 14번을 말씀하셨다. 그와 마찬가지로, 혹은 그

보다 더 그는 제자들에 대한 염려를 표현하셨다. "아버지께서 나를 세상에 보내신 것 같이 나도 저희를 세상에 보내었고"(18절). 그들은 하나님이 그들을 구출할 때까지 숨어 있도록 비밀의 도망자로 보내어진 것이 아니다. 그들, 즉 우리는 현재의 반역적인 질서에 도전하도록 하나님으로부터 완전한 권세를 위임받은 대사로서의 대담하고 역동적인 역할을 맡고 있다. "하나님과 화목하라"(고후 5:20). "저희 말을 인하여 나를 믿는 사람들도 위함이니"(20절). 할렐루야!

예수님은 그 아버지에게, "지금 내가 아버지께로 가오니"(13절)라고 하시고, "내가 비옵는 것은 저희를 세상에서 데려가시기를 위함이 아니요"(15절)라고 덧붙이셨다. 그분은 가시면서도 그의 제자들이 여기에 남아서 아직 흩어지지 않기를 구하셨다. 예수님은 세상이나 제자를 버려두지 않으셨다. 제자들이 예수님의 자리를 이어받을 것이었다. 그들은 겨우 한 줌에 지나지 않았으나, 그들로 인해 예수님은 이 방탕한 지구에 대한 그분의 사랑을 계속 이어가실 것이었다. 그분은 그 타오르는 열정이 만족되어 천국이 가득 차고 지옥이 침탈될 때까지는 그들(그리고 우리)을 여기에 남겨두실 것이다. 예수님은 아직 만나지도 않은 그 많은 사람들의 친구이다.

예수님은 세상 비전으로 사도들을 감동시키셨다. 그분은 '세상의 구주'이지, 흩어진 개인들을 위한 구주가 아니다(요 4:42). 그리스도 안에서는 전 대륙들을 사랑으로 품기에 너무 작은 사람은 아무도 없다. 하나님은 우상의 하나님이 아니요, '온 세상의 하나님'(사 54:5)이시다.

2. 예수님은 우리가 기도하는 법을 알도록 기도하셨다

기도는 무엇인가? 어떤 사람들은 하나님께 요청하는 것을 비논리적이라고 본다. 그들은 "인간이 하나님의 의지를 바꿀 순 없어. 기도는 우리 자신을 바꾸는 것이지. 기도는 실제로는 그저 명상일 뿐이야"라고 말한다.

글쎄, 예수님은 바꾸기 위해 하나님께 기도하셨고 우리에게도 그리하도록 가르치셨다. 우리 기도에 의해, 하나님은 기도가 없었으면 그리 하시지 않았을 일을 이루신다. 기도는 하나님의 의지를 바꾸는 문제가 아니라 그분의 의지가 이루어지도록 기도하는 것이다(마 6:10, 26:39). 하나님의 의지는 어찌 되었건 이루어질 것이다. 예컨대, 예수님은 제자들을 위해 여러 가지 말로 기도하셨다. "그들은 하나님의 것입니다. 그들을 지켜주소서." 하나님께서는 그분의 백성을 어찌 되었건 지키셨을 것이라고 생각할지 모르지만, 예수님은 하나님께 그렇게 요청드리는 것이 옳다고 생각하셨다.

기도는 그저 당신 자신을 다스리거나 진정시키는 훈련만은 아니다. 그렇다면 그것은 단지 야고보서 1장 23절에서 "그는 거울로 자기의 생긴 얼굴을 보는 사람과 같으니"라고 설명한 대로 자기암시이거나 심리학 혹은 내면 성찰이 된다.

주기도문에서 예수님은 "나는 아버지께서 내게 주신 말씀들을 저희에게 주었사오며"(8절)라고 말씀하신다. 성경을 묵상하는 것은 하나님의 말씀에 관한 명상이다. 기도에 관해 예수님은 "너희가 내 안에 거하고 내 말이 너희 안에 거하면 무엇이든지 원하는대로 구하라 그리하면 이루리라"(요 15:7)라고 말씀하셨다. 비어 있는 마음에는 무엇이라도 곧 들어와서 채우게 된다. 우리의 마음은 묵상하기에 긍정적인 진리로 채워져야 한다(시 1편). 기도의 근본적인 생각은 인간이 하나님께 이야기하는 것이다. 인간에게 이야기하시는 하나님은 대개 그분의 말씀을 통한 성령이시다.

3. 그리스도의 기도는 중보 기도이다

우리가 '주기도문'이라고 부르는 기도와 이 요한복음 17장의 '주의 기도'는 둘 다 간구로 가득하다. 예수님은 다른 이들을 위해 그분의 영혼을 쏟아 놓으셨다. "하늘에 계신 우리 아버지여"라고 시작되는 주기도문에는 개인적인 요청은 담겨 있지 않다.

중보기도는 열정적이고 강력한 활동이며 단순한 종교적 의례에서의 암송과는 거리가 멀다. 기독교 신앙은 체계화되어 있다. 마치 화려한 대작의 원래 색상이 수세기에 걸쳐 거무스레 퇴색한 것처럼 중보기도는 한 층 한 층 중첩적으로 되어 오래된 전통이 쌓여 신성하게 된 것이다. 그리스도는 관상기도와 예배에의 부름과 같은 체계를 잡지 않으셨다. 그분은 생명과 에너지를 몰고 오셨지만, 어떤 형식적인 것들도 감히 하나님의 그 자원을 쓸 수는 없었다. 십자가와 빈 무덤은 세상의 가장 위대한 전력 발전소에 있는 쌍둥이 탑이다.

세상의 어떤 종교도 마태복음 7장 7-11절 혹은 요한복음 17장의 기도에서와 같은 간곡한 훈계를 담고 있지 않다. 헬라어 단어 하나가 19번이나 출현하는데 'hina'라는 단어는 '그리하여'라는 의미를 지닌다. 예수님은 기도하셨고, 그리하여 일들이 이루어졌다. 어떤 사람들은 아무것도 구하지 않으면서 매일 다섯 번이나 기도한다. 그들은 말하기를 아무것도 구하지 않고 실망치 않는 사람은 복이 있다고 말한다! 티베트 사람들은 끊임없이 "오 연꽃 봉우리에 맺힌 보석이여"라고 반복하며, 요가 구루(Guru)는 단 한 단어로 된 만트라를 중얼거리고, 회교도들은 죽을 때에도 "하나님은 하나이시며, 알라는 그의 이름이고, 마호메트(Mahomet)는 하나님의 선지자이다"라는 말 외에는 그 입술에 아무런 간구도 없다. 그들은 자신들이 존재한다고 생각하는 이해할 수 없는 운명의 의지에 절한다. 알라와 부처 그리고 크리슈나(Krsna)는 우리 주 예수 그리스도의 하나님과 아버지와는 조금도 닮지 않았다. 거기에는 구원도 없고, 기적도 없고, 용서함도 없고, 평화도 없고 능력도 없으며 도움도 없다.

4. 예수님의 기도들은 하나님께 외침이었다

예수님은 "통곡과 눈물"(히 5:7)로 기도하셨으며, "땀이 땅에 떨어지는 피방울 같이 되"(눅 22:44)도록 기도하셨다.

예수님과 제자들은 기도는 응답받을 것을 기대하며 해야 한다고 우리에게 가르쳐 주셨다. 우리는 변명하거나 모호해 해서는 안 되며, 야고보가 표현한 대로 '조금도 의심치' 말아야 한다. 기도는 선한 바람이나 불안정한 힌트나 소망의 경건 집합이 아니다. "의인의 간구는 역사하는 힘이 많은"(약 5:16) 것이며, 그 일이 이루어질 것을 아는 것이다. 나사로의 무덤가에 서 계신 예수님은 엄청난 내적 분투를 보인다. "심령에 통분

> 기도를 묘사하는 성경의 단어들은 소리 지름이라는 말에 뿌리를 두고 있다. 기도는 외침이다. 성경 시대의 사람들은 '묵상의 시간'(Q.T)을 가지지 않았다. 그들은 모든 것을 다 내어놓고 '하나님을 부르고' 하나님께 부르짖었다.'

히 여기시고 민망히 여기사", "예수께서 눈물을 흘리시더라"(요 11:33, 35).

기도를 묘사하는 성경의 단어들은 소리 지름이라는 말에 뿌리를 두고 있다. 기도는 외침이다. 한나가 기도할 때 사람들은 그녀가 입술만 움직이는 것을 보고 그녀가 취했다고 생각했다(삼상 1:13-14). 성경 시대의 사람들은 '묵상의 시간' (Q.T)을 가지지 않았다. 그들은 모든 것을 다 내어놓고 '하나님을 부르고', '하나님께 부르짖었다.' 예컨대, 에스라는 "무릎을 꿇고 나의 하나님 여호와를 향하여 손을 들고" 기도했다고 말했으며, "하나님의 전 앞에 엎드려 울며 기도하여 죄를 자복"(스 9:5, 10:1)하였다. 다니엘은 어찌나 크게 기도를 했던지 집 밖에 있던 적들에게 다 들릴 정도였다(단 6:10-11). 그는 중얼거리며 기도하지 않았다.

기도를 촉발한 것은 열정과 동정심이었으며 단순히 소란스럽기만 한 것은 아니다. 만약 우리가 사람들의 병듦을 아파하고 대적의 사역인 거짓된 영들의 존재에 혐오감을 가진다면 비둘기처럼 구슬픈 소리나 내고 있는 것이 가능할까? 의로운 분노로 지옥의 사역에 대항하는 충천하는 정의감을 표현하게 되지 않을까?

> 그것이 금식의 진정한 기초이며, 우리 자신을 하나님의 감동으로 생긴 열망의 총체인 중보 사역에 헌신하게 되는 배경이다. 그렇지 않으면 그것은 그저 단식투쟁에 지나지 않는다.

고성능 마이크로 고래고래 소리를 지른다고 해도 제일 나약한 귀신조차 쫓아내지는 못할 것이다. 금식도 마찬가지로, 하나님에 대한 우리의 허기가 음식을 향한 허기보다 더 강하지 않는 한 헛것이다. 하지만 마귀는 우리가 화가 나 모든 것, 심지어는 식사조차도 물리치게 된다는 사실을 좋아하지 않는다. 그것이 금식의 진정한 기초이며, 우리 자신을 하나님의 감동으로 생긴 열망의 총체인 중보 사역에 헌신하게 되는 배경이다. 그렇지 않으면 그것은 그저 단식투쟁에 지나지 않는다. 나는 절대 내가 그렇게 오랫동안 금식할 수 있다는 것을 몰랐었다. 그런데 하나님께서는 금식을 하고자 하는 불타는 열망을 주셨고, 40일이 순식간에 흘러갔다. 확신컨대, 내 몸무게는 빠졌지만 정신의 무게는 증가되었을 것이다. 하나님은 내 사역에서 활동 중이셨다.

금식은 음식을 피하는 것, 그 이상일 것이다. 이사야와 예레미야는 하나님이 원하시는 금식은 죄에서 피하는 것이라고 말한다. 하나님 앞에서 우는 그리스도인들이 자신이 빠져들었던 습관을 포기하고 자신의 탐욕이나 시기심, 험담, 자랑이나 부정과 같은 것들을 단 일주일이라도 떠나겠다고 결단한다면, 그런 금식은 매일 밤 저녁 한 끼씩을 안 먹는 것보다 훨씬 더 효과적일 것이다.

금식을 하거나 안 하거나, 기도는 '열렬' 해야 한다. 가볍게 하나님께 나아가며, 누군가의 표현대로 손은 바지 주머니에 찔러 넣고 '문을 어깨로 슬쩍 밀고' 들어가, "안녕하세요, 하나님!"이라고 말하는 태도여서는 곤란하다. 초대 교회에서는 모이면 '목소리를 높여 한 목소리로 하나님께' 기도하였다. 그들은 기도를 하고 나면, "빌기를 다하매 모인 곳이 진동하더니 무리가 다 성령이 충만하여 담대히 하나님의 말씀을 전하" 였다(행 4:24-31). 이것이 기도이다! 그리고 선포를 하는 것이다!

그것은 또한 우리의 사역인 'CfaN' 뒤에 있는 기도의 힘이다. 목소리를 높이기에 시끄러울지는 모르지만 하나님을 향해 목청껏 기도한다. 사람들은 '시끄러운 은혜파'라고 불평하며 하나님은 귀머거리가 아니라고 그리고 예수님은 병든 자를 조용히 고치셨다고 말한다. 사실일 수도 있다. 하지만 예수님은 또한 '큰 목소리로' 소리치시기도 하셨다. 하나님은 우리가 그분에게로 갈 때에는 힘이 있기를 기대하신다.

> "나는 저희가 병 들었을 때에 굵은 베옷을 입으며 금식하여 … 내가 굽히고 슬퍼하기를 모친을 곡함 같이 하였도다"(시 35:13-14).

성경이 우리에게 기도에 관하여 제시하는 문제는 무엇을 먹을까, 마실까, 입을까 혹은 어디서 잘 맞는 색의 옷을 살까와 같은 일상적인 편리를 구함이 아니다. 예수님은 "거룩하신 아버지여 내게 주신 아버지의 이름으로 저희를 보전하사"(요 17:11)라고 기도하셨다. 바울도 로마서 15장 30-33절에서 이와 유사하게 권면하였다. 우리는 우리 자신을 위해 기도하고 용서를 기대한다(마 6:12). 그리고 다른 이들, 죄인들과 구원을 받은 자 모두의 용서와 구원을 위해서도 기도해야 한다(요일 5:16, 약 5:15-16). 추수를 위해 보내진 일꾼을 위해서도 기도해야 한다(마 9:38). 성령의 은사를 위해서도 기도해야 한다(고전 14:1). 그리고 하나님의 이름이 영화롭게 되도록 기도해야 한다. 우리는 또한 하나님의 뜻이 이루어지고 하나님의 나라가 오도록, 우리가 시험에 들지 않도록, 사람들이 치유받도록, 짐을 진 자들을 위해서, 왕들과 통치자들을 위해서, 하나님 백성들의 연합을 위해서 그리고 성경에서 나타나는 하나님 왕국의 많은 다른 염려들에 대해서도 기도해야 한다.

이것들은 취미가 아니라 필요이며, 주로 다른 이들의 필요와 영혼의 구원에 중심을 둔 것들이다. 예수님은 제자들을 위해 기도하시며 또한 "저희 말을 인하여 나를 믿는 사람들도 위하여" 기도하셨다(요 17:20). 여기서 예수님이 하신 말씀은 후에 바울에 의해 디모데전서 2장 1-4절에서 확장된다.

> "그러므로 내가 첫째로 권하노니 모든 사람을 위하여 간구와 기도와 도고와 감사를 하되 임금들과 높은 지위에 있는 모든 사람을 위하여 하라 이는 우리가 모든 경건과 단정한 중에 고요하고 평안한 생활을 하려 함이니라 이것이 우리 구주 하나님 앞에 선하고 받으실만한 것이니 하나님은 모든 사람이 구원을 받으며 진리를 아는데 이르기를 원하시느니라."

만약 우리가 그렇게 기도한다면, 하나님의 뜻은 사람을 구원하고 우리는 하나님의 뜻이 이루어지도록 기도해야 하는 것이 분명하다. 사람을 구원하러 가는 것에는 모든 것이 포함되어 있다. 그것은 전도 사역의 전체와 예수님의 기도대로 회심자들을 '악에서 구하도록' 하는 것이다. 바울의 심정에 터질 듯이 꽉 차 있었던 감정을 주목해 보자.

> "형제들아 내가 우리 주 예수 그리스도로 말미암고 성령의 사랑으로 말미암아 너희를 권하노니 너희 기도에 나와 힘을 같이하여 나를 위하여

하나님께 빌어 나로 유대에 순종치 아니하는 자들에게서 구원을 받게 하고 또 예루살렘에 대한 나의 섬기는 일을 성도들이 받음직하게 하고"(롬 15:30-31).

"모든 기도와 간구로 하되 무시로 성령 안에서 기도하고 이를 위하여 깨어 구하기를 항상 힘쓰며 여러 성도를 위하여 구하고 또 나를 위하여 구할 것은 내게 말씀을 주사 나로 입을 벌려 복음의 비밀을 담대히 알리게 하옵소서 할 것이니"(엡 6:18-19).

5. 예수님은 하나님에 대해 완전히 확신하는 어조로 기도하셨으며 '안다' 라는 단어를 반복 사용하셨다

예수님은 "내가 아버지의 말씀을 저희에게 주었사오매"(14절)라고 말씀하시면서, 우리가 그분의 뜻에 맞게 기도할 때 하나님은 항상 그 기도를 들으신다고 거듭 강조하신다. 그리고 그분의 뜻에 맞게 기도하는 것은 하나님의 말씀과 같은 선상에서 기도하는 것을 의미한다.

우리가 그분을 알 때에 하는 기도는 헛되지 않는다. 성경은 거듭해서 이 사실을 확인시켜 준다. 다음은 신약성경에 나오는 확신의 구절들을 모은 것이다.

"너희에게 있어야 할 것을 하나님 너희 아버지께서 아시느니라"(마 6:8). "구하라 그러면 너희에게 주실 것이요 … 구하는 이마다 얻을 것이요 … 하늘에 계신 너희 아버지께서 구하는 자에게 좋은 것으로 주시지 않겠느냐"(마 7:7-11). "진실로 다시 너희에게 이르노니 너희 중에 두 사람이 땅에서 합심하여 무엇이든지 구하면 하늘에 계신 내 아버지께서 저희를 위하여 이루게 하시리라"(마 18:19). "무엇이든지 믿고 구하는 것은 다 받으리라"(마 21:22). "너희가 내 이름으로 무엇을 구하든지 내가 시행하리니 이는 아버지로 하여금 아들을 인하여 영광을 얻으시게 하려 함이라"(요 14:13). "너희가 내 안에 거하고 내 말이 너희 안에 거하면 무엇이든지 원하는대로 구하라 그리하면 이루리라"(요 15:7). "내가 진실로 진실로 너희에게 이르노니 너희가 무엇이든지 아버지께 구하는 것을 내 이름으로 주시리라"(요 16:23). "너희 중에 누구든지 지혜가 부족하거든 모든 사람에게 후히 주시고 꾸짖지 아니하시는 하나님께 구하라 그리하면 주시리라"(약 1:5). "사랑하는 자들아 만일 우리 마음이 우리를 책망할 것이 없으면 하나님 앞에서 담대함을 얻고 무엇이든지 구하는 바를 그에게 받나니 이는 우리가 그의 계명들을 지키고 그 앞에서 기뻐하시는 것을 행함이라"(요일 3:21-22). "그를 향하여 우리의 가진바 담대한 것이 이것이니 그의 뜻대로 무엇을 구하면 들으심이라 우리가 무엇이든지 구하는 바를 들으시는 줄을 안즉 우리가 그에게 구한 그것을 얻은 줄을 또한 아느니라"(요일 5:14-15).

6. 예수님은 "저희를 진리로 거룩하게 하옵소서 아버지의 말씀은 진리니이다"라고 말씀하셨다(요 17:17)

효과적인 기도가 우리 그리스도인을 신성하게 한다고 생각하는 사람들도 있다. 그 문제는 우리를 거룩하게 하는 분이신 주님께 남겨 드릴 수 있다. 인간이 어떤 존재인지 그리고 '왜 부흥이 늦는지'를 알아내는 것은 세상에서 가장 쉬운 일이다. 하지만 우리가 어떤 단점을 가지고 있든지 간에 우리는 하나님의 자녀들이다. 하나님은 우리가 자녀이기 때문에 우리의 기도를 들으신다. 그분은 우리가 무슨 일을 성취했는지를 찾지 않으시고 있는 그대로의 우리를 보신다. 그분 안에서, 그분의 시각으로 성화된 우리의 기도를 들으실 것이다.

7. 예수님은 "내게 주신 아버지의 이름으로"라고 말씀하셨다
(요 17:11)

이제 새로운 시대의 동이 튼다. 그리스도는 우리에게 '아버지의 이름으로' 기도하라고 가르치신다. 그의 이름이 주어지기 전에는 사람들은 시편에서 보듯 그들 자신을 하나님께 드렸다.

에스라와 다니엘, 엘리야와 모세 같은 위대한 인물들의 기도를 읽다보면, 그들이 제시한 자격 조건은 완전히 달랐다. 그들은 스스로 갔다. 하지만 우리는 그리스도 안에서 간다. 예수님은 자신의 이름으로 아버지께 갔으며 우리는 그분의 이름으로 그분과 함께 선다. 우리는 법적 권리나 우리의 인종 혹은 우리의 선함을 주장하지 않는다. 시편 기자는 아래와 같은 주장을 가지고 하나님 전에 왔다.

> "허망한 사람과 같이 앉지 아니하였사오니 간사한 자와 동행치도 아니하리이다 … 여호와여 내가 무죄하므로 손을 씻고 주의 단에 두루 다니며"(시 26:4-6).

자신의 기도 소리가 들리도록 이 사람들은 자신들이 하나님의 언약 백성에 속하는 '이유를 강하게' 들고, 과거 하나님의 기적을 상기시키거나 하나님의 명성을 유지하도록 하나님께 도전하는 등, 지금도 여전히 일리 있는 간청을 한다. 하지만 그리스도인의 나아감은

'새롭고 살아 있는 방식'으로, 아버지가 주신 예수의 이름으로 접근한다. 우리가 서 있는 그분은 잘못이 없으시다. "내가 저희 안에, 아버지께서 내 안에 계셔 저희로 온전함을 이루어 하나가 되게" 하신다(요 17:23).

> 그리스도 안에서는 가장 눈에 띄지 않던 자도 하나님 나라의 지위를 가진다.

개인적인 허세를 자랑할 것은 아니지만 그리스도 안에서는 가장 눈에 띄지 않던 자도 하나님 나라의 지위를 가진다. 예수님은 먹을 것과 마실 것 그리고 입을 것을 언급하시면서 하나님께 이런 필요를 새삼 알려드려야 할 필요는 없다고 하신다. 우리의 목적은 "하나님의 나라"(마 6:26-34)에 집중하여야 한다. '주기도문'에는 여러 간구를 담고 있지만 그것들은 모두 하나의 중심되고 핵심적인 요청인 바로 "나라이 임하옵시며"의 일면들이다.

성경이 허용되는 모든 간구를 나열하는 것은 불가능할 것이다. 하지만 그것들은 모두 같은 말인 "나라이 임하옵시며"라는 구원 사역에 집중된다. 성경이 '탄식'이라고 말하고 있는 것을 살펴보자. 로마서 8장 26절은 "우리가 마땅히 빌바를 알지 못하나 오직 성령이 말할 수 없는 탄식으로 우리를 위하여 친히 간구하시느니라"라고 하였다. 앞선 22절에는 같은 탄식이란 말이 전 세계의 구속을 눈앞에 두고 쓰이고 있으며, 다시 23절에서는 "속으로 탄식하여 양자 될 것 곧 우리 몸의 구속을 기다리느니라"고 하였다. 그 구속에는 피조물 그 자체가 걸려 있다.

악한 세상에서 잃어버린 세계에 대한 무거운 짐이 하나님의 가슴을 무겁게 짓누르고 있다. 그리스도가 탄식하시면 피조물도 탄식하고, 죄인들이 탄식하면 신자들도 탄식하며, 그 모두를 위하여 성령이 탄식하신다. 그러면 성령의 탄식은 기도가 되어 인류의 소망으로 하나님에 의해 웅장하게 변화된다. 우리가 잃어버린 세계를 위한 열망으로 탄원할 때 성령은 "우리 연약함을 도우신다." 그리고 우리의 '탄식'은 산을 움직이는 지렛대가 되는 것이다.

어떤 역량 있는 학자는 바울이 '탄식'에 방언을 포함시켰다고 생각한다. 마음의 짐이 무거우면, 그것을 성령께 넘겨드리고 그분이 그분의 '탄식' 가운데 우리를 통해 기도하도록 하는 것이다.

요한복음 11장 33-43절에서 우리는 나사로가 죽었다는 것을 읽는다. 예수님은 오셔서, "심령에 통분히 여기시고 민망히 여기사"(매우 강한 표현) "눈물을 흘리시더라"(35절). 그런데 41-42절에서 예수님은 "아버지여 내 말을 들으신 것을 감사하나이다 항상 내 말을 들으시는 줄을 내가 알았나이다"라고 기도하셨다. 예수님께서는 전혀 기도를 하지 않으셨다는 것을 기억하자. 그분은 단지 비통하여 우신 일밖에 없다. 예수님이 비통해하신 것은 나사로 때문만이 아니라 전 세계를 위한 것이었으며, 사망의 슬픔과 두려움이 인류를 괴롭히고 있기 때문이었다. 예수님은 자기 영혼에 그 슬픔을 가지고 골고다로 가셨다. 그리고 거기서 '모든 인간의 사망을 맛보셨다.' 중재자 예수님은 그 자신의 생명을 드리셨던 것이다.

8. 예수님은 "아버지께서 나를 보내신 것을 세상으로 알게 하려 함이라"라고 말씀하셨다(요 17:23)

이 기도는 우리에게 "모든 민족을 제자로 삼으라"고 하신 명령과 일치된다. 그런 관점을 잃은 그리스도인은 근시안적이 된다. 우리는 태초에는 "땅이 혼돈하고 공허하며 흑암이 깊음 위에 있고 하나님의 신은 수면에 운행하시니라"(창 1:2)라고 읽는다. 오늘날 하나님의 신은 이 죄 많은 세상의 영적 흑암 위에 운행하고 계신다. 그분은 '탄식' 하신다. 하지만 이제 하나님에게는 동지가 생겼다. 하나님은 하나님의 새로 탄생한 자녀들을 통해 창조적 고민을 나누신다. 그분은 중보하시며, 우리에게 또한 중보자로서 영광 중의 하나님의 아들이 하셨던 것과 동일한 사역을 맡기신다.

우리(CfaN) 사역에서, 우리는 중보를 아주 진지하게 다루어 예수 그리스도의 복음의 기름부음받은 선포와 함께 짝을 지워 놓는다. 우리의 중보자들은 사탄의 견고한 진을 무너뜨릴 기폭제이다. 아프리카에서의 우리 복음의 십자군의 결과는 경이롭다. 지난 천 년의 마지막 해에 우리 십자군의 규모는 새로운 차원으로 폭발하였다. 아프리카에서의 몇 년 동안 우리는 매 집회 때마다 구원의 부름에 응답한 사람들이 평균 5만 명에서 10만 명이었다. 하지만 2000년 한 해에만 해도 우리는 1,100만이나 되는 사람들에게 직접 선포하였고, 그중 500만 명이 그리스도를 믿기로 결심했으며, 이 500만 명 중에서 80만 명이 그리스도에게 응답하여 결심 카드를 쓰고 우리의 양육 문건을 받아 갔다! 기사와 이적이 하나님의 말씀 선포에 뒤따랐다. 이런 중보와 능력 전도의 합작은 사탄이 완전히 힘을 못 쓰게 하였으며, 세상을 이기는 부흥을 가져오고 있다.